责任中国丛书

政府的社会责任

主编 ○ 朱红文　　作者 ○ 赵洁

山西出版传媒集团
山西人民出版社

图书在版编目（CIP）数据

政府的社会责任／赵洁著.—太原：山西人民出版社，2015.3

（责任中国／朱红文主编）

ISBN 978-7-203-08987-2

Ⅰ.①政… Ⅱ.①赵… Ⅲ.①国家行政机关-社会责任-研究-中国 Ⅳ.①D630.1

中国版本图书馆 CIP 数据核字（2015）第 045890 号

政府的社会责任

丛书主编：	朱红文
著　　者：	赵　洁
责任编辑：	贾　娟
装帧设计：	陈　婷
出 版 者：	山西出版传媒集团·山西人民出版社
地　　址：	太原市建设南路 21 号
邮　　编：	030012
发行营销：	0351-4922220　4955996　4956039
	0351-4922127（传真）　4956038（邮购）
E - mail：	sxskcb@163.com　发行部
	sxskcb@126.com　总编室
网　　址：	www.sxskcb.com
经 销 者：	山西出版传媒集团·山西人民出版社
承 印 厂：	山西出版传媒集团·山西人民印刷有限责任公司
开　　本：	787mm×1092mm　1/16
印　　张：	17
字　　数：	260 千字
印　　数：	1—2000 册
版　　次：	2015 年 3 月　第 1 版
印　　次：	2015 年 3 月　第 1 次印刷
书　　号：	ISBN 978-7-203-08987-2
定　　价：	38.00 元

如有印装质量问题请与本社联系调换

责任中国丛书·总序

社会主体的社会责任建构,是现代性进程中一个重要的理论和实践命题。

区别于传统社会对个体责任的重视,现代社会的责任问题首先是社会层面的"社会责任"。这是因为:一、由于技术和知识的复杂性越来越强,生产和技术控制管理的难度增加,组织和个体在社会生活中履行社会责任的必要性大大增加;二、人们在社会交往中的流动性和异质性增强,社会责任的建立和维持需要既复杂而又普遍的契约性和理性化机制;三、在全球化的时代,社会责任的承诺与履行是国际交往中增强互信、建立合作关系的重要基础。有怎样的责任承诺,在很大程度上决定了主体国际化的高度;是否善于表达社会责任,制约着主体国际化的广度。

社会责任作为一种公共性的价值追求和契约性(法理性)的制度建构,首先表现为企业对自身行为的反思与规范。1895年,世界上第一本社会学杂志——《美国社会学杂志》的创刊号,刊登了美国社会学界著名学者阿尔比恩·斯莫尔(Albion

W. Small)的一个呼吁,他强调不只是公共办事处,私人企业也应该为公众所信任,该文标志着企业社会责任观念的萌芽。1924年,美国人奥列弗·谢尔顿(Oliver Sheldon)首先提出了"企业社会责任"(Corporate Social Responsibility)一词。1953年,美国人霍华德·博文(Howard Bowen)出版了《商人的社会责任》一书。从这时起,"企业社会责任"才真正开始作为一个专有名词进入学术界及社会公众的视野。博文也因此被称为"企业社会责任之父"。

以不断深入的对"企业社会责任"的相关讨论为标志,"社会责任"的理论研究不断发展。企业社会回应(Corporate Social Responsiveness)、企业社会绩效(Corporate Social Performance)、企业责任(Corporate Responsibility)、利益相关者理论(Stakeholder Theory)、企业伦理(Corporate Ethics)、企业公民(Corporate Citizenship)等问题逐渐成为"企业社会责任"研究的基本维度,也成为其他组织界定自身社会责任时的重要参照。

当人类历史带着有限的辉煌与无限的困惑进入21世纪时,人们越来越认识到社会与自然(生态)、经济(市场)与社会、企业与社会、民族国家与全球化等等,以及与这些领域直接相关的各种知识和文化形式之间的复杂联系,意识到社会责任的问题不能归结为企业(市场)单一的社会行动主体,整个社会都必须积极参与社会责任的构建体系和行动之中。2010年11月1日,国际标准化组织(ISO)向全球发布了历时

10年时间制定的社会责任国际标准——《社会责任指南：ISO26000（第一版）》。作为世界上最大的非政府性标准化专门机构，国际标准化组织在制定标准和规则方面，具有难以替代的专业影响力和机构权威性。引人瞩目的是，ISO26000社会责任指南试图涵盖社会诸多领域而不只限于企业，参与该标准起草和制定工作的专家被分为六个组别：消费者（Consumers）、政府（Government）、产业界（Industry）、劳工（Labor）、非政府组织（NGOs）、以及服务、支持、研究、学术等（Service, Support, Research, Academics and Others）机构。因此，ISO26000可以被视为不同利益相关方在社会责任问题上的博弈与共识。这不仅是国际标准化组织标准制定史上的重大跨越——从工程技术和管理领域的标准化向社会和道德领域的标准化迈进，而且标志着社会责任问题的全球研究在一个新的高度上开始了新的起点。

从社会责任的缘起和演化来看，概括而言，"社会责任"包括三方面的内容：

首先，社会责任是一种价值。作为社会的一种"心态"、观念和精神文化，社会责任的形成是一个教化的过程，是社会行动主体在社会化过程中对自身行动能力、社会角色和历史使命的自我认同，这种价值和精神过程在超越性的理想维度（有志于做某事）和底线的法制维度（必须做某事）之间展开，由此展现出同类主体不同层次的价值观和精神追求。

其次，社会责任是一种实践和行动过程。社会责任一方面表现为社会行动主体在社会交往中履行责任承诺的行动能力,这种能力需要锻炼,空谈责任承诺而缺乏履责能力,同样是一种不负责任的表现。一旦行动主体作出承诺而无法履责,不仅主体自身会受到质疑,而且整个社会的诚信体系也会受到损害。另一方面,社会责任展现为一种社会过程,乃至演化为蓬勃而激进的社会运动。目前,自然和生态环境恶化、生产和技术控制过程中的安全事故和责任事故频出、贫富差距扩大等社会问题日益严重,各种呼吁企业、政府、社会组织、公民以及整个社会承担社会责任的社会运动蓬勃兴起。消费者运动、劳工运动、环保运动、女权运动、社会责任投资运动、可持续发展运动等。社会责任事件和社会责任运动一方面唤醒并激发了各类社会主体的责任意识,另一方面也带来对传统和现有社会秩序和规范的强烈挑战。因此,深入的社会责任理论研究,自觉的理性的社会责任文化的构建,成为迫切的社会需要。

第三,社会责任是"社会化"的责任,是各种社会主体乃至整个人类都必须积极参与和构建的社会符号和规则体系。任何主体社会责任的模糊与缺失,都会给整个社会的价值和规则体系造成腐蚀。

因此,讨论社会责任,不仅需要讨论社会责任的基本内涵,而且需要讨论社会责任的主体(谁要承担责任)、对象(为谁承担责任)、来源(责任的合理性及合法性依据)、能力(履行责任的能力)、回馈(履行或不履行责任的后果)、冲突(责任之间的矛盾)等一系列问题。

本丛书聚焦多个不同的社会主体——政府、企业、社会组织(非政府组织/非营利组织)、高校、媒体、公民的社会责任问题。政府、企业、社会组织和公民的社会责任问题的重要性自不待言。高校是现代社会的一种独立的组织形式,是人才培养、知识创新和文化传承的"母机"。媒体构成了现代社会的重要公共领域,在思想传播、凝聚共识和舆论监督方面具有主导作用。无论是基于对现代社会运行机制的普遍性,还是基于当代中国社会转型的特殊性,对高校和媒体社会责任的讨论,都具有不可替代的价值。

希望我们的努力能够有效地推动中国社会责任研究及其实践体系的构建。

责任中国丛书主编　朱红文

目　录

导论　政府责任与责任政府 / 1

一、政府、责任释义 / 1

二、政府责任的主要内容 / 25

第一章　政府社会责任的理论基础 / 45

第一节　社会契约论：民主国家存在的理论前提 / 45

一、社会契约论溯源 / 46

二、霍布斯的社会契约论 / 52

三、洛克的社会契约论 / 59

四、卢梭的社会契约论 / 66

第二节　责任伦理观：政府行政的重要依托 / 74

一、责任伦理观的提出 / 74

二、责任伦理观的内涵 / 77

三、政府的责任伦理 / 82

第三节　马克思主义的政府社会责任理论 / 86

一、马克思主义政府的公共性理念 / 87

二、马克思主义的廉价政府理论 / 90

三、马克思主义的责任政府理论 / 94

第二章 政府社会责任的国际视野 / 97

第一节 西方国家政府责任的历史演进 / 97

一、15世纪末到17世纪初:重商主义和政府集权 / 98

二、17世纪初到19世纪初:"夜警国家"与守夜政府 / 99

三、19世纪末20世纪初:"社会国家"与干预型政府 / 102

四、20世纪中期:新自由主义和管理型政府 / 108

第二节 西方国家的政府责任要求及评价 / 112

一、英国:内阁制度下的政府社会责任 / 112

二、美国:总统制度下的政府社会责任 / 124

三、新加坡:全面介入社会保障领域 / 141

第三章 政府社会责任的主题 / 157

第一节 政府的社会责任与公民 / 158

一、培育公民参与的意愿和能力 / 158

二、落实政府信息公开,维护公共利益 / 167

第二节 政府的社会责任与企业 / 175

一、政府与企业社会责任的关系 / 175

二、企业的归企业,政府的归政府 / 182

第三节 政府的社会责任与非政府组织 / 188

一、政府社会责任与非政府组织社会责任的联系 / 188

二、政府社会责任与非政府组织社会责任的区别 / 195

第四章 政府履行社会责任的制约因素 / 201

第一节 政府社会责任缺失的现状 / 201
一、全能政府下的权责失衡,权力滥用 / 201
二、政府不作为和行政不负责 / 205

第二节 政府社会责任缺失的原因 / 210
一、传统政治文化消极因素的影响 / 210
二、缺乏完善全面的监督机制 / 213
三、政府与社会的互动渠道堵塞 / 218

第五章 政府社会责任良性运行的实现路径 / 221

第一节 从全能政府到有限政府 / 221
一、有限政府存在的理论基础 / 221
二、有限政府能够保证权力运作的有效性 / 229

第二节 从管理型政府到服务型政府 / 232
一、树立正确权力观,重塑权力文化 / 232
二、建立和谐的干群关系 / 237
三、完善和创新服务机制 / 244

参考文献 / 251
后　记 / 257

导论　政府责任与责任政府

一、政府、责任释义

(一)政府释义

在人们的政治生活中,政府具有十分重要的地位,在经济社会生活中发挥着重要作用,甚至有学者认为,政府在社会和经济领域越来越占据主导地位。政府是政治社会中最大的组织,其职能遍布整个国家。就整体而言,政府既是公共事务的主导者和监管者,又是涉及社会成员利益的公共决定的制定者和执行者;就个体而言,政府对每一位社会成员而言都具有十分重要的意义,渗透在社会成员的日常生活中。因此,人类社会在早期就有关于政府的概念,而建立良性运转的政府,始终是人类追求的美好愿望和理想。

1.溯源:政府的起源

在人类历史上,除了最原始的社会之外,其它所有社会都有自己的政府结构,但人们对于"政府是如何起源的"这个问题,却没有统一的看法,自古至今,不同阶级的中外哲学家和政治思想家对这一问题进行探讨和论证,得出了不同的结论,比较有代表性的理论有以下几个。

第一,需要说。

需要说是学术界比较具有代表意义的观点,即政府起源于自然的必要、社会的需要、生活的需要,通常自然需要说认为政府是自然起源的,是人类生活自然需要的产物。当然,在这里所说的政府和国家是统一的概念。

需要说的代表人物是古希腊思想家亚里士多德。他认为,家庭、村坊或者城邦,都是由于人类社会发展的自然需要而产生的。为了满足日常生活需要,人类建立起最基本的社会形式——家庭;为了适应更大范围的生活需要,若干家庭联合组成村坊;村坊继续联合而组成为城邦。"在这种社会团体内,人类的生活可以获得完全的自给自足;我们也可以这样说:城邦的成长出于人类'生活'的发展,而其实际的存在却是为了'优良的生活'。"① 因此,在亚里士多德那里,城邦就是人类社会早期的、基于"优良的生活"为目的而建构起来的政府雏形。

第二,神权说。

持神权说的代表人物是13世纪经院哲学家托马斯·阿奎那,但神权说并没有严格区分国家和政府的区别,他们更经常使用"天意"或"神的安排"来解释国家和政府的起源,这实际上是为中世纪封建等级制和专制统治服务的一种政治学说。

阿奎那继承了亚里士多德的观点,认为人天然是个社会的和政治的动物,注定比其他一切动物要过更多的合群生活。"② 因此,人在本性上注定要过集体的和社会的生活。但是人又是自私的,各人只顾自己的利益,为了把人们团结在一起,维护共同的利益,

---

① 【古希腊】亚里士多德:《政治学》,商务印书馆1981年版,第7页。
② 【意】托马斯·阿奎那:《阿奎那政治著作选》,商务印书馆1991年版,第44页。

就需要共同的治理原则和公共的管理机构,即政权机关。他是君主制度的维护者,他承认,君主政体、贵族政体、民主政体都是好的形式,但是,人类社会中最好的政体就是由一人所掌握的政体,即君主政体。

阿奎那的政治思想是神权政治论,其核心是上帝高于一切,一切服务于上帝。他主张政治隶属于宗教,世俗服从于教会,皇帝受命于教皇,其实质是维护封建宗教神学和教会的利益。教会的目的是追求超自然的善即认识上帝。超自然的善高于国家所谋求实现的公共的善,所以教会高于国家。归根到底,国家要听教会的使唤,国王是上帝的一个仆人,上帝在世上的工作有两件,创造世界和统治世界,阐明了政府和国家是上帝意志显示的产物。

阿奎那是神学论的集大成者,但如果同亚里士多德的需要说相比较,他君权神授的政府起源论明显具有退步和为封建制度辩护的色彩。

第三,契约说。

契约说向来是新兴资产阶级反抗封建主义和神权的有力武器,17、18世纪的西方学者对社会契约论所描述的国家和政府的起源模式颇为推崇。

契约说的代表人物有三位,17世纪英国著名哲学家托马斯·霍布斯、英国政治思想家约翰·洛克和18世纪法国启蒙思想家让·雅克·卢梭。他们分别代表了"社会契约论"发展的三个阶段。

霍布斯过分关注安全和秩序,他虽然是开明专制政体的服膺者,但霍布斯的社会契约理论中总是带有明显的消极自由因素,对人性抱有悲观主义。人类最初处于没有一个共同权力慑服大家的自然状态中,这种自然状态是一种极为可怕的战争状态。"这种战争是每一个人对每个人的战争","人们不断处于暴力死亡的恐惧和危险中,人的生活孤独、贫困、卑污、残忍而短寿。"① 在理性的启迪下,为了获得和平和安定的生活,人们相互间同意达成一种社会契约,甘愿放弃各人的自然权利,并把它交托给一个统治者或主权者。因此,只有在绝对强大的权力之下,才能在桀骜不驯的人群中创造出和平和秩序。"权利的相互转让就是人们所谓的契约。""当一群人确实达成协议,并且每一个人都与每一个其他人订立信约,不论大多数人把代表全体的人格的权利授予任何个人或一群人组成的集体(即使之成为其代表者)时,……这时国家就称为按约建立了。"② 在霍布斯看来,政府是人们通过社会契约创造出来的,君权并非来自神授,而是来自人民的转让。

　　洛克详细分析了政府的起源。不同于霍布斯对人性的悲观主义,洛克对人性更为乐观,他认为自然状态下的人们都拥有完整的自然权利,只是自然状态也存在不容忽视的缺陷。他认为,人类社会经历"自由的状态,却不是放任的状态",即自然状态,这是"一种尽管自由却是充满着恐惧和经常危险的状况。""人民为了克服自然状态的欠缺,更好地保护他们的人身和财产安全,便相互订立契约,自愿放弃自己惩罚他人的权利,把他们交给他们中间被指定的人或少数人的集体,按照社会全体成员或他们授权的代表所一致同意的规定来行使"。③ 这个集体就是最初的政府。政府的产生是人们从自然状态脱离出来,并进入有国家状态的重要标志,政府设立的目的是为了"尽可能地保护这个社会的所有成员的财产",这是政府的基本职能,这一职能也成为人们建立国家和置身于政府之下的最重要原因和最主要目的。与霍布斯不同,

---

①【英】霍布斯:《利维坦》,商务印书馆1985年版,第94—95页。
②【英】霍布斯:《利维坦》,商务印书馆1985年版,第100页,第133页。
③【英】洛克:《政府论(下篇)》,商务印书馆1964年版,第5—6页。

洛克认为,人们在签订契约后仍然保留着他们在自然状态中所拥有的自然权利,也没有必要像霍布斯那样对权威百般迁就。因此,洛克反对霍布斯的君主专制整体,他主张有限权力政府。当然,洛克和霍布斯一样,都没有将国家和政府做出区分,在他们那里,这两者时而有所区别,时而又可以互换使用。

卢梭是西方近代政治思想史上第一个将国家和政府区分开并完整论述两者关系的思想家,但在国家和政府起源的问题上,卢梭并没有将两者做明确区分。卢梭契约说的逻辑和理论基础是"人是生而自由的"。他描述了一个比洛克的自然状态更加美好、完全平等的自然状态。他对自然的讴歌和赞美并不意味着他认同人类应当抛弃社会状态,他认为应该"寻找出一种结合的形式,使它能以全部共同的力量来护卫和保障每个结合者的人身和财富,并且由于这一结合而使每一个与全体相联合的个人只不过是在服从他本人,并且仍然像以往一样地自由。"① 因为只有人民是自由的,才可以订立社会契约,为维护自己的自由、平等、财产和生存等权利,人民才会依据社会契约组成国家。国家是人们订立契约的产物,而作为契约内容之一的政府是在国家与人民之间所建立的一个中间体,是基于人民的意志和委托来管理国家事务的,而不是相反地来统治人民的。政府只是基于人民意志而组织起来的管理国家事务的代理人,其目的是使国家和人民得以互相适合。

第四,马克思主义政府起源说。

在马克思的相关著述中,虽然并没有直接论述政府的起源,但是,马克思认为,政府是履行国家意志的主要机构。政府是与国家

---

① 【法】卢梭:《社会契约论》,商务印书馆1980年版,第23页。

同时产生、执行国家意志、行使国家权力的政治主体。因此,从这个意义上讲,揭示国家的起源,也就同时揭示了政府的起源。

马克思和恩格斯从历史考察入手,根据大量的历史材料,从现实的社会关系和利益关系出发,尤其是从人们的经济关系和经济利益出发来考察政治现象,在人类历史上第一次深刻解释了国家的起源。

马克思在《德意志意识形态》中,从市民社会的现实出发,深入分析了国家的起源问题。马克思主义认为,私有制和阶级的产生是国家及其机构产生的必要前提。分工和私有制的产生是由生产力的发展引起的,"在人们的生产力发展的一定状况下,就会有一定的交换和消费形式。在生产、交换和消费发展的一定阶段上,就会有相应的社会制度、相应的家庭、等级或阶级组织,一句话,就会有相应的市民社会。有一定的市民社会,就会有不过是市民社会正式表现的相应的政治国家。"[①] 而政府作为维护国家这种公共权力的官僚机构,也同时产生。

国家并不是伴随着人类社会的产生而自发形成的,是社会在一定发展阶段上的产物,是阶级矛盾不可调和的产物和表现。政府作为一切国家机构的总和,是维护公共权力的官僚机构,随国家的产生而产生,是在阶级冲突中产生的。正如马克思所说,"国家绝不是从外部强加于社会的一种力量。……国家是社会在一定发展阶段上的产物;国家是表示:这个社会陷入了不可解决的自我矛盾,分裂为不可调和的对立面而又无力摆脱这些对立面。而为了使这些对立面,这些经济利益互相冲突的阶级,不致在无谓的斗争中把自己和社会消灭,就需要有一种表面上凌驾于社会之

---

① 《马克思恩格斯选集》(第四卷),人民出版社1995年版,第320页。

上的力量,这种力量应当缓和冲突,把冲突保持在'秩序'的范围以内;这种从社会中产生但又自居于社会之上并且日益同社会脱离的力量,就是国家。"①

马克思和恩格斯认为,政府的最初形式因国家产生途径的具体不同而多种多样,具体组建什么性质的政府决定于该国产生的历史条件以及其经济基础和统治阶级利益的需要。但是,马克思在总结巴黎公社宝贵经验的过程中,提出了廉价政府理论。马克思和恩格斯认为,廉价政府是政府存在的最好形式,必须消除官僚特权、减轻人民负担。政府应当是毫无特权的公共服务结构,政府官员是平民化的普通工作人员,这是真正的人民政府,是低政治成本和低经济成本的廉价政府。这一理论,在十月革命后的苏联,得到了实践检验。

2.界定:政府的含义

政府是国家的统治机构,是为维护和实现特定的公共利益,按照区域划分原则组织起来的,以暴力为后盾的政治统治和社会管理组织。

从范围上讲,政府的概念可以分为广义政府和狭义政府。广义的政府是指国家的立法机关、行政机关和司法机关等公共机关的总和,即我们通常说的立法机构、行政机构和司法机构。从这个意义上说,"政府就是国家的权威性的表现形式",代表着社会公共权力。狭义的政府指国家政权机构中的行政机关,即一个国家政权体系中依法享有行政权力的组织体系。我国宪法规定,国家权力机关行使立法权,人民法院行使审判权,人民检察院行使检察权,人民政府自动行使行政权。一般我们使用狭义的政府概念。

---

① 《马克思恩格斯选集》(第四卷),人民出版社1995年版,第166页。

从结构上讲,政府的概念可以分为中央政府和地方政府。中央政府(central government)是最高国家行政机关,负责统一领导全国地方行政工作,集中掌握国家的国防、外交、财政、内政等行政职权,如国务院、政务院、国务委员会、部长会议、内阁等。地方政府(local government),指管理一个国家行政区事务的政府组织的总称,在中国,地方政府除特别行政区以外分为三级,即省级、县级和乡级,也就是我们通常所说的三级政府。

从形式上讲,政府的概念可以分为实体政府和概念政府。实体政府是人类社会发展到一定历史阶段的产物,而反映实体政府从而对实体政府进行抽象理念化为概念政府,要比实际存在的实体政府晚得多,也就是说在作为概念的政府出现以前,实体政府早就以各种形式存在着。实体意义上的政府很早就已经在历史上存在了,而作为术语和概念形式存在的"政府"则到中国唐宋时期、西方14世纪以后才出现并被人们广泛使用。①

在西方,如同关注政府的起源一样,哲学家和政治思想家们对于阐释和解读政府的概念也高度关注。对政府概念的阐释,最早可以追溯到古希腊。但古希腊的政治思想家们并没有明确给出政府的概念,他们更多的是关注人类社会应当以何种方式生活在何种共同体下。例如,亚里士多德认为"人在本性上是政治动物";城邦是由家庭集合发展起来的共同体,国家是一个不可分割的整体,其目的是美好地生活,"是为着某种善而建立的(因为人的一切行为都是为着他们所公认的善),很显然,由于所有的共同体旨在追求某种善,因而,所有共同体中最崇高、最有权威、包含了一切其他共同体的共同体,所追求的一定是至善。这种共同体就是

---

① 乔耀章:"论作为非国家机构的政府",《江苏行政学院学报》,2004年第1期。

所谓的城邦或政治共同体。"① 人不是神,如果没有这样的政治共同体,人就会堕落得比社会动物还要坏。要维护这种政治共同体的运转,就需要"政体"即"对城邦中的各种官职——尤其是拥有最高权力的官职的某种制度或安排"来维持。可以这么来理解亚里士多德的观点,他认为政府是包含德性、至善、公正、制度、公民共同的利益、协调等诸多要素的,能够体现独立和自主精神的城邦或政治共同体。"公正是为政的准绳,因为实施公正可以确定是非曲直,而这就是一个政治共同体秩序的基础。"②但是,亚里士多德并没有对民主做过多的阐释。

到了中世纪,基督教的诞生,由于当时生产发展的相对落后、人民对自然知识的匮乏,人们将现实生活中遭受的苦难寄托于神的庇护;统治者为了维持和巩固自己的统治,宣称自己的统治是上帝的旨意;经院哲学也伴随着这样的现实背景而不断发展。这样,君权神授的神权国家思想开始形成,并不断得以完善和系统化。神权论开始支配欧洲社会的经济、政治、文化等各方面,并开始影响了中世纪的国家观。古罗马帝国、欧洲中世纪神学的重要代表人物奥古斯丁在《上帝之城》这一著作中,将古往今来的全人类分别归入了"上帝之城"和"地上之城"这两个群体,并以两座城的起源、发展和终结来诠释社会和历史。在他看来,国家就是实现神意的工具,"地上之城"是为了"上帝之城"在人间的实现而建立的。作为国家统治的官僚机构——政府,也不过是为了实现神意的存在。而且他坚定地认为,在世界上无论哪种政体都是罪恶的,

---

① 【古希腊】亚里士多德著,颜一、秦典华译:《政治学》,《亚里士多德选集——政治学卷》,中国人民大学出版社1999年版,第3页。
② 【英】彼得·斯特克、大卫·韦戈尔著,舒小昀等译:《政治思想导读》,江苏人民出版社2005年版,第9页。

根本无法实现善,无论怎样分析都是徒劳无意义的。

同样是在中世纪,德意志宗教运动的主要领袖、著名的宗教改革家马丁·路德在谈到政府权力的时候这样说:"当政府被赋予太多行动的自由时,后果是不堪设想;但若把它限制得太紧,也是有害的。"① 害处就在于要么惩罚不免太重,要么刑法失之于太宽。同时指出相比较后者的错误更可容忍,宁可让恶人活着,也不让义人被杀。因为恶人总有,义人却很少。因此,政府不是完全可信的。他认为,"由于世上的人都是败坏的,并且一千人中也很少有一个真基督徒,若没有法律和政府,人们将会互相吞吃,无人供养他的妻子和孩子,无人自食其力,无人服侍神,世界将变成荒漠。所以上帝命定了两种治理权力,属灵的那种是在基督里通过圣灵造就基督徒和主义,而世上的政府约束非基督教和恶人,不管一个人喜欢不喜欢,并迫使他们维持俗世的和平,使其循规蹈矩"。

进入近代之后,理性主义的呼声逐渐占据主导地位,君权神授的观点受到西方政治思想家的批判,大多数思想家开始从自然权利、社会契约的角度来思考和诠释政府概念。约翰·弥尔顿认为,政府是一种信任,而不是一种占有,暴政理应受到惩罚。唯有好政府才会使权力的行使合法化,"国王和行政官员的权力显然只是衍生性的,让渡性的,约束性的,由人民为了所有人的共同利益托管给他们的;权力根本上仍然保留在人民中间,要从他们手中夺走权力,除非侵害他们天生的自然权力。"② 在此基础上,卢梭继承和发展了这一观点,他认为"政府就是在臣民主权者之间所建立

---

① 【德】马丁·路德:《关于世俗权力:对它的顺服应到什么程度?》,吴玲玲编译,《论政府》,贵州人民出版社2004年版,第21页。
② 【英】彼得·斯特克、大卫·韦戈尔著,舒小昀等译:《政治思想导读》,江苏人民出版社2005年版,第93页。

的一个中间体,以使两者得以互相适合,它负责执行法律并维护社会的以及政治的自由"。①而激进的掘地派思想家杰拉德·温斯坦莱则这样来界定他所理解的"政府":"一般而言,什么是政府?通过遵守特定的法律或法规,审慎而自由地调整地球和人类的举止行为,以便所有的居民都可以在自己出生和成长的土地上享受和平、富足、自由的生活,这就是政府。"②

实际上,在中世纪之后的哲学家和政治思想家那里,他们很少直接来探讨"政府是什么",比如约翰·密尔说:"所说的'自治的政府'亦非每人管治自己的政府,而是每人都被所有其余的人管治的政府。"③法国自由主义经济学家弗雷德里克·巴斯夏说:"政府的唯一职责是弘扬正义。"④美国总统亚伯拉罕·林肯强调:"政府是一个国家的人民为了实现某些目标,通过共同努力而形成的联合体。政府的立法目标是'为人民做他们需要但却无法通过个人努力办成、做好的事情。'"⑤由此可见,他们更多关心的是政府的形式、职能和权力,而不是单纯的、直观的诠释政府的概念。

真正对"政府是什么"的明确阐述始于现代。美国著名学者威尔逊教授认为,"政府系国家的机器,它是社会控制的杠杆,而它的官员充任国家的代理者"。英国的《大众百科全书》对政府的界定

---

①【法】卢梭著,何兆武译:《社会契约论》,商务印书馆2001年版,第76页。
②【英】彼得·斯特克、大卫·韦戈尔著,舒小昀等译:《政治思想导读》,江苏人民出版社2005年版,第172页。
③【美】亨利·大卫·梭罗:《公民不服从》,张晓辉译,何怀宏编:《西方公民不服从的传统》,吉林人民出版社2001年版,第4页。
④【法】弗雷德里克·巴斯夏著,许明龙等译:《和谐经济论》,中国社会科学出版社,1995年版,第441—442页。
⑤【英】彼得·斯特克、大卫·韦戈尔著,舒小昀等译:《政治思想导读》,江苏人民出版社2005年版,第32页。

是:"由政治单位在其管理的范围内制定规则和进行自愿分配的机构"。美国的《科里尔百科全书》写道,"政府是指在一个有组织的社会中执行国家职能的机构或者是执行这些职能的人们"。而美国的《新标准百科全书》将政府界定为"一个民族、一个帝国、一个公国、一个国家、一个城市或其他政治单元中的主要官员组成的政治组织或团体的形式"。①《简明大英百科全书》指出:"政府是治理国家或社区的政治机构"。②对"政府是什么"进行了最完整概括的是《布莱克维尔政治学百科全书》:"就其作为秩序化统治的一种条件而言,政府是国家权威性表现形式。其正式功能包括制订法律、执行和贯彻法律,以及解释和应用法律。""政府一词还可以指对社会进行统治的方法。""在最广泛的形式上,政府构成了统治制度。这些制度帮助确定统治者彼此之间以及统治者同政治反对派之间、同政府的最重要的运行部门——行政机构中的职业官员之间相互关系的方式"。③美国学者梅利亚姆说:"政府不只是人民的仆人,而且是一个不能信赖的、靠不住的仆人。"④罗素说:"一方面,因为政府是必需的,但是,另一方面,政府也会带来权力的不平等。"⑤

总体来说,近代西方学者对政府的认识具有一致性,他们都认为政府是建立在人性假定的根基上,政府不可完全信任,必须加

---

① 谢庆奎主编:《当代中国政府与政治》,高等教育出版社2003年版,第6页。
② 《简明大英百科全书》(第8册),台湾中华书局1988年版,第321页。
③ 【美】莱斯利·里普森著,刘晓等译:《政治学的重大问题——政治学导论》,华夏出版社2001年版,第312-314页。
④ 【美】梅利亚姆著,朱曾汶译:《美国政治学说史》,商务印书馆1998年版,第41页。
⑤ 【英】罗素著,吴友三译:《权力论》,东方出版社1988年版,第164页。

以防范,政府的权力来自人民的委托,因此必须在人民同意的基础之上建立政府。政府必须以人民的公共利益作为自己的中心目标,实现社会公正,控制欲望;如果趋向败坏,人民就有权处置。

在中国,《辞源》中这样解释政府的含义:"唐宋时称宰相治理政务的处所为政府。《资治通鉴》(215卷)唐天宝二年:'李林甫领吏部尚书,日在政府,选事悉委侍郎宋遥苗晋卿。'注:'政府,谓政事堂'。《宋史》(319卷)欧阳修传:'其在政府,与韩琦同心辅佐,凡兵民官吏财利之要,中书所当知者,集为总目,遇事不复求之有司。'"①

《辞源》中所谓的"政事堂",是"唐宋宰相治理政国的处所。唐自武德初,三省长议事于门下省之政事堂。至武后光宅元年裴炎自侍中迁中书令,乃徙政事堂于中书省。开元中,张说为相,又改政事堂号中书门下,后列五房(吏、枢机、兵、户、刑、礼),下分曹以主众务。宋承唐制,也有政事堂,又称都堂。"②宋初年设立了枢密使,主管军事,其官署称为枢密院。并将中书省和枢密院并称为"二府"。"政事堂"和"二府"合称即为后来的"政府"。

明朝著名学者黄道周在《节寰袁公传》中四次提到"政府":"及在御史台,值他御史触上怒,将廷杖,诸御史诣政府乞伸救,辅臣以上意为辞。""政府用是谪公,再收再黜,以底于削甚哉!""公(袁可立)久在东疆,于诸大丑变态甚悉,政府欲借公为功。""既上稍厌诸激聒,政府动以卖直沽名抑正论。"

由此可见,中国古代把宰相办公的地方称为政府。由于宰相是百官之首,所以这里的"政府"实际上是指中央政府。

现代意义上的对"政府"概念的认知始于改革开放之后。有学

---

① 《辞源(之二)》,商务印书馆1980年版,第1339页。
② 《辞源(之二)》,商务印书馆1980年版,第1339-1340页。

者认为,政府泛指国家政权机关,也有学者认为,政府仅指国家行政机关。还有学者认为政府有广义与狭义之分、理想和现实之分。本文我们所使用的政府概念,是指狭义的政府,即国家行政机关。

我国宪法规定,中华人民共和国是工人阶级领导的,以工农联盟为基础的,团结各民主阶级和国内各民族的人民民主专政的国家。中华人民共和国政府是基于民主集中原则的人民代表大会制的政府。中央人民政府委员会对外代表中华人民共和国,对内领导国家政权。中华人民共和国国务院,即中央人民政府,是最高国家权力机关的执行机关,是最高国家行政机关。1954年,第一届全国人大通过《中华人民共和国国务院组织法》,正式设立中华人民共和国国务院。地方各级人民政府是地方各级国家权力机关的执行机关,是地方各级国家行政机关。中国共产党在各级地方设立地方委员会。地方各级人民政府是中国共产党地方执政的载体,主要履行经济调节、社会管理和公共服务等具体的工作职能;地方党委总揽全局,领导地方各级政府,通过把握政治方向,决定重大事项,并协调党委、人大、政府、政协和其他各方面的关系,实现党的领导。

3.区分:政府、社会和国家

政府作为国家组织的机关,无疑是国家的重要组成部分,是国家的官僚机构,二者密不可分,但又不是一回事,既有联系,又有区别。

政府与国家的联系集中体现在它作为国家的组成部分,是履行国家意志的主要机构,承担着管理与行使国家主权的使命。政府是与国家同时产生、执行国家意志、行使国家权力的政治主体。

但是,政府绝不等于国家。第一,政府是统治者和人民之间的中间体,以便使得两者得以互相适合。第二,国家的存续时间长于政府的存续时间,几乎每一个国家在其生存的历史中都曾经产生过这种或那种形式的、好的或坏的政府,一个又一个政府垮台或更迭了,而国家却依然生存了下来。换句话说,政府只是国家意志的代理人。第三,国家可以由多个政党或政党联盟并存,但政府内部职能存在一个执政党或执政党联盟。有学者这样解释国家和政府的区别,即国家就是一个公司,人民是公司的股东,政府只是公司的法人。

由此,从国家与政府这两个概念的内涵上说,国家的本质在于享有主权,而政府的本质在于对国家所享有的主权进行管理和行使。

政府与社会也是不同的两个概念。

18世纪美国著名的思想家、政治家托马斯·潘恩在美国独立战争期间撰写了广为流传的小册子《常识》,在里面,他详细介绍了社会和政府的区别。他说道:"有些作者把社会和政府混为一谈,弄得它们彼此没有多少区别,甚或完全没有区别;而实际上它们不但不是一回事,而且有不同的起源。社会是由我们的欲望所产生的,政府是由我们的邪恶所产生的;前者使我们一体同心,从而积极地增进我们的幸福,后者制止我们的恶行,从而消极地增进我们的幸福。一个是鼓励交往,另一个是制造差别。前面的一个是奖励者,后面的一个是惩罚者。社会在各种情况下都是受人欢迎的,可是政府呢,即使在其最好的情况下,也不过是一件免不了的祸害;在其最坏的情况下,就成了不可容忍的祸害;因为,当我们受苦的时候,当我们从一个政府方面遭受那些只有在无政府的国家中才可能遭受的不幸时,我们由于想到自己亲手提供了受苦的根源而格外感到痛心。政府好比衣服,是天真纯朴受到残害的表征;帝王的宫殿是建筑在乐园的亭榭的废墟上的。如果良心的激发是天日可鉴的、始终如一的和信守不渝的,一个人就毋需其他的立法者;但事实并非如此,他觉得有必要放弃一部分的财产,出钱换取其余的人的保护;谨慎小心的原则在其他任何场合都劝他两害相权取其轻,现在这个原则也促使他这样做。因此,既然安全是政府的真正的意图和目的,那就毫无疑义地可以推断,任何看起来最有可能保证我们安全的形式,只要是花费最少而得益最大,都是其他一切人所愿意接受的。"

(二)责任释义

当代英国哲学家鲁卡斯曾经指出:"词语的意义是不断变化的,但他们大都保留有最初使用时的一些意义,'责任'一词现在被广泛使用于伦理学、政治学、灵学和日常词语中,且意义有很大的不同,但只要我们考察该词的最初意义,就能发现'责任'二字在这些不同意义中却有着一些共同性。"[①]可见,在不同语境下、不同国家,对"责任"一词的解读也不尽相同。

1.不同语境下的"责任"释义

在西方,"责任"通常用 liability、duty、responsibility、obligation 来表述,意即责任、职责、义务等。根据《牛津高阶英汉双解词典》的释义,responsibility 主要指责任、负责,也有职责、任务、义务的含义;duty 主要指道德上或法律上的责任、义务;obligation 主要指法律、道义、承诺等的义务,职责,责任。根据《布莱克维尔政治学百科全书》的解释,responsibility(责任)一词"最常用于道义和法律意义的含义是,人们应当对自己的行为负责"。《罗贝尔法汉词典》对 responsabilite(责任)的解释:一是责任;二是(对行为后果的)责任;三是负责。德语 responsabel Adj(责任)是法语词源,《新编德汉词

---

① J.R.Lueas, ResPonsibility, 1993, P.5.

典》解释为负责的，负有责任的。在德国本族语中的 Verantwortlichkeit（责任），《新编德汉词典》解释为一是责任、职责；二是责任心、责任感。《日语汉字辞典》关于 seki(责)的解释一是责备；二是责任；而 sekinin（责任）的意思为责任，职责。这是西方语系对"责任"一词最直观的解读。

责任是西方哲学家和政治思想家热衷的主题。古希腊时期的波西多纽著有《责任论》，苏格拉底把责任视为是"善良公民"对国家和人民服务所应具备的本领和才能。在柏拉图的理想国中，把人分成不同的等级，不同的等级的人有不同的责任。伊壁鸠鲁和亚里士多德等人进一步阐述了责任是表示人应对自身选择的行为负责的思想。古罗马斯多葛学派把义务同至善和过理性生活直接联系起来，认为只有"为履行一切应尽的义务而生活"才称得上至善。古罗马著名演说家西塞罗的《论责任》是其著名的三论之一，以朴实的语调阐述了年轻人的责任、老人的责任、人民的责任、国家的责任、"普通的"责任和"绝对的"责任等，其中"普通的"责任是指"关于可以提出某种适当理由的行为的责任"，其适用范围很广，人们普遍都负有这种责任，通过善良本性和学识的增进人们大都可以达到对它的认识；"绝对的"责任即符合"义"的责任，只有具备最完美智慧的人才能达到这种境界。

在西方近代，培根提出"力守对公家的职责，比维持生存和存在，更要珍贵得多，"[①]即将责任视作是维护整体利益的善。德国哲学家康德认为"责任就是由于尊重规律而产生的行为必要性"[②]。在康德看来，责任的行为被分成是合乎责任的行为和出于责任的行为，合乎责任的行为是一个比较低级的行为，而出于责任的行

[①] 周辅成：《西方伦理学名著选辑上卷》，商务印书馆1996年版，第551页。
[②] 【德】康德：《道德形而上学原理》，上海人民出版社2002年版，第16页。

为则是较高级的行为,具有道德价值。

在中国,古汉语中的"责任"有几层意思。(1)责任,如:负责。《书·金滕》:"若尔三王,是有丕子之责于天。"《蔡沈传》:"丕子,元子也。盖武王为天无子,三王当任其保护之责于天。"《宋史·苏辙传》:"苟可否多少在户部,则伤财害民,户部无所逃其责矣。"陈亮《上孝宗皇帝第一书》:"百司逃责。"(2)责问;责备。《汉书·东方朔传》:"使先生自责,乃反自誉。"《论衡·问孔》:"责小过以大恶,安能服人?"(3)责罚。《新五代史·梁家人传》:"数加答责。"王安石《答司马谏议书》:"如君实责我以在位久。"(4)索取;责求。《左传·桓公十三年》:"宋多责赂于郑。"《韩非子·定法》:"循名而责实。"(5)担负、担任。《史记·蒙恬传》:"恬任外事,而毅常为内谋。"

现代汉语中的责任一词保留了古汉语中的责与任的基本含义。较为权威的《汉语大词典》对"责任"的解释是,其一,使人担起某种职务和职责。其二,分内应做的事,即负有的责任,这种责任实际上就是义务。其三,做不好分内应做的事,因而应承担的过失。有学者通过对日常用语的大量分析,指出责任在现代汉语中的三层含义:其一,表示义务;其二,表示过错、谴责;其三,表示处罚、后果。此外,在一般意义上,人们对责任义务往往不做过多的区分,而是混同使用或是一概地称"责任义务"。如张康之教授就认为"责任和义务可以看作为同一个概念"。只是人们"在语言习惯上把具体的义务称作责任,把抽象的责任称作义务"。

2.何为"责任"?

无论是中国语境还是西方语境,尽管世界各国的历史传统、文化背景、政治制度、社会变迁等因素千差万别,"责任"在各种语言中的含义也有一些差异,但"责任"在各国语言中却有许多相通之处。

"责任"概念的内涵不断丰富和发展,由18世纪时的法律概念拓展成为蕴含更丰富伦理内容的概念。

早在200多年前,康德就视"责任"为伦理学的最高理论理念,将责任视为一切道德价值的源泉,要求人在行为时必须为了责任而责任。在现代社会,随着"社会治理、社会回应"理念的确立,人们已经意识到人就是通过责任被规则所约束,规则就是人对实践规律的纯粹尊重,责任对于行为具有立法的作用,由此,我们把责任定义为:由一个人的资格(作为人的资格或作为角色的资格)和能力所赋予,并与此相适应地完成某些任务以及承担相应后果的法律的和道德的要求。①

(三)政府责任释义

1.何为政府责任?

政府责任,向来是学者研究的热点问题。

西方学者普遍认为,政府最重要的特征就是唯一合法的暴力垄断组织。尽管政府最初创立的理念是至善、德性,但人类社会发展的早期,政府的确是以不光彩的角色和统治工具的面目出现的。在工业革命之前的资本主义国家政府基本上都是负责个人或其他组织无法完成的事情,因为"一切授予的权力都是委托,一切僭取的权力都是篡夺,政府的权力来自人民,必须对人民负责"②。

进入20世纪之后,随着社会的发展与进步,政府行为规范或制度设计所涉及面的日益扩大、深入,因此,政府行为或制度设计也就越来越受到社会的关注。与之前的不过多干涉经济不同,政府所做的一切事情都几乎同经济制度和经济活动有着直接或间接的关系,政府干预经济成为客观事实和发展趋势,从而政府的

---

① 谢军:《责任论》,上海人民出版社2007年版,第28页。
② 潘恩:《潘恩选集》,商务印书馆1981年版,第243页。

作用和权力也越来越大。这一时期西方学者对政府干预经济的职能和行为也出现分歧。密尔和弗里德曼主张政府干预经济的职能应当限制在最低限度范围内,为公共活动提供经济服务,从事一些市场本身所不能从事的事情,即决定、调解和强制执行游戏规则。庇古、凯恩斯主张政府应当为社会和企业提供必要的经济服务,政府不仅应当干预经济,而且应当广泛地尽可能地干预生产和分配,不仅应当去弥补市场的缺陷,而且还要干预市场的正常运行,以防止市场出现新的失败。科斯、布坎南则认为政府干预经济只能限制在极其严格的范围之内,这个范围就是市场长期失败的地方以及政府干预不会带来政府失败的方面。政府不能无限度地干预,否则后果不堪设想。

我们再对"政府责任"进行语义分析。在中国,《现代汉语词典》中并没有相对应的词条,但我们可以将"政府责任"拆解为"政府"和"责任"两个词进行分析,其关键词是"责任"。而"政府"和"责任"的释义,我们在前文中已经做过全面的叙述,这里不再赘述。在西方,"政府责任"译法比较多样,如"Government accountability","Government responsibility"可以表示政府责任的意思,但政治学的表述中仍然习惯使用后者。

但是,不可否认,从不同学科的视角出发,对"政府责任"的解读也各不相同。有学者试图从不同学科的视角出发,来全面界定政府责任的内涵。他提出了解读"政府责任"的五大视角,政治学视角、法学视角、行政学视角、伦理学视角、经济学视角。[①]

从政治学的角度来看,主要是从民主政治的角度回答政府责任存在的理由及对公共权力行使者提出政府责任的要求。从法学

---

① 张勇:"政府责任研究:实践基础与理论背景",《理论探索》,2011年第4期。

的角度来看,学界一般认为政府责任即行政法律责任,就是行政法律关系主体或行政公职人员由于违反行政法律规范或不履行行政法律义务依法应承担的否定性法律后果。从行政学的角度来看,在公共行政领域,政府主要指行政机关,政府责任即行政责任。有学者认为政府责任即公共责任,广义的公共责任指国家行政管理部门的行政人员,在工作中必须对国家权力主体负责,必须认真履行自身职责来为国民谋利益。狭义的公共责任,是指国家的公务人员违反行政组织及其管理工作的规定,违反行政法规所规定的义务和职责时所必须承担的责任。从伦理学的视角来看,政府责任指政府及其公务员依法行使公共权力、从事公共事务管理时必须承担的伦理道义上的责任,政府及其公务员虽然不违反宪法或法律,但如果其行为明显与社会公德、秩序、风俗相悖,就应承担道德责任。从经济学的视角来看,政府责任指政府从经济社会的角度履行对国民经济进行全局性的资源配置、经济稳定、调节分配的责任。

纵观不同视角的政府责任的内涵,我们可以这样来理解政府责任:一是积极意义上的政府责任,即政府及行政人员在社会治理中应履行的职责和义务,它要求政府不仅要正确地做事,而且要做正确的事。二是消极意义上的政府责任,即政府及行政人员在不履行其职权、违法行使职权或虽不违法却给公民权利、公共利益或社会发展带来危害时所必须承担的否定性后果。[1]政府责任是一种责任形式,是以"人民主权"为政治信念,以"法治"治理政务,推崇理性、责任的政府。政府责无旁贷地成为责任主体,对自己的各种行为或制度设计承担相应责任。

---

[1] 黄新伟:"政府责任内涵的多视角探析",《政法学刊》,2006年第2期。

2.主权在民:政府责任的逻辑起点

政府责任的逻辑起点是主权在民原则,即"一切权力属于人民"。这一原则是宪法的首要原则,经历了从国家主权、政治主权、议会主权到人民主权的历史演进过程。主权在民原则既是近代宪法的逻辑起点,又指导着宪法具体制度的建立。

首次将国家和主权联系起来的是法国著名思想家博丹,他在1576年出版的《国家论六卷》中首次系统提出了主权理论。在他之后的霍布斯将主权和专制主义联系在一起,以政治主权取代了国家主权。他认为主权是国家的灵魂,主权具有至高无上的性质。洛克则是议会主权的集大成者,他主张有限制的主权,这是英国自由主义宪政理论的最大贡献。卢梭在1762年发表的《社会契约论》详细阐释了人民主权学说,即我们现在所说的主权在民原则。卢梭认为,主权是公意的运用和体现,主权是公意者的主权。所谓公意,是共同体的意志,而不是个人意志的简单叠加。主权神圣,任何对主权的加害,人民都有权利反抗和推翻。因此,主权在民理论成为最具革命性的理论武器,他所对抗的不仅仅是"朕即国家",更是对所有挑战主权权威的对抗。卢梭的主权在民原则把主权的一切特征都推向了极致,为了充分行使主权,一切暴力革命和激进运动都是被允许和可行的,这直接影响了18世纪的美国独立战争。

主权在民原则是近代民主政治革命所提出的最具感召力的政治追求和最符合人民利益的革命目标,而民主政治革命的成功和胜利,又使得这一原则被以不同形式规范于宪法中,成为推动政治实践的重要因素。世界上最早的成文宪法——1787年《美利坚合众国宪法》在序言中明确地表达了人民主权原则。1958年《法兰西第五共和国宪法》这样表述:"国家主权属于人民,人民通过自己的代表和通过公民复决来行使国家主权,人民中的一部分或任何个人都不得擅自行使国家主权。"1982年颁布的《中华人民共和国宪法》总纲第二条明确规定:"中华人民共和国的一切权力属于人民。人民依照法律规定,通过各种途径和形式,管理国家事务,管理经济和文化事业,管理社会事务。"由此可见,伴随着民主政治革命的胜利,主权在民原则已经成为政府责任的逻辑起点和当代民主政治的理论基石。

3.政府责任与责任政府

在学术界,"责任政府"与"政府责任"一样被广泛运用,两者常常混淆。

这种混淆表现在:其一,认为政府责任就是责任政府,"责任政府即行政主体必须对所实施的行政活动承担责任,在其行政活动过程中应处于一种责任状态,不允许行政主体只实施行政活动而不承担相应的责任"。[1]其二,认为责任政府就是政府的理念、制度和规则,是政府的具化;将责任政府分解为规范政府行为的一系列制度和规则设计。其三,责任政府即负责任的政府,认为政府必须对人民负责、对自己的行为负责。当行政主体违背法律、造成不良社会影响及后果时也要依法承担相应的责任。很显然,上述三种观点都混淆和曲解了政府责任和责任政府的概念和范围。

实际上,两者的含义是截然不同的。

政府责任,我们在前文中已经做过详细具体阐述。而责任政府,则是近年来学术界非常感兴趣的热点问题,但学术界对责任政府的界定尚无定论。我们可以这样认为,责任政府是现代民主政治的产物,政府责任作为责任政府制度化的实现途径和方式,

---

[1] 钱海梅:"论社会转型期的责任行政",《上海大学学报》,2003年第2期。

是一个交互的、动态的、发展的概念。

《布莱克维尔政治学百科全书》将责任政府解释为"一种需要通过其赖以存在的立法机关而向全体选民解释其所做的决策是正确合理的行政机构",[①]还有学者认为"责任政府既是现代民主政治的一种基本理念,又是一种对政府公共行政进行民主控制的制度安排……作为一种制度安排,责任政府意味着保证政府责任实现的责任控制机制,这种控制机制既包括内部的,也包括外部的"。[②]这是对责任政府的狭义解读。广义的解读为:"责任政府是人民对公共权力进行监督与控制,使公共权力的行使符合人民的意志与利益,直接或间接地对人民负责的政府。"[③]

由此,有学者提出,责任政府的基本含义表现为以下两个方面:一方面,责任政府应以公共利益的增进为价值取向,其本质含义是政府对人民负责,以"人民意志"为指导行使公共权力,以人民利益为导向作出行政行为,积极回应社会和民众的基本需求,并相应承担政治、行政和法律上的责任。另一方面,作为一种制度安排,责任政府又意味着一套对政府的控制机制,它是建立在"主权在民"思想和代议民主基础之上的一种政治原则,以及建立在这种政治原则基础上的政府责任制度。归根结底,责任政府的要义就在于公共权力的行使者必须对公共权力的最终所有者负责。因而,责任政府实质上体现为公共权力所有者对公共权力行使者的问责,通过这种问责来确保公共权力的行使最终指向公共利益

---

① 《布莱克维尔政治学百科全书》,中国政法大学出版社1992年版,第702页。
② 张成福:"责任政府论",《中国人民大学学报》,2000年第2期。
③ 陈国权、徐露辉:"责任政府:思想渊源与政制发展",《政法论坛》,2008年第3期。

目标。由上述含义出发,在现代责任政府的构建中就必须设法确保政府"权为民所用,情为民所系,利为民所谋"。这是在建设责任政府过程中必须思考的一大问题,也是构建责任政府的理论与现实基础。①

学术界一般认为责任政府的基本属性包括公共责任的法治性、公共利益的至上性、行政责任的确定性、责任对象的公共性、问责主体的广泛性、行政权责的一致性和公职义利的对等性等七个方面。

所以,责任政府是一种全新的治理范式,它区别于封建社会的"家天下"治理模式,也不同于近现代社会的全能型政府。封建社会"家天下"的治理模式将国家权力集中在君主一人手里,君主既是国家的所有者,又是国家的管理者,政府责任很难得以规范;近现代社会的全能型政府导致权力的过分集中,缺乏有效监督。而责任政府是一种充分体现政府责任、对社会生活适度干预的"有限责任政府"。

二、政府责任的主要内容

政府责任的划分,向来是政治学研究的热点,政治学、法学、社会学、经济学等各学科都从自己的学科视角对政府责任进行了解释。实际上,政府责任的内容是将政府责任具体化、细化和量化,将政府责任拆分为不同的层次和形态,一一加以阐述。

我们在界定政府责任的时候,基于现代社会的复杂性和多样性,因而要从多角度来界定政府责任的范围。当代不少学者也从约束力的来源角度出发,将政府责任界定为主观的和可观的。例

---

① 石智刚:"构建责任政府的理论分析:问题与对策",《当代世界与社会主义》,2009年第1期。

如,赫曼·芬纳强调责任的客观形态,就是政府成员必须遵守法律约束;而卡尔·弗瑞德里奇则强调主观行政责任的作用,大多数行政官员在大多数时间里遵循着主观的责任道德来实施行政行为。

这种从主客观角度界定政府责任的分类方法是学术研究的方式之一,但是除此以外,我们也可以从政府责任的类型这一角度来详细阐述政府责任的内容。

国内有学者将政府责任分为政府的政治责任、行政责任、法律责任和道德责任。在这种分类方式下,政府的政治责任,就是行使公共权力者因违反政治义务而承担的政治上的否定性后果。这种政治上的否定性后果意味着社会中的个人或组织已丧失了从事行使政治权力的资格。① 政府的行政责任是国家权力系统中各级岗位和职位的职责和义务,反映着公共行政系统中的权力关系的要求。"一般地说行政责任主要存在于公共行政主体之中,即存在于公共行政主体内部各层级之间、机构之间、部门之间领导与部属之间。而在公共行政的实际活动中,机构的、部门的责任理应经常性的由其主要负责人承担。所以政府责任会落实到具体的公共行政人员身上"。② 在我国,政府部门以及公务员的行政责任主要体现在两个大的方面。一方面体现在,政府及其公务员在日常的行政管理工作中,须尽职尽责,本着服务社会的理念,保质保量地完成自己的工作。另一方面体现在,当政府及其公务员违法行使职权时引起的消极行政责任。政府的法律责任,"基本上属于一种客观上的责任,它是公共行政组织主体由法律条文明确规定应履行的政体责任。当然公共行政中的法律责任会发生在公共行政主体的层级之间、机构之间和部门之间,甚至会发生在这些机构、部

---

① 王成栋:《政府责任论》,中国政法大学出版社1999年版,第80页。
② 陶学荣:《公共行政管理学导论》,清华大学出版社2005年版,第201页。

门的领导与部属之间。但是,一般来说,法律责任更多的是存在于公共行政主体与客体之间,是作为组织的公共行政主体或组织中相对独立的机构、部门以整体的形象承担责任。"① 政府的道德责任,也称伦理责任,指"公共行政组织及其公务人员在行使行政权力、管理公共事务、提供公共服务的过程中,必须遵循的道德规范与承担的道德责任。道德作为对人民社会行为的一种软约束,行政机关及其公务人员如不能遵循道德的寻求,就会失去统治的正当性。因而无论是专制国家还是民主国家都十分关注行政机关及其公务员的道德责任。"① 具体而言,政府的道德责任意味着政府须不断完善自身的行政能力和自觉地对公共利益保持忠诚。

也有学者将政府责任分为政府的政治责任、经济责任、文化责任和行政责任。持这种观点的学者认为,伴随着人类社会的演进和生产力发展水平的提高,政府责任也存在一个演进过程,即从强调和重视"政治责任",到强调和重视"经济责任",再到强调和重视"文化责任"和"社会责任"。本书采用了这一分类方式,并从政府的政治责任、经济责任、文化责任和社会责任四个方面对政府责任的内容进行详细阐述。

(一)政府的政治责任

政府的政治责任是指执行和体现国家意志的政府,运用包括专政机关和军事暴力等政治手段,在政治上以保证自身统治地位,并维护本国在国际上的主权和利益。

在民主社会之前,专制统治者往往会把自己排除在承担政治责任的范围之外,只享受作为国家的组织者和管理者带来的权

---

① 陶学荣:《公共行政管理学导论》,清华大学出版社 2005 年版,第 201 页。
② 李文良等编著:《中国政府职能转变问题报告》,中国发展出版社 2003 年版,第 213 页。

力,而不履行相应的责任和义务。等到权力受到威胁的时候,才会履行政治责任,而这也往往意味着统治权力的丧失。所以,只有在民主社会,政府的政治责任才具有存在的意义。

通常认为,政府的政治责任源自于英国议会制整体所实施的弹劾程序。在国家政权刚刚建立的时候,政治责任往往发挥比较重要的作用。政府通过履行政治责任,利用军队进行武力镇压和统治,实行经济控制、巩固新生政权,并且颁布体现统治者意志的法律,从而确认和巩固革命成果。

我国的"建国头30年",可以视为政府强调和着重履行政治责任的阶段。

1949年新中国成立后,实现了从新民主主义向社会主义的过渡,从城市到农村都开展了大规模的社会主义制度建设,城乡社会生活呈现出同旧中国完全不同的新面貌、新秩序。在完成民主革命遗留的任务后,提出"一化三改"的过渡时期总路线,即"社会主义工业化"、"改造农业"、"改造手工业"、"改造资本主义工商业"。到1956年社会主义改造基本完成,1957年第一个国民经济五年计划基本完成,在经济上基本建立起了公有制占绝对统治地位的计划经济体制。建国头三十年间,我国的工业总产值以年均11%的速度增长,工业产值从1952年的119.8亿元提高到1978年的1607亿元,人均国内生产总值从1952年的119元提高到1978年的379元;工业门类逐渐增加,新建了重型机械、电机制造、机床工业、汽车工业、船舶工业、石油化工、航天工业、核工业等新的工业门类;工业布局更加均衡,工业产业开始向内地、农村和落后地区发展。

建国初期到"文化大革命"之前,由于国民经济的恢复和计划经济的发展,工业化带动城市化进程明显加快,尤其是"大跃进"

时期的经济过热导致了短暂的人口过度城市化,农村人口大规模涌入城市,中国的人口城市化超常发展。政治上,自上而下、高度集中的政治体制的建立有利于集中社会能量,并运用这些有限的社会能量进行经济建设、政治建设,取得了巨大的成就。但是,新中国成立后,发展经济、摆脱贫穷落后的局面应该是在夺取政权之后的首要任务,由于刚刚成为执政党的中国共产党缺乏执政经验,依然坚持革命年代的阶级斗争思维模式,所以,"以阶级斗争为纲"成为当时的主要内容。从20世纪50年代后期开始的大跃进、人民公社化运动,特别是1966年开始长达十年之久的"文化大革命",不仅严重冲击了新中国的社会秩序,而且抑制了中国社会的活力;"文革"十年的破坏,使国民经济停滞不前,工业化速度放慢,不能提供新的就业岗位,再加上这十年中人口增长速度缓慢,中国的城市化进程进入了停滞不前阶段。

(二)政府的经济责任

政府的经济责任是指政府主要通过运用经济、法律和行政手段,干预经济活动,从促进经济增长角度来增强自己的物质实力,保证国家富裕和促进居民生活水平的提高。管理社会经济事务,是政府的主要职责。

通常而言,经济责任是在政治责任持续一段时间后,当局政府出于国内和或国际情况的变化而对自身责任侧重点进行调整,其特征是:在经济层面对经济制度进行重大调整,期望取得国家经济总量的富裕以及经济实力的提升,以应付国内危机和或国际挑战。经济制度调整范围既可能是局部的,也可能是整体的;调整方式既可能是"休克疗法",比如俄罗斯所采取的,也可能是"渐进式"的,比如中国所采取的。

具体到我国的实际,改革开放以来,政府更强调经济责任,以强国富民和提高国家综合国力。改革开放至今,针对"文化大革命"的错误干扰而造成的种种弊端,中国共产党拨乱反正,使中国社会重新焕发活力,特别是突破了僵化保守的计划经济体制,实施了一系列扩大对外开放、促进社会流动和市场竞争的制度安排,可以说,改革开放是中国历史上最深刻、最成功的一次社会改革实践,实现了中国社会在经济结构和社会结构等方面的总体变迁,社会生活在利益关系、身份地位、阶层划分和思想观念等方面都发生了空前深刻的变化。

其一,自1978年12月中共十一届三中全会做出改革开放的重大决策以后,中国开始了从以"阶级斗争为纲"到以经济建设为中心的历史性转变。1978年从农村开始的家庭联产承包责任制以及随后的一系列政策,基本上完成了经济领域的体制改革和制度创新,改变了原有的高度集权的计划经济体制,并且于1992年中国共产党十四大明确了社会主义市场经济体制是中国经济体制改革的目标模式。其次,十一届三中全会后,开始了拨乱反正,解放思想,逐步解决权力过分集中的问题,消除原有政治体制的"总病根"。中共十三大提出将"转变政府职能作为机构改革的关键"这一新思路,成为政治体制改革的指导思想。政治体制改革也在平稳开展。再次,改革开放同时也是一场卓有成效的社会建设,城乡社区、社会组织和社会行为,都在不同程度上呈现了许多健康向上的新模式和新面貌。从某种意义上说,改革开放构造了中国社会的新秩序。

其二,经济飞速发展,现代化进程加快。工业化高速发展,这一阶段的经济发展速度堪称史上之最。据统计,国内生产总值从1978年的3645亿元、1988年的14000亿元、1998年的76000亿元增长到2008年的300670亿元,其中第一产业从1978年的1027

亿元、1988年的3000亿元、1998年的14000亿元增长到2008年的62095亿元;第二产业从1978年的1745亿元、1988年的6500亿元、1998年的38000亿元增长到2008年的267564亿元;第三产业从1978年的872亿元、1988年的4500亿元、1998年的25000亿元增长到2008年的220540亿元。[①]而其中,第一产业所占比重逐渐下降、质量日益提高,第二产业比重曲线上升、结构不断优化,第三产业比重逐年提高。这些数字都直观地表明了中国工业化进程中非农产业的长足进步。

具体来讲,改革开放三十年来,我国工业生产快速增长,工业占GDP的比重基本上都在40%以上,对国民经济的发展起着不可替代的主导作用,进一步巩固了国民经济发展的基础;工业经济效益显著提高,创造了大量社会财富,1999年以来,企业实现利润增幅基本在30%以上,创造了新中国历史上有记录以来最长的增长期,工业始终是国家财政收入最重要的来源;工业实力明显增强,国际竞争力大幅提高,我国工业出口品种不断增多,档次和质量不断提高,工业的国际竞争力明显增强,在家电、服装、纺织品、日用工业品、微机等领域,中国已成为名副其实的全球制造业工厂或生产基地;科技创新能力显著提高,工业经济发展的科技含量大幅上升;工业所有制结构从单一公有制经济转变为多种所有制经济共同发展,私营工业企业迅速崛起,股份制工业企业也逐步发展起来;工业产业结构不断得到调整,能源工业产能大幅提高,能源供需紧张状况明显缓解,高技术制造业不断淘汰落后产能,加快技术进步,产品结构不断优化升级;企业组织结构不断优化,大企业集团发展壮大。

[①]中华人民共和国国家统计局:《中国统计年鉴2009》,中国统计出版社2009年版。

城市化进程稳中趋快。城市化是工业化推动的必然结果。一般而言,城市化率达到50%,标志着城市化国家的初步形成。改革开放以来,我国的城市化率平均每年增长0.625个百分点,其中20世纪80年代平均每年增加0.7个百分点,90年代每年约为0.5个百分点,2008年我国城市化率已经达到45.68%,处于走向城市化国家的关键时期。城市化进程的加快源于我国城市化政策的变化,1978年以来农村体制改革使农村焕发了经济活力,乡镇企业的大量涌现,大大提高了城市消费品的供给能力,从而加大了城市的人口吸纳能力。1984年开始的城市体制改革促进了城市经济发展,城市数量增长迅速。劳动密集型轻工产业及建筑业的成长,出口导向型的经济发展战略,多种经济成分的出现和非国有经济的大发展,乡镇企业的壮大,外资的大量进入,房地产开发业的兴起,都是城市化提速的积极推动因素。概括起来讲,主要体现在两个方面,一是由过去实行城乡分隔,限制人口流动逐渐转为放松管制,允许农民进入城市就业,鼓励农民迁入小城镇;二是确立了以积极发展小城镇为主的城市化方针。由此可见,因此,中国在整体上已成为一个市场经济国家,经济体制改革的任务从建立社会主义市场经济体制转变为完善社会主义市场经济体制,人民安居乐业,生活水平显著提高。

(三)政府的文化责任

有学者认为,政府的文化责任是政府在行使职能与服务中所具有的文化精神,并由此体现和形成的文化价值与理念、文化形象与导向,通过文化执行能力和管理能力,形成促进社会发展的文化生产力。[1]

---

[1] 周玉玲:"论政府的文化责任",《中国行政管理》,2008年第8期。

责任是一种尽责的品质和状态，文化精神就是文化责任这种品质与状态的内核。文化精神具有鲜明的历史和时代特色，存在于不同的社会形态里，体现在不同的民族发展中，同样也体现出不同的政府形象。一个政府的执政行为与能力表征着时代与社会的文化精神，一切发展都是文化的，这种囊括力使文化具有了政治、经济和社会的复合力，文化精神因此具有最内在、最本质的力量，这种力量通过文化价值与理念、文化形象与文化导向得以体现。

首先是文化价值和理念，这是政府文化责任的基础和核心。我们之所以强调文化价值，是因为由政府主导和取向的这种文化价值相对于经济价值，具有超越的意义。文化价值理念是指客观事物所具有的能够满足一定文化需要的精神指向，对社会发展具有能动的引领和推动作用。无论在何种社会形态里或某种社会形态的何种阶段，总是存在一定价值取向的文化价值理念，这种文化价值理念对社会进步的作用，一方面，作为意识形态直接构成社会的观念上层建筑，并和物质形态的政治上层建筑相互渗透相互策应，共同支撑维护社会的政治秩序和社会结构；另一方面，这种文化价值理念又作为社会上占主导地位的世界观、人生观和价值观，起着引导人、教化人、陶冶人、塑造人的作用，以造就和一定社会形态相适应相匹配的人格。① 当繁荣的经济形态早已成历史烟云时，纵横于历史时空中的是永不磨灭的文化价值。而体现着这种文化价值的不仅是以物态形式留存，更重要的是独立的精神印迹。

其次是文化形象，这是政府文化责任的外在表现。政府的文化形象从来不是抽象的存在物，它与民族的精神状态、社会经济

---

① 刘金祥：" 文化价值理念的当代建设"，《学习时报》，2008年10月20日。

发展状态是一个共同体,形成完整的文化生态系统。有人曾经用纸片、芯片、薯片、影片来形象地概括美国的综合实力。纸片就是作为国际货币的美元,象征着它的金融实力;芯片不言而喻,指的是科技和创新能力;美式快餐和零食里随处可见的薯片则代表着其所向披靡的商业推广和营销能力;影片即好莱坞年产近千部、风靡全球的美国大片。这些好莱坞影视产业流水线上的产品,依托庞大的美国电影营销渠道输出到世界各地,在赚取巨额利润的同时,几乎每天都在世界范围内讲述着"美国故事"。翻检历届奥斯卡和金球奖的提名和获奖榜单不难发现,"爱国主义"、"美国精神"和"道德主义"是其中的主流,无不反映美国社会的主流价值观,这也成为"美国故事"的主要梗概。久而久之,好莱坞塑造的英雄形象和道德标准与现实中的美国叠加在一起,美国通过用电影讲故事的方式修补和提升了它的形象。随之,美国利用电影语言来宣扬"主旋律"并塑造美国形象的模式也被复制到其他国家,印度的"宝莱坞"和尼日利亚的"瑙莱坞"都是它在其他国家的翻版。

最后是文化导向,这是政府在文化责任方面引领作用的体现。政府在积极正确的文化导向中充分体现了政府的文化责任,这种导向和认同的双向互动创造了良好的文化发展生态,是社会经济发展不可或缺的文化环境,其本身也是社会经济发展的重要内容。

(四)政府的社会责任

政府的角色地位客观上规定其肩负有社会建设和社会管理的重要职责,具体来讲,政府的社会责任是指政府要从整个国家和社会的公平、公正和正义角度来实施对国家和社会的管理,主要包括管理社会公共事务和发展社会文化、教育、医疗、卫生、环保等事业,让全社会每个成员都能够分享到经济增长的好处,使整个社会处于和谐状态。

社会责任出现于经济责任之后,是更高层次的一种政府责任形态。当经济改革的任务基本完成,市场这种新的社会资源配置方式已经在社会经济中占据主导作用,人们更多的关注社会的和谐和公平正义。在这种社会环境下,政府的经济责任就开始退居较为次要的位置,社会责任渐渐超越经济责任成为政府的首要责任,如何保障经济良性运行前提下的社会公平正义与和谐发展,成为政府的首要选择。从根本上讲,在政府实施社会管理过程中的任何一项政策,都应是在这一责任约束条件下做出的,政策本身的好坏以及好的政策能否产生也取决于这一约束条件。

具体到中国,随着我国工业化和城市化发展进入新的阶段,人民的物质文化需求不断增多,社会组织、社会结构、社会秩序、社会事业等方面的建设便被纳入社会主义建设的总体布局中。政府的社会责任具体表现为:政府在社会结构的调整与建构、社会流动机制建设、社会阶层利益关系协调机制建设、社会事业建设、社会保障制度建设、社区建设、社会安全体制建设、社会管理机制建设方面应承担的职责义务。[1] 政府必须积极承担起社会责任并有效发挥其社会管理职能。当前中国离共同富裕的目标相距甚远,贫富差距仍然较大,甚至有学者认为要警惕"中等收入陷阱",因此,在社会发展领域,政府非但不能逃避,还要主动承担起主导责任。

中国目前的社会发展状况是有历史原因的。改革开放之前的中国实行计划经济,生产资料公有,公平优先、兼顾效率。为体现社会主义的优越性,在社会领域把公平摆在首位,所以我国实行了以终身就业为基础的、由单位直接提供各种福利和服务的社会福利体系。这种福利体系下,城镇国有企业职工可以享受医疗、住

---

[1] 唐志君:"政府责任核心价值取向的嬗变及其启示",《吉首大学学报(社会科学版)》,2009年第5期。

房、教育、养老等多项福利。农村的福利水平较城市差别很大,但尽管如此,居民的基本福利需要都得到了一定程度的满足,没有出现严重的社会不公平。但是,"统包统揽"的社会福利体系给国有企业的发展带来了沉重的负担,成为国有企业发展和前进的包袱。国企改革、经济体制改革提上议事日程。

1978年十一届三中全会后,我国开始了从传统的农业社会向现代化社会的转型。中国开始了从以"阶级斗争为纲"到以经济建设为中心的历史性转变。1978年从农村开始的家庭联产承包责任制以及随后的一系列政策,基本上完成了经济领域的体制改革和制度创新,改变了原有的高度集权的计划经济体制,并且于1992年中国共产党十四大明确了社会主义市场经济体制是中国经济体制改革的目标模式。为配合国有企业改革,我国进行了医疗、教育、住房、养老等福利体制改革,开始探索建立与社会主义市场经济相适应的社会政策体系。但是,由于政治体制改革和福利体制改革的滞后,政府在社会福利体系中起到的作用和扮演的角色并不突出。

而且伴随着市场化改革的推进,市场作用更加明显,从而弊端也逐渐显现出来,如阶层分化、贫富差距、下岗失业、社会矛盾尖锐等。

根据美国经济学家库茨聂兹的倒U型假说,只有在人均收入超过1000美元或非农劳动力达到60%—70%以后,收入分配差距才会开始缩小。因此,任何一个发展中国家,在经济起步或者发展阶段,都不可避免地会遭遇贫富差距的阵痛。

就我国而言,实现共同富裕是社会主义的目标、原则和本质,是社会主义制度优越性的集中体现。但在传统的计划经济体制下,单一的所有制结构和平均主义、大锅饭的分配制度严重束缚了人民群众的积极性,造成了一个贫穷的、畸形的社会主义。改革开放初期,中国共产党鲜明地提出,让一部分人、一部分地区先富起来,逐步实现共同富裕的经济发展战略。这种"先富带动后富,最终实现共同富裕"的战略步骤,不可避免地会带来一定程度的贫富差距。适当的贫富差距在任何社会都是存在的,在一定范围内可以调动群众的积极性,促进生产力的发展。但是,贫富差距如果超过了一定的限度,不仅不会促进生产力的发展,而且会严重阻碍社会进步、甚至导致政权的更迭和大规模的社会动荡。邓小平曾在1992年指出,对于贫富差距,"什么时候突出地提出和解决这个问题,在什么基础上提出和解决这个问题,要研究。可以设想,在本世纪末达到小康水平的时候,就要突出地解决这个问题"。

国际上通行的衡量贫富差距的标准是基尼系数。国际上一般认为,基尼系数在0.4—0.5之间表明是贫富差距过大。世界银行统计的中国1998年基尼系数为0.42,[①]亚洲开发银行统计的中国2004年基尼系数达到0.47。我国贫富差距的不断扩大化趋势,为我国的经济建设敲响了警钟。虽然我国每年都保持经济的高速增长,但是,如果贫富差距继续扩大,将会直接导致经济建设的功亏一篑,建设和谐社会也终将化为泡影。拉丁美洲就是典型的例子。

贫富差距不仅仅包括经济领域的收入悬殊,还包括政治领域的民主法制不健全、文化领域的资源分配失衡和社会领域日益增长的不稳定因素。贫富差距的扩大并不是最可怕的,比这种财富上的差距更可怕的是基于贫富差距而形成的不同社会阶层之间情绪心态的对立和敌视。贫富差距的扩大在我国集中表现为强势

[①] 朱华友:"中国经济改革与防范社会风险",《中国改革论坛》,2002年第7期。

群体和弱势群体的利益对抗。强势群体,在中国主要是指暴富阶层,包括部分以权谋私的党政官员;大型国企和大私营企业的厂长、经理;从事股票证券交易的经营者;以及一切在先富过程中率先富裕起来的群体。这一部分强势群体在中国为数不多,却是一股庞大的势力,在经济、政治、社会领域都居于领导地位。弱势群体,是中国的低收入阶层,包括绝对贫困人口和相对贫困人口两部分。绝对贫困人口,是指农村尚未脱贫的特困人口;相对贫困人口,是指城市失业半失业人口。两大群体之间的矛盾不仅仅表现为经济领域的收入差距,还包括了政治领域的民主法制不健全和文化领域的资源分配不公。

第一,经济领域的收入差距扩大化。

贫富差距扩大在经济领域的突出表现就是收入差距扩大化。收入差距扩大化主要表现为城乡收入、地区收入、不同行业之间的收入差距都在呈现扩大化趋势。

收入分配的差距,不可避免地会产生高收入阶层和低收入阶层,他们便构成了经济领域的强势群体和弱势群体。由于可利用的有效资源不同、家庭收入的各项支出不同、所享受的福利保障不同等诸多因素的影响,这种收入差距必将不断扩大。根据美国心理学家亚当斯的公平理论,一个人对自己所得的报酬是否满意不取决于他实际所得报酬的绝对值,而是取决于他与他人进行的社会比较和与自己进行的历史比较所得的相对值。如果比较结果被认为是合理的,人们就容易达到一种心理的自然平衡,相反就产生不公平感,心理产生失衡。这种失衡的心理必将打击人们诚实劳动、合法经营的积极性。由于失衡的心理常常是压抑而有怨愤的,从而容易导致消极行为的产生,弱势群体有可能把这种经济上的不满情绪扩大为对整个社会的不满情绪,从而造成社会秩序的动荡不安,甚至引发大规模的冲突。

第二,政治领域的民主法制有待继续健全完善。

正处于社会转型期的中国社会出现了不同的利益群体,每个利益群体都已意识到自身利益所在,并且开始为实现自己群体的利益而努力。社会利益关系日趋复杂。但是,我们现有的从计划经济体制延续下来的社会管理模式和管理机制在应对新情况、新变化、新问题方面准备不足,使得社情民意表达不畅,利益诉求体现不力,矛盾与冲突的积累影响着社会的稳定与和谐。一些力量比较大的强势利益群体,利用自己在政治方面的实力,以不正当的行为去谋求过分和非正当的利益。这种行为不仅会侵占其他利益群体正当的利益,导致社会不公,还会破坏国家法度、损害政党形象、降低政府权威,引发社会问题。而一些处于劣势的利益群体如低收入阶层,如果看到自身利益诉求无门、保护无望,就可能会铤而走险,引发群体性事件,使得社会面临动荡与不稳定。

第三,文化领域的资源分配不公。

强势群体享有、控制绝大部分文化资源,使得各类资源的分配逐渐失衡。

以教育为例,零点调查与指标数据网共同发布的《2005年中国居民生活质量指数研究报告》,与21世纪教育科学研究院联合搜狐网站于2005年11月10日到12月8日在搜狐网的教育频道上进行的教育满意度问卷调查结果分别显示:教育已经成为导致贫富差距的最大因素,以及教育公正的平均满意度在整个教育满意度中是最低的。

教育成为导致贫富差距的最大因素是因为当前教育花费高,2004年10月至2005年10月间,在拥有就学阶段孩子的农村、城市和小城镇家庭中,子女教育费占家庭收入的比重分别达到了

32.6%、25.9%和23.3%；教育公正满意度最低的原因是因为教育投入不足、投资结构的不合理造成城乡、地区乃至贫富家庭的教育差距。正是这些严酷的教育不公正事实，把原本就受生存问题困扰的城乡大部分低收入阶层限制在了一个十分狭小的教育范围，以农村为例，大部分农村适龄入学人口只能勉强完成义务教育，在西部的一些贫困地区的不少适龄入学人口，尤其是女孩和残疾儿童，甚至没有上学的机会，农村中留守儿童的受教育状况也令人堪忧；而在城市则基本能普及高中乃至大学阶段的教育。

这种由于出身所决定的受教育权力和受教育机会的不均等，必然造成两方面的结果：一方面，低收入家庭子女因为教育花费高不得不放弃受教育机会，自然会缺乏知识和技能，这就意味着他们不得不放弃高收入的社会职业，而被迫重复他们父辈贫穷落后的命运；另一方面，原本从小就能获得良好义务教育的高收入家庭的子女，能够在教育尚欠公正时期轻易地取得绝大多数低收入家庭子女所放弃的受高等教育机会，并且顺利凭借高等教育学历在就业竞争中占有更多信息和社会关系优势，进入收入水准较高的高级劳动力市场或占领高级职位，这样不仅可以使得他们继续维持他们现有的富裕，而且为维护他们占有更多的社会资源提供了便利，使得新一轮的贫富差距扩大，也使得贫富差距问题陷入了因果循环累积原理的怪圈。

总之，第一，教育领域中的强势群体包括有条件享有丰富教育资源的个人和组织；第二，我国教育资源的地区性、城乡差别非常明显，不同地域、同一地域的城乡之间所享受到的教育资源都是不公平的，这种分配不公的继续发展终将会导致冲突。

第四，社会领域的不稳定因素的存在。

美国经济学家刘易斯曾指出：收入分配的变化是发展进程中

最具有政治意义的方面,也是最容易诱发妒忌心理和社会动荡混乱的方面。①当代著名政治学家亨廷顿认为,从长远观点看,经济发展固然能创造出比传统社会更为平等的分配方式,但在短时期内,经济的发展和增长很容易扩大贫富之间的差距,而这种贫富差距又很容易引起社会的不稳定。强势群体为了保持在社会发展中的领先地位,有时会采取不正当竞争的手段,从而获得部分不合理、不合法收入。这些不合理和不合法收入虽然是局部现象,但在全社会产生了很坏的影响,加剧了社会的不稳定因素。

强势群体由于从中得到好处,从而误将这种不合理、不合法看成是致富合法和必然的手段,使这些乱象逐渐成为社会常态;弱势群体则会把心理层面感受到的贫富差距扩大化,最终导致社会领域的阶层对抗。我国在改革开放前的平均主义大锅饭造就了人们"共同贫穷"的心态,同为社会主义事业的建设者和劳动者,在收入普遍偏低的状况下,人们比较容易产生认同感和归属感;但是当一部分人先富起来之后,这种短期内瞬间扩大的贫富差距会挑战人们的心理承受能力,当人们的心理预期无法达成一致时,弱势群体就容易产生仇富心理。再加上低收入群体生活拮据,社会地位低下,尤其是一些地方对无业或失业者的关心和保障的不足,他们对于贫富差距特别敏感,极易导致他们对社会进行报复,差距越大,不满情绪越强烈,对社会的消极影响就越大。贫富差距过大的直接后果是导致社会冲突和对抗的发生。

综上,一方面,经过改革开放我国经济实力和财力得到极大增强;另一方面,贫富差距已成为影响当前社会发展和稳定的重要因素。研究显示,导致中国社会失衡的直接原因是政府财政对社

---

① 【美】阿瑟·刘易斯著,何宝玉译:《发展计划》,北京经济学院出版社1989年版,第186页。

会事业的投入严重不足。此外,随着物质生活水平的提高,公民对公平正义的渴望和诉求日渐增强。根据国家统计局公布的数字,2013年中国的基尼系数是0.473,这表明相当一部分社会成员没有能够分享到经济发展的成果。这种社会分化局面对社会凝聚力以及社会稳定将带来巨大冲击。

国际经验表明,长期以来,承担社会责任并提供良好公共服务一直被绝大多数人视为政府应尽的义务。政府承担社会责任一定程度上表现为向整个社会提供福利。经济增长尽管是整个人类发展状况的一个主要决定因素,但在大多数国家,仅仅通过这一渠道不可能获得整个人类发展的重大进步。①而政府的社会性支出使发展成为可能。由此,社会责任的承担通常反映在政府的社会性支出上。

进入21世纪特别是近年来,在科学判断国内外实际情况后,中国提出构建社会主义和谐社会的目标,积极主动地正视矛盾、化解矛盾,全面关注社会民生,强化政府的社会责任。2004年9月,党的十六届四中全会将"构建社会主义和谐社会"正式列为中国共产党全面提高执政能力的五大能力之一。2005年10月,党的十六届五中全会提出要"更加注重社会公平"。2006年10月,党的十六届六中全会对当前和今后一个时期社会主义和谐社会建设作出了全面部署。2005年2月,胡锦涛总书记在省部级主要领导干部提高构建社会主义和谐社会能力专题研讨班上的讲话中指出:"中国特色社会主义事业的总体布局,更加明确地由社会主义经济建设、政治建设、文化建设三位一体发展为社会主义经济建设、政治建设、文化建设、社会建设四位一体。"2007年6月25日,胡锦涛总书记在中央党校发表重要讲话中指出:"社会建设与广大

---

① 夏杰长,张晓欣:"我国公共服务供给不足的财政因素分析与对策探讨",《经济研究参考》,2007年第5期。

人民群众的切身利益紧密相连,必须摆在更加突出的位置。"全面构建社会主义和谐社会,其目的是要在解决好经济发展、政治发展和文化发展的基础上,切实解决好社会发展这一重大历史性课题。2007年10月召开的中共十七大明确提出要"推动科学发展,促进社会和谐,为夺取全面建设小康社会新胜利而奋斗。"2012年召开的中共十八大把社会建设放在更加突出的位置,以保障和改善民生为重点,加快推进社会体制改革。这表明,我国政府已经将民生问题摆在更加突出的位置,强调政府要积极承担起更多的社会责任。而政府的社会责任,是我们本书讨论和研究的重点问题。

第一章　政府社会责任的理论基础

第一节　社会契约论：民主国家存在的理论前提

社会契约论自诞生至今，已经有超过两千多年的历史。社会契约论是近代民主国家存在的理论前提。所谓社会契约指的是"政府存在于社会公众的期望中，它必须遵守一定的权利和义务，这些权利和义务是政府与社会之间契约的结果，因此政府在行使权力时，不应忘记自己对社会承担的责任。"①

自16世纪市民社会和近代国家的兴起，到18世纪下半叶启蒙运动的展开，社会契约论基本上主导着西方世界的政治理念，它伴随西方民族国家的兴起和资产阶级政治统治方式的确立而稳固，并成为西方近代国家建设的指导性理论。正如英国诺丁汉大学政治学高级讲师约翰·麦克里兰所说的："自激进宗教改革的时代，以至18世纪下半叶，社会契约的理念主导政治思想。这并

---

① 卢梭：《社会契约论》，商务印书馆2001年版，第23页。

不是说所有重要的政治理论都是社会契约论,而是说,凡是政治理论,如果本身不是社会契约论,则若非必须将社会契约说纳入考虑,就必须对之加以抨击。"①

社会契约论无疑是西方政治思想史上的一座丰碑。我们无法否认,社会契约论对16世纪至19世纪近代国家的建设和发展产生过重大的影响。谈到社会契约论,最具代表性的三位学者分别是17世纪英国著名哲学家托马斯·霍布斯、英国政治思想家约翰·洛克和18世纪法国启蒙思想家让·雅克·卢梭。他们分别代表了"社会契约论"发展的三个阶段,其社会契约论思想构成了民主国家存在的理论前提。

一、社会契约论溯源

我们说社会契约论最具代表性的三位学者是霍布斯、洛克和卢梭,但这并不意味着社会契约论发端于他们。西方思想家们很早就用契约观念来解释政治生活,最早的社会契约论思想可以追溯到古希腊时期,古希腊智者的思想和中世纪的《圣经》里都蕴涵着契约的理念。

(一)苏格拉底的城邦契约

18世纪著名的苏格兰哲学家大卫·休谟在他的论文《论原始契约》中明确提出:"在古代文献中,服从政府的义务被认为是一项许诺的,我碰到的唯一论述就是柏拉图的《克力同》,其中,苏格拉底拒绝越狱,理由是他已经默许了对法律的服从。"②公元前399年,70岁的苏格拉底被人控告,原告是悲剧诗人迈雷托平、修辞学家赖垦、民主派政治活动家安匿托士,他们控告苏格拉底所

---

①麦克里兰:《西方政治思想史》,海南出版社2003年版,第202页。
②休谟:《休谟政治论文选》,商务印书馆1993年版,第136页。

犯罪行是渎神、蛊惑败坏青年。在苏格拉底被执行死刑之前,他的朋友准备营救他出雅典,但被苏格拉底拒绝。苏格拉底拒绝的原因在于他对法律和城邦的理解。

首先,苏格拉底认为即使是恶法,也要遵守。他认为城邦的法律是公民们一致制定的协议,应该坚定不移地去执行,只有遵守法律,才能使人民同心协力,使城邦强大无比,严守法律是人民幸福、城邦强大的根本保证,其价值远远高于个人的生命。如果认为错误的判决是对于法律的亵渎,那么逃避法律的制裁又是什么呢?那是对于法律的又一次践踏,只会更加削弱法律的权威。所以他选择用生命捍卫法律的尊严。其次,城邦契约。苏格拉底坚持认为,自己同城邦是订有契约的,服从法律就是遵守契约。生活在城邦里,就应该服从城邦法律的管辖,即使当他受到城邦法律的不公正对待时,仍然要服从法律的决定,因为法律本质上是公民与城邦之间的契约:"法律也许还要说,苏格拉底,好好想想吧,如果我们说,这些话是真实的,你此刻企图要做的事就是不正当的。我们生你、养你、教你,凡所能给其他公民的权益,都给你一份。此外我们还预告声明给雅典人所欲得的权利;成年以后,看清了国家行政和我们——法律,对我们不满,可带自己的财物往所欲往之地。国家和我们不合你们的意,你们要走,我们没有人拦阻,不会禁止你们带自己的财物到所要去的地方……可是我们默认,凡亲见我们如何行政、立法,依然留居的人,事实上就是和我们定下契约,情愿服从我们的法令。"[①]

(二)亚里士多德朦胧的契约思想

被誉为政治学独立学科创始人的亚里士多德认为,人类区别

---

① 柏拉图:《游叙弗伦·苏格拉底的申辩·克力同》,商务印书馆1983年版,第109页。

于动物的本质在于具有天然的联合为公民社会的倾向。亚里士多德对近代社会契约论的贡献在于：第一，政治权利一部分是自然的，一部分是约定的。他把在各处都具有同等作用，不管这个或那个国家的立法是否承认的权利叫做自然的权利（或称自然法）。而人们所规定的法规和普遍承认的协议，则属于约定的权利（约定法）。① 第二，亚里士多德以正义为路径来研究契约思想，他在《伦理学》中，亚里士多德将正义区分为分配正义（Distributive Justice）与交换正义（Commutative Justice），分配正义是按照各自对社会贡献的大小，享有对社会财富的分配，违反这种分配原则就是不正义。交换正义是使用算术方法，使物与物之间的交易等值，使某人因不法行为而遭受的损失能得到适当补偿。因此，交换正义的执行通常必须借助司法机关或准司法机关。亚里士多德认为交换正义最能体现契约原则。第三，法律是保障契约有效性的重要手段。亚里士多德认为，"契约对我们有利，就夸大它们的可靠性和有效性；……契约对对方有利，就贬低它们的可靠性和有效性。契约的可靠性视签字者和保管者的人品而定。契约一经被承认是订立了的，只要对我们有利，我们就夸大它的有效性，说契约就是法律，是私人之间的法律；说契约虽然不能使法律生效，法律却能使合法的契约生效。一般说来，法律也是一种契约，所以谁不遵守契约或破坏契约，谁就破坏法律。大多数交易和所有的自愿的买卖都是按照契约进行的，如果契约不生效，人类的相互来往就被破坏了。"② 亚里士多德的这些观点，都被视为社会契约论的萌芽。

---

①【苏】涅尔谢相茨：《古希腊政治学说》，蔡拓译，商务印书馆，1991年，第192—195页。

②苗力田主编：《亚里士多德全集》（第九卷），中国人民大学出版社，1994年，第405页。

(三)伊壁鸠鲁将正义和契约等同看待

"国家起源于人们相互间的契约,起源于社会契约,这一观点就是伊壁鸠鲁最先提出来的。"①伊壁鸠鲁所处的时代,是古希腊城邦衰败的时代。随着古希腊相继臣服于马其顿、古罗马后,晚期的古希腊人无疑地受到了不公正的政治待遇。他们若再停留于趋向城邦生活的政治动物②状态,则困境重重。因此,伊壁鸠鲁面临的难题是把个人从整体中分离出来,即"一个人不再仅仅是他的城邦的一部分;他是一个个体的人,这样一个人需要新的指导"。③因此,这样的时代是需要张扬个性、实现自我价值的时代,要在社会中实现自我,实现个体的人和政治生活的协调统一,其基点就是国家由个体的契约产生,国家来源于社会契约。正如马克思的哲学笔记中对伊壁鸠鲁的《格言集》所作的摘录中说的:"自然法是一种求得互不伤害和都不受害的(对双方)有利的契约。公正不是某一个自身存在的东西,而是存在于人们的相互交往中,它是一种契约,是每一次在一些国家内为了不损害他人和不受他人损害而制定的契约。"④在伊壁鸠鲁看来,正义是人与人之间缔结的彼此不互相伤害或被伤害的契约的结果,这一点和亚里士多德有相似之处。他把正义和契约等同看待,因为对无法就是否伤害彼此而订立契约的动物来说,正义是毫无意义的。同样,"对于那些不能或不愿意就彼此互不伤害订立契约的民族来说,情况也是如此,自然正义是人们就行为后果所作的一种相互承诺——不伤害

---

①《马克思恩格斯全集》(第3卷),人民出版社1965年版,第147页。
②【古希腊】亚里士多德著,吴寿彭译:《政治学》,商务印书馆1965年版,第7页。
③范明生:《晚期希腊哲学和基督教神学》,上海人民出版社1993年版,第119页。
④《马克思恩格斯全集》(第40卷),人民出版社1972年版,第36页。

别人,也不受别人的伤害"。①

(四)社会契约论萌芽期的特征

从苏格拉底到亚里士多德,再到伊壁鸠鲁,他们虽然没有明确提出社会契约论,但或多或少都为近代的社会契约论夯实了基础,这些宝贵的思想遗产对后世契约理论的发展意义重大。

在契约观尚属萌芽阶段的古希腊时代,对于"契约"问题的思考往往和自然、法律、正义等概念相联系,对政治和社会的研究仍然习惯于从自然观出发。

第一,契约和自然的关系。古希腊时期的哲学家和政治思想家通常把对政治的思考和对自然的思考联系在一起,他们通常把"自然中心灵的存在当作自然界规则或秩序的源泉"。古希腊哲学家和政治思想家认为自然是一个运动不息、充满活力的巨大的生命机体,而且也是一个有秩序和规则的世界。世界上的任何一种植物或动物,如同它们在物质上分有世界"躯体"的物理机体那样,也依它们自身的等级,分有世界灵魂或神圣理智的生命历程,分有自然心灵的活动。不存在没有精神的物质世界,也不存在没有物质的精神世界。

基于此,他们对待契约和自然的关系分歧比较明显,因为在古希腊时期并没有明确的自然法概念,因此,在古希腊哲学家和政治思想家的表述里,自然法和自然状态是混在一起使用的。柏拉图是重视契约轻视自然的代表,但亚里士多德则认为自然法要高于契约。我们可以理解处于契约论萌芽状态的古希腊思想家们,尽管有充满了思辨和逻辑的古希腊哲学为基础,但他们也仅仅是提出了关于契约思想的最基本概念和内涵。例如,在讨论契约和

---

①陈村富,万绍和:"自然正义与约定正义",《浙江学刊》,2003年第1期。

自然的关系时,伊壁鸠鲁就套用了古希腊自然哲学的理论方法,另辟"原子"作为物质运动的"质料",论证物质世界运动必然性的同时,又强调每个原子的独立性和不可再分性。原子作为世界的本原,其运动方式有直线下落、倾斜运动和排斥。

第二,正义与契约的关系。无论是亚里士多德,还是伊壁鸠鲁,都将正义和法律置于社会契约的视角之下,当然,这并不是古希腊时期的主导思想。因为在古希腊城邦时代,整体主义的政治哲学始终占据着时代的主流。整体主义的政治哲学在古希腊和古罗马相当盛行,这实际上是一个组织社会的基本原则。政治上的整体主义指的是:国家作为一个有生命力的整体,一个由所有社会成员构成的统一体,给予社会成员他们存在的理由和存在的意义,要求每一个社会成员对国家无条件地服从、忠诚、奉献,为了国家的利益而牺牲自己的利益乃至自己的生命;个人首先是为了国家而活着,然后才是为了自己而活着;在这个意义上,国家整体的地位和价值远远大于个人的地位和价值,个人的地位和价值不被社会承认,而被社会忽视;这种社会条件决定了人们的头脑中缺乏个人的独立性和个人的自由这两个概念,也没有个人独立和个人自由的意识。古希腊哲学家和政治思想家柏拉图在其著作《理想国》充分体现了政治整体主义的特点,描绘了一个权力高度集中,政府权威高高在上,个人绝对服从,由"哲学王"来统治的共和国。

整体主义的政治哲学俨然超越了契约论看待社会的个人主义方式,它以一种社会有机体的方式看待城邦共同体。在古希腊哲学家的视野中,城邦是每个人实现本质的最重要场所。就其本质而言,个人即使张扬个性,但永远无法成为摆脱城邦的孤立个体。离开城邦的个人就像一只与身体分离的手,它已不是一只真实意义上的手,离开城邦的人也不再是城邦的公民,因为他已不具备参与和分享城邦公共生活的资格了。

二、霍布斯的社会契约论

西方近代社会契约理论的出现,是商品经济发展到资本主义阶段的产物,是市场契约经济在政治上的理论反应。

到16世纪末17世纪初,资本主义关系在国民经济中已经占有了重要的地位,拥有了经济实力的新兴资产阶级必然要求获得更多的政治权利。但革命的实践需要革命的理论作为指导,只有掌握理论武器,才能获得人民群众的支持和拥护。但是,对于英国资产阶级革命来说,缺乏一种有力的理论武器来指导革命,来对抗封建"君权神授"思想,来批判宗教神权理论。导致的结果就是革命反反复复引起内乱和动荡,资本主义经济的发展受到阻碍。发展资本主义经济已经成为历史的必然,因此需要产生理论来指导革命,霍布斯适时地担当了这一历史任务。

实际上,霍布斯所代表的是社会契约论发展的第一阶段,这一阶段的特点旨在建立一种普遍理性的法则,以便使个人更"安全"。除霍布斯外,还有被人尊称为近代自然法之父的荷兰哲学家、法学家格劳秀斯,西方近代哲学史重要的理性主义者斯宾诺莎,以及德国法学家、史学家普芬道夫等。近代意义上的社会契约论,由荷兰的格劳秀斯首提。但是,真正把国家建立在"社会契约"基础之上,并系统加以论证的奠基者,则首推霍布斯。

托马斯·霍布斯(Thomas Hobbes,1588—1679)是英国著名政治家、哲学家。出生于战乱年代的霍布斯对生活缺乏安全感、对人性持悲观主义。因为霍布斯所处的时代,"经历了各种对抗的狂热主义的斗争,因此他让对于无政府状态的恐惧缠住了心"。① 对战争和秩序缺失的恐惧伴随了霍布斯的一生,并且不可避免地影响了他的学术思想。概括起来讲,霍布斯对社会契约论的贡献有两个方面。

(一)自然状态与自然法则

在霍布斯的著作《利维坦》第十三章"论人类幸福与苦难的自然状态"中,霍布斯描述了一个极为恐怖的、被称为"所有人反对所有人的战争"的自然状态,作为其政治学说的出发点。霍布斯认为,人类是天生利己的,支配人的行动的根本原则是"自我保存"。在没有建立国家、政府之前,人类处在一种"自然状态","自然使人在身心两方面的能力都十分相等"。②

"自然状态"与霍布斯对人性本恶的主张是分不开的。他认为人在本质上是自私自利且充满恶意的,自然状态下的人们更是经常处于战争状态之中。身心能力平等而又自私利己的人们,都有同样的希望占有和享用同样的事物。然而,人们共同追求的自然与社会资源又是有限的。人们为了追求自己的利益,就必然相互攻击,彼此为敌。每个人为了达到自己的目的,总是不惜采取一切手段去排斥和伤害别人。"人类的天性中有三种造成冲突的基本原因:第一是竞争,乃是为了利益;第二是猜疑,乃是为了安全;第三是荣誉,乃是为了名誉。为了利益,人们使用暴力去奴役他人;而全部的猜疑都是为了保全这些既得的利益;至于为了荣誉的争斗,则是由于他们认为受到了轻视或冒犯。"一旦有人获得的他所

---

① 【英】罗素著,马元德译:《西方哲学史》(下卷),商务印书馆1976年版,第77页。
② 【英】霍布斯著,黎思复、梨廷弼译:《利维坦》,商务印书馆1985年版,第92页。

追求的东西,其他人就会联合起来把他打倒,不但要剥夺他的财物,而且要剥夺他的自由,置之于死地。在没有一个共同权力使大家都慑服的时候,人们就处在所谓的战争状态之下。"这种战争是每一个人对每个人的战争。"①

鉴于"自然状态"对人类造成的身心危害,必须要寻求解决途径,以获得比在自然状态下更为满意的生活。"爱好自由的人类之所以要建立国家,使自己似乎受到种种限制,完全是为了保全自己并由此得到比在自然状态下更为满意的生活。换言之,建立国家的目的,是要使自己摆脱战争的威胁。"我们可以这样来理解霍布斯的话,由于人人乐生惧死,所以理性为人们提出一些简单可行的和平条款,即"自然法则"。但是只要自然状态继续存在,"自然法则"就不能有效地得到实施。

霍布斯主张,为了确保和平及实施自然法,人们必须基于自然法相互订立契约,自愿放弃每个人的自然权利,把它交付给某一个人或一个集体,而这个人或这个集体能够把大家的意志化为一种共同的意志。关于自然权利,霍布斯将其定义为"每个人按照自己所愿意的方式运用自己的力量保全自己的天性——也就是保全自己的生命——的自由。"②这种自然权利是单一的,目的仅限于保全自己的生命;但这种自然权利又是及其多样的,因为为了达到自我保全的目的,一个人可以依照自己的判断和理性运用最合适的手段去做任何事情,其运用过程只受一系列自然律的制约。而这个权利正是自然状态中的人们订立契约,形成政治权威的源泉。

---

①【英】霍布斯著,黎思复、梨廷弼译:《利维坦》,商务印书馆1985年版,第97页。

②【英】霍布斯著,黎思复、梨廷弼译:《利维坦》,商务印书馆1985年版,第97页。

在基于自然法的基础上相互订立契约后,一方面,每个人都同意把其全部权力和力量转让给一个人或一个议会以构成主权者。另一方面,为增进所有人的和平、安全和便利,根据契约设定的主权者(即霍布斯所说的"利维坦")应当努力维护"自然法则"。在这个过程中,人们寻求国家的庇护,丧失了个人自由,于是"自然状态"结束,国家产生。

国家的权力并非是天赋的,而是人们自愿让渡给它,以使它能更好地管理好这个国家的人们,让他们生活得更美好。所以,国家创立的初衷和本意是德性、至善、规则等。

霍布斯认为,基于契约而产生国家之后,为了使主权者充分履行职责,必须要保障主权的至高无上和不受法律约束。对于这一观点,他是这么解释的:"人们在这一点上也许会提出反对说:臣民的景况太可怜了,他们只能听任具有无限权力的某一个人或某一群人的贪欲及其他不正常激情摆布。一般说来,在君主之下生活的人认为这是君主制的毛病,而在民主国家的政府或其他主权集体之下生活的人,则认为这一切流弊都是由于他们那种国家形式产生的。其实一切政府形式中的权力,只要完整到足以保障臣民,便全都是一样的。人类的事情绝不可能没有一点毛病,而任何政府形式可能对全体人民普遍发生的最大不利,跟伴随内战而来的惨状和可怕的灾难相比起来,或者跟那种无人统治,没有服从法律与强制力量以约束其人民的掠夺与复仇之手的紊乱状态比起来,简直就是小巫见大巫了。"[①]也就是说,在霍布斯看来,只有绝对的强权才能保证在人类社会中创造和平和维持秩序,这是对人性抱有悲观主义和持性恶论的霍布斯最佳的选择,也是必然结果。

[①]【英】霍布斯著,黎思复、梨廷弼译:《利维坦》,商务印书馆1985年版,第141页。

(二)国家主义理论

霍布斯是绝对国家主义的代表,是近代英国君主制和保守主义国家政治学说最重要的奠基人,甚至可以这么说,如果没有霍布斯的国家主义,英国的皇家制度就可能不会延续到今天。霍布斯的国家主义的保守政治学说,是大英帝国君主立宪制能够稳定传承至今的重要理论基础。

第一,主权在君和权力的绝对性。

霍布斯赞同并为君主专制政体辩护。

在霍布斯看来,自然法并不是法律,也不能对人们的行为做出裁决。因此,当人们为了个人利益而出现矛盾冲突的时候,就必然需要公共权力的出现,来作为解决冲突和保障个人权利的工具。而国家和政府就是这个掌握强制性权力的工具。

霍布斯认为,国家权力具有绝对性。国家权力的强大,在于它集结了国家之中每一个人的权力和力量,并通过国家或者说主权者表现出来。"人类权势中最大的,是大多数人根据自愿同意的原则联合起来,把自身的权势总合在一个自然人或社会法人身上的权势。"[①]这就是所谓的"主权在君"。

这个主权是人们能够想象到的、足够大的权力,并且不受任何限制。如果说国家拥有的主权或绝对权力受到限制的话,那也是受国家力量的限制,而不受别的东西的限制。

在霍布斯看来,人民从未拥有过最高权力,真正最高权力的拥有者只能是君主,个人应绝对服从君主的绝对权威。在其著作《利维坦》中,霍布斯列举了作为主权者的君主应该拥有的十二项权力,其中包括,臣民如果不得到君主的允许,便不能抛弃君主政

[①]【英】霍布斯著,黎思复、梨廷弼译:《利维坦》,商务印书馆1985年版,第63页。

体,返回乌合之众的混乱状态;臣民还必须心甘情愿地声明承认主权者的一切行为,如果反抗就可能被杀死,等等。在这些权力中,前五项权力使主权者获得了绝对的、不可侵犯的身份与地位;另外七项权力的表述赋予主权者以广泛的积极权力。任何一个独立的个体都不能也不应该反抗主权者的命令、法律,因为反抗就意味着否定了自己的决定。只有坚决维护作为主权者的君主的绝对权威,才能保障任何个体都服从他的命令,从而实现国家权力的绝对性。由此可见,国家权力的范围是广泛的。按契约建立国家的制度,其目的是为了全体的和平与防卫,为了保持和平与安全,对内防止混乱,对外对付敌人,霍布斯赋予主权者以极为广泛的权力来达到这一目的。

霍布斯"主权在君"理念确立的初衷就是试图克服"自然状态"中的无政府的混乱以及可能引发的战争处境。因为在他看来,一个最坏的政府也胜于没有政府。无论任何体制或政体的社会,都可能面临两种危险:一为专制;一为无政府的动乱状态。但是,后者比前者更坏。由此,霍布斯将政府体制分为三类,即共和国政体(其中包括两种形式:民主政体和贵族政体)、君主政体、专制政体。国家有权根据社会安宁的需要,而不断加强政治权力,因为必须以一切可能和手段避免社会可能面临的动乱和无政府状态。

第二,有限政府和国家权力的有限性。

由于霍布斯在著作中强调国家的绝对权力,所以很多人都将其视为专制主义的代表。实际上,霍布斯认为国家权力是绝对的,但他绝不认为这种权力是任意的,而是受到一定的目的制约的,也就是说这种绝对的权力也只能是在一定的范围内行使才是合法的、有效的。

在霍布斯看来,国家权力的有限性体现在以下几个方面:

第一,国家权力受成立国家目的的限制。国家是人们设计出来的一种维护和平与秩序、在根本上保护社会和大众安全的工具,因此,国家不过是手段,它的职能主要是保护人们的自然权利。作为一种自我保护的策略选择,国家是人们相互之间订立契约的结果,是人们自愿让渡权利的行为。这是国家存在的合法性根源。而国家成立的目的,还是为了自身的某种利益。

第二,作为主权者的君主行为要受到制约。作为主权者的君主既是国家的组织者也是国家的管理者,他的行为只有得到国家中每一个人的授权,才可以被视为有效的国家行为。霍布斯明确指出,按契约建立国家的制度,其目的是为了全体的和平与防卫,为了保持和平与安全,对内防止混乱,对外对付敌人。只有在这个范围内,国家权力才具有合法性。

第三,臣民享有一定的自由。他认为臣民的自由是相对于法律而言的自由,臣民的自由在于法律的沉默。"世界上没有一个国家能订出足够的法规来规定人们的一切言论和行为,这种事情是不可能办到的。"所以,"在法律未加规定的一切行为中,人们有自由去做自己的理性认为最有利于自己的事情。"比如"买卖或其他契约行为的自由,选择自己的住所、饮食以及按照自己认为适宜的方式教育子女的自由等。"[①] 即社会经济的自由。也就是说霍布斯以社会经济领域的自由,作为个人的不受国家权力干涉的私人活动空间,而将国家权力限制在政治活动的领域。

同样,作为国家统治官僚机构的政府,霍布斯认为其权力也是受到限制的,即有限政府。第一,霍布斯指出,在"实在法之治"的社会,臣民自由意味着,在主权者颁行的法律中未加禁止的一切

---

① 【英】霍布斯著,黎思复、梨廷弼译:《利维坦》,商务印书馆1985年版,第164-165页。

行为,人们可以理性地选择做最有利于自己的事情,显现了"法不禁止即自由"这一原则。第二,霍布斯认为,主权者的法律不得限制的行为应当包括买卖或其他契约行为的自由、选择自己的住所、饮食、生活方式以及按自己认为合适的方式教育子女的自由等等。[①]由此可见,霍布斯把政府权力限定在了政治领域,而不能涉及经济自制领域,这是经济自由和权力有限的体现。霍布斯阐述了有限政府理论的若干基本理念,但并没有系统地论述有限政府理论。真正将有限政府作为完整的体系和强有力的政治运动表达出来的,是在英国内战期间以及光荣革命之后的辉格党人执政期间,其最重要的代表人物就是洛克和他的名著《政府论》。

三、洛克的社会契约论

如果把霍布斯尊崇为现代自由主义的奠基者,那么把洛克视为自然法这一最高权威的倡导者则最为公正。与霍布斯过分关注安全与秩序相反,在洛克(John Locke,1632—1704)的社会契约理论中,对自由的追求表现得极为明显,他也被人尊称为自由主义的鼻祖。

洛克代表的是近代契约论的第二阶段,孟德斯鸠为洛克的思想做了有益的补充。他们试图通过设置防止政府违反自然法的有效措施,反对政府独裁与专制,突出个人自由的价值。因此,这一阶段的学者们将重点转向了法律中那些能够使法律制度起到保护个人权利作用的因素。

(一)有限权力政府

洛克认为自然状态下的人们都拥有完整的自然权利,包括自

[①]【英】霍布斯著,黎思复、梨廷弼译:《利维坦》,商务印书馆 1985 年版,第 165 页。

由权。与霍布斯的悲观主义不同,洛克对人性更加乐观,他假设了一个完全自由的、平等的、和平的自然状态,在这个状态下,人们可以普遍享有自然权利。这种权利是与生俱来的,即"天赋人权"。

但洛克同时也认为,人在自然状态下的自由,并非放任自流,他认为,"人的自然自由,就是不受人间任何上级权力约束,不处在人们的意志或立法权之下,只以自然法作为准则。处在社会中的人的自由,就是除经人们同意在国家内所建立的立法权外,不受任何立法权的支配;除了立法机关根据对它的委托所制定的法律之外,不受任何意志的统辖或任何法律的约束"。[1]显然,不论是自然自由和公民自由,都总是被认为是在法律之下的自由,是遵循自然法即人类的普遍理性的自由。

但是,在洛克看来,自然状态也存在不可忽视的缺陷。由于缺少明文规定的法律,缺少按照法律审理争执的机构,缺少可以裁决公正的权威,自然状态就存在严重缺陷。人们所享受的自然权利没有稳定的保障,常常面临着受他人侵犯的危险;一旦自然权利被侵犯,每个人都可以在自己的案件中成为适用自然法的法官。但是,人都是有超越理性的激情,这种自己当自己法官的做法显然有违自然公正原则。

为了终止自然状态中存在的混乱与无序,保障自身的权利和利益,人们根据自然权利并带着自然权利订立契约,建立国家。洛克认为,人们在订立契约、建立国家所必须放弃的仅仅是以下两种权力:第一种权利,即为了保护自己和其余人类而做他认为合适的任何事情的权利。人们放弃这一权利给社会,由社会所制定的法律就保护他自己和该社会其余的人所需要的程度加以限制。

---

[1]【英】洛克著,叶启芳、瞿菊农译:《政府论(下篇)》,商务印书馆1964年版,第16页。

第二种权利是处罚的权利,人们放弃处罚权并且按社会的法律所需要的程度应用他们的自然力量来协助社会行使执行权。自然状态中的人们将这两种权利交给共同体的大多数,由社会大多数来作决议和行动,确立立法权和行政权,成立政府。"这就是立法和行政权力的原始权利和这两者之所有产生的缘由,政府和社会本身的起源也在于此。"①

这一点,洛克和霍布斯并不相同。霍布斯认为人们在订立契约时要交出所有的权利,但洛克认为,没有必要像霍布斯那样对权威百般迁就,人们在订立社会契约时,只是把一部分权利交给政府,人们依然保存着人的生命、自由和财产的自然权利,所以政府的权力是有限的,政府的存在不是目的,只是工具。如果政府不能服务于人们的保存着的自然权利,那么人们就有废除原有契约的权利。

基于此,洛克反对霍布斯提出的君主专制政体,他主张有限权力政府。

在论述国家的形式时,洛克将政府划分为三种组织形式,即君主制,寡头制,民主制。君主制是霍布斯最为赞同的,确是洛克最为反对的。他认为,君主包揽了一切政治权利,社会丧失衡量善恶的尺度,人民无处寻找公正,更无法诉讼侵害,因此"每一个专制君主就其统治下的人们而言,也是处在自然状态中",② 从而无法保障人民的自然权利。在洛克看来,把国家一切权力交给凭喜好来处理事务的君主是极其危险的事情。寡头制则是由少数人或他

---

① 【英】洛克著,叶启芳、瞿菊农译:《政府论(下篇)》,商务印书馆1964年版,第78页。
② 【英】洛克著,叶启芳、瞿菊农译:《政府论(下篇)》,商务印书馆1964年版,第55页。

们的继承人来享有制定法律的权力。少数人执政依然会侵害大多数人的权利。民主制就是由多数人自己或通过自己委派的代表执政，但是民主制同样有难以克服的缺陷，因此大多数人都参与行使政治权力在实践上是无法做到的，就算能够做到，但由于不同人的能力不同，很难达成共同意见；而且多数人执政能够保障大多数人的权利和利益，但剩下的少数人的权利依然无法保障，这就容易造成"多数虐少数"的状态。因此，三种政体都存在缺陷，所以洛克才说，政府是"必要的恶"，只要组建政府，就必然损害部分人的权利；但不组建政府，又会导致更糟糕的无政府状态。因此，洛克提出理想的状态是君主立宪制，属于民主政体的类型，但对政府的权力进行制约，即有限政府观点，运用各种方式严格限制政府权力，这样能够尽可能保护最大多数人的利益和减少最大程度的损害。

在有限权力政府理论中，洛克特别强调通过法治来限制政府权力。他是近代资产阶级法治原则的主要倡导者之一。他主张国家必须按照法律来进行统治，统治者不能靠临时性命令或者个人意志去行使专制的权力，政府的运作应当限制在法治的轨道上。洛克认为，人类无论处于何种状态，都不能离开法律。在自然状态下，需要有自然法；在政治社会，需要有成文法。洛克指出，国家必须以正式的法律来统治，因为政府的法律应当具有权威性和严肃性，法律必须以法定的正式手续制定和公布出来，"无论国家采取什么形式，统治者应该以正式公布的和被接受的法律，而不是以临时的命令和特定的决议来进行统治。"[①] 法律的制定须由人民同意或授权的立法机关来进行，必须体现人民的意志，非经人民的

[①]【英】洛克著，叶启芳、瞿菊农译：《政府论（下篇）》，商务印书馆1964年版，第85–86页。

同意,立法权力不得转让;立法机关解体,最高权力又重归人民。

法律面前人人平等,洛克认为,立法机关应该以正式公布的、既定的法律来进行统治,这些法律不论贫富贵贱都一视同仁,并不因特殊情况而有出入,"每一个个人和其他的人都平等地受制于那些他自己作为立法机关的一部分所制定的法律。"[①]同时,洛克认为,法律的执行必须由公正无私的法官来进行,以祛除人们的情欲和利害关系的干扰。

(二)洛克的分权理论

洛克将政府权力分为三种:立法权、行政权和对外权。

洛克认为,为了保障自由,立法权和行政权不能置于同一机构手中是十分重要的。三种权力都应由不同机关分别掌握,不能集中在君主或政府手中。否则,就会产生为谋私而滥用权力的情形。立法权是国家的最高权力,遵循自然法的精神,由民选的议会来行使。行政权是君主为首的内阁的法律执行权,包括国家的全部治理和司法大权,由君主行使,但要根据议会的决定。对外权,包括战争与和平,联合与联盟以及涉外权力,行政权和对外权是联合在一起的,都由武力作后盾,而武力的指挥权力又是不能分的,因此,洛克认为对外权也应由君主行使。实际上,洛克论及的权力分立并非三权分立,而实际主张的仅仅是立法权和行政权的两种权力的分立。强调司法权对政府权力的制约的任务是由孟德斯鸠完成的。

在洛克那里,三权并非地位相同。

第一,立法权是这三种权力中占据支配地位的。执行权和对外权都是来源于立法权的,没有法律的授权,执行权和对外权就

[①]【英】洛克著,叶启芳、瞿菊农译:《政府论(下篇)》,商务印书馆1964年版,第78页。

缺乏合法性,就不具备法律效力。另外,在执行权和对外权获得授权之后,执行权和对外权也不可以超过法律应有之义。"在一切场合,只要政府存在,立法权就是最高的权力,因为谁能对另一个人订立法律就必须在他之上。而且,立法权之所以是社会的立法权,是因为既然它有权为社会的一切部分和每个成员制定法律,制定他们的行为准则,并在法律违反时授权加以执行,那么立法权就必须是最高的权力,社会的任何成员或社会的任何部分所有的其他一切权力,都是从它获得的和隶属它的。"[1]

第二,执行权从属于立法权。一旦法律制定后,"就需要有一个经常存在的权力,负责执行被制定和继续有效的法律",[2]这就是洛克所说的执行权。执行权主要处理的是社会内部的诸多事务,从某种意义来讲,洛克讲的执行权,也就是现代意义上的行政权。

第三,执行权和对外权的关系。执行权主要处理的是社会内部的诸多事务,对外权的主要目的是保障国家安全,排除来自社会外部的各种威胁。从对外权的实际运行看来,它与执行权并没有明显的区别,只是执行权所依据的是已经制定的法律,而对外权则必须处理经常没有办法事先预料的问题。而且,洛克认为,"这两种权力几乎总是联合在一起的",[3]执行权和对外权需要掌握在同一个人或同一个部门才不至于引起纷乱。倘若国家的权力掌握在不同的手里,必定会由于不同的利益而产生斗争,最后导致国家秩序不稳定。

---

[1]钱承旦,许洁明:《英国通史》,上海社会科学院出版社,2007年版,第60页。

[2]【英】洛克著,叶启芳、瞿菊农译:《政府论(下篇)》,商务印书馆1964年版,第90页。

[3]【英】洛克著,叶启芳、瞿菊农译:《政府论(下篇)》,商务印书馆1964年版,第92页。

洛克的权力分立理论是在英国当时具体的历史文化之下的产物,虽然存在一些纰漏,但是毕竟他指出了一条限制权力的方式,对于后来的西方政治发展也产生了巨大的影响。

(三)洛克的财产权理论

洛克的财产权理论实际上差不多是他的政治理论中最核心的部分,当然也是其中最具特色的部分。这使得他的政治理论同传统的理论鲜明地区别开来。

洛克的财产权是从广义上说的,在《政府论(下篇)》中,洛克用"生命、自由和财产"来界定财产,认为三者是统一不可分割的。因此,洛克的财产权是建立在自然权利基础上的财产权。

第一,洛克论证了私有财产的合理性。洛克用"劳动"论证了"占有"的正当性,即从"个人对自己的人身"享有一种财产权,推导出个人对自己劳动及其成果也享有一种财产权,从而说明了私有财产制度的正当性。同时,洛克用"劳动"这一媒介来论证物质财产的合理性,把人的主观世界和客观世界联系起来了,被人施加"劳动"的客观世界成了人自身扩大化了的产物,成为人不可分割的一部分财产。同时,洛克以"人人应享有人身自由权利"的观点为依据,论证了"物质财产权"是人人都应当享有的自然权利。这样就把私人财产权提高到神圣不可侵犯的地位,为资本主义基本制度建立提供了理论基础。[①]

第二,洛克认为财产权是衡量政府合法性的一个重要工具。他抛弃了财产的私人占有来自契约的传统观念,宣称这种占有就是一个个体要求拥有和处置某种东西的权利。他认为设立政治社会的主要目的就是维护财产的私人占有以及安全,"最高的权力,

---

[①]伍媛媛:"浅析洛克的'财产权'理论",《东南大学学报(哲学社会科学版)》,2008年第10卷。

未经本人同意,不能取去任何人的财产的一部分,因为,既然保护财产是政府的目的,也是人们加入社会的目的,这就必然假定而且要求人们应该享有财产权,否则就必须假定他们因参加社会而丧失了作为他们加入社会的目的的东西;这种十分悖理的事是任何人也不会承认的"。① 既然财产的所有权先于政治社会而存在,那么这个事实就对政府的权力施加了约束,因而也就成为衡量政府合法性的一个重要标准。财产的所有权是同意的根本依据,因此合法权力的限度是"最大范围内以社会的公众福利为限"。② 如果一个政府未能有效地维护这种公共的善,或者甚至对之加以蚕食,那么人民就有一个根本的权利废除那个政府,在这个意义上,财产的所有权也就成为合法抵抗的根据。

四、卢梭的社会契约论

卢梭(Jean Jacque Rousseau,1712—1778)的思想是社会契约论发展的第三个阶段,他是主权在民思想的信奉者。在卢梭之前,社会契约理论家往往有非常现实的政治背景作为他们思考的背景。到卢梭为止,古典的社会契约理论已经经历了重大变化。

18世纪初,法国仍然是一个封建君主专制国家,封建的生产关系仍占统治地位。伴随着资本主义经济的蓬勃发展,资产阶级在经济上很快就富有和强大起来。但是日渐壮大的法国资产阶级却没有获得一定的政治地位。这一时期,封建的生产关系和专制统治已经成为资本主义发展的严重障碍,资产阶级同封建统治者

---

① 【英】洛克著,叶启芳、瞿菊农译:《政府论(下篇)》,商务印书馆1964年版,第86页。
② 【英】洛克著,叶启芳、瞿菊农译:《政府论(下篇)》,商务印书馆1964年版,第83页。

之间的矛盾也更加激化。新兴的资产阶级为了发展资本主义生产,要求废除封建特权,实行全面变革,建立资产阶级的政治统治。在轰轰烈烈的大革命爆发之前,意识形态领域的启蒙运动成为先导。

18世纪法国启蒙运动时期的政治环境和文化氛围,为卢梭社会契约论的产生奠定了客观的社会基础。出身下层贫民家庭的卢梭,长期过着艰难困苦的流浪生活,因此他急切地期望推翻封建专制制度,但同时也容易固守传统。

(一)自由和权威

首先,在卢梭看来,自由是绝对的,"放弃自己的自由,就是放弃自己做人的资格,就是放弃人类的权利,甚至就是放弃自己的义务。对于一个放弃了一切的人,是无法加以任何补偿的。这样一种放弃是不合人性的;而且取消了自己意志的一切自由,也就是取消了自己行为的一切道德性。"[①]那枷锁是什么呢?如果它们是习俗的枷锁,是暴君的枷锁,如果是那些想利用你达到目的的人的枷锁,那这些枷锁的确是枷锁,你必须抗争和奋斗,为争取个人自主和自由清除障碍。这是一般意义上的争取自由,有些人可以为之放弃生命。但如果枷锁是你自己制造的,是内在天性最自由、最有力和最自发的表现呢,那么这副枷锁就不束缚你了,这是自我控制而不是枷锁,自我控制也是自由。自由不仅是能够去做某些事情,而且是能够不去做某些事情。

其次,卢梭认为,平等是自由的前提。卢梭所说的平等主要是人格的平等,而不是绝对的相等或均等。在卢梭看来,人类社会的不平等有三个阶段,第一阶段是私有制的产生导致了财产上的不

[①]【法】卢梭:《社会契约论》,商务印书馆1980年版,第16页。

平等,第二阶段是国家机关和官吏的产生导致了政治上的不平等,第三阶段是随着国家权力的腐败,出现了专制暴政和与之相联系的主人与奴隶的对立,这是不平等的顶点。

再次,卢梭认为自由和权威不可能发生冲突,因为它们是一回事;它们是一块奖章的两面。他认为存在与权威彻底控制相一致的个人自由。你拥有的自由越多,你服从的权威也就越多;你服从的程度越高,你自由的程度也就越大。

(二)以情感为核心的自然法

自然法是卢梭的社会契约论的逻辑起点,这一点同其他的政治思想家并无区别。

深受启蒙运动影响的卢梭在对启蒙运动的思考和批判中意识到,人的价值并不在于人具有理性知识,而在于人具有道德本性。这种道德本性从本质上说就是人类的情感也就是一种具有道德色彩的情感。"法的观念,尤其是自然法的观念,显然就是关于人的本性的观念。"① 但是,卢梭的自然法是情感的法、道德的法,而不是理性的法。

卢梭通过对霍布斯"人性恶"观点的批判,提出了自己关于"人性善"的思想。因此,卢梭围绕着人本身提出了关于自然法的一些基本观点。他认为,在我们对自然人没有任何认识之前,不能先来确定自然人应当遵守的法则。因为这个法则"不仅需要受它约束的人能够自觉地服从它,才能成为法则,而且还必须是由自然的声音中直接表达出来的,才能成为自然的法则"。②

---

① 【法】卢梭:《论人类不平等的起源和基础》,商务印书馆 1982 年版,第 64 页。

② 【法】卢梭:《论人类不平等的起源和基础》,商务印书馆 1982 年版,第 66 页。

由此,卢梭否定理性是人的本性,而把情感置于理性之上,并提出了自然法存在的基础,即自然状态下人的两大自然情感:自爱和怜悯。自然法的一切规则都是从这两个原理产生出来的。他指出:"一个原理使我们热烈地关切我们自己的幸福和我们自己的保存,另一个原理使我们在看到任何有感觉的生物、主要是我们的同类遭受死亡或痛苦的时候,会感到一种天然的憎恶。我们的精神活动能够使这两个原理相互协调并配合起来。"①卢梭认为,自爱就是关心和保存自己的生命,这是自然的第一个法则,是人的第一位情感和第一个最重要的责任。怜悯则不是靠个人所得到的快乐,而是靠痛苦的体验。怜悯的情感调节着每一个人的自爱心,对人类全体的相互保存起着协调作用。

(三)主权在民的社会契约论

卢梭主权在民的思想是基于他对人类社会不平等现象的认识而提出来的。他认为,人类的不平等现象、统治和奴役的关系,只能从人类的社会状态,即从文明社会产生和发展的历史中去寻找根源。他指出,以前的自然法学者强加给"自然人"的,都是社会状态才有的事情。

在卢梭看来,人类社会的不平等是随着生产的发展和私有制的出现而产生和发展起来的。他把人类社会不平等的发展分为三个阶段,但他同时也把人类社会历史看做是人类从平等到不平等,再到新的平等的发展过程。在这个发展过程中,不平等的社会状态是对平等的自然状态的一种否定;而对不平等的社会状态的再次否定,则是新的更高一级的社会平等。

为了消除社会的不平等现象,转向新的更高一级的社会平等,

---

①【法】卢梭:《论人类不平等的起源和基础》,商务印书馆1982年版,第67页。

保障人们享有的自由和平等权利,卢梭认为,必须建立以社会契约为基础的民主的国家制度。

首先,卢梭认为,人们在订立社会契约时,都必须把自己的全部权利让渡出去。这是人们订立社会契约所必须遵循的基本原则。按照这一原则组成的集体,就能够体现和反映社会全体成员的最高的共同意志,这个共同意志就是"公意"。

卢梭的"公意",不同于"私意",也不同于"众意"。因为在卢梭看来,"私意"是人类道德败坏、社会邪恶的根源;"众意"则是个人意志的简单叠加和机械总和。只有"公意",是着眼于公共的利益,是社会全体成员的共同意志。"私意"和"众意"的弊端,只有"公意"才能克服。因此,国家是"公共人格",按照"公意"进行统治。人们对国家的服从,就是对"公意"的服从,也就是对他们自身意志的服从。作为政治共同体的国家,"以这同一个行为获得了它的统一性,它的公共的大我、它的生命和它的意志"。①

其次,依托"公意"理论,卢梭提出了主权在民的观念。由于"公意"是指导国家各种力量和治理社会的最高原则,"唯有公意才能够按照国家创制的目的,即公共幸福,来指导国家的各种力量",从这个意义上来说,"公意"构成国家主权,国家主权是"公意"的运用。卢梭指出,社会契约赋予政治共同体以支配它的各个成员的绝对权力,正是这种权力,当其受公意所指导时,就获得了主权这个名称。因此,在卢梭看来,国家是人民"自由协议"的产物,"公意"是社会全体成员的共同意志,所以,国家主权应该而且只能属于人民。

其次,主权在民的归属理念。不同于霍布斯的主权在君思想,

---

①【法】卢梭:《论人类不平等的起源和基础》,商务印书馆1982年版,第24—25页。

卢梭提出了对国家主权问题的另一种诠释角度，即主权在民。卢梭认为，"人是生而自由的，但却无所不在枷锁之中。自认为是其他一切主人的人，反而比其他一切更是奴隶。"①借助"公意"的概念，卢梭在人类历史上第一次提出了主权在民的理念。这一理念意味着主权从君主那里转移到人民手中，消除了传统意义上君主和人民之间不可逾越的鸿沟。这一思想对18世纪末期爆发的法国大革命也产生了巨大的催化和推动作用。1789年爆发的法国大革命，起义群众攻占巴士底狱，各城市纷纷效仿巴黎人民，武装起来夺取市政管理权，建立国民自卫军。制宪会议颁布了"废除一切封建义务"的"八月法令"，紧接着又通过了著名的《人权宣言》，向全世界庄严宣布了"人身自由，权利平等"的原则。

再次，主权在民的原则与核心。卢梭倡导主权在民的原则，其核心问题在于国家的权力来源于何处，应由谁掌握。实际上，主权在民是宪法产生和宪政实现的逻辑起点，但具体实现宪政的方式是可以选择的。主权在民原则是宪法具体制度和基本理论的基石，是政治思想家的顶层设计，在近代各国的立宪制度中都得到了具体体现。

我们仔细考察主权在民原则，会发现这一原则应该包含这样的内容：其一，主权神圣不可侵犯。在卢梭看来，主权是依据公意构成，代表了全体人民的共同意志，代表了国家的最高权力，不受任何其他权力的制约和限制。因此，主权具有神圣性，不可侵犯。其二，人民是真正的主权者。在卢梭看来，"主权既然是公意的运用，所以就永远不能转让。权力可以转移，但是意志却不可以转移。"②"如

---

① 【法】卢梭：《社会契约论》，何兆武译，商务印书馆1994年版，第8页。
② 【法】卢梭：《论人类不平等的起源和基础》，商务印书馆1982年版，第35页。

果人民只一味诺诺连声地服从,人民本身就会由于这一行为而解体,从而丧失其人民的品质。只要主权者之上出现了一个主人,主权者就立刻不再存在,这一政治共同体就被完全摧毁了。"① 因此,"规定一方是绝对的权威,另一方是无限的服从,这本身就是一项无效的而且是自相矛盾的约定。"② 因此,人民是真正的主权者,个人对主权者的服从就是对自我的服从,从而使个人和主权者之间获得了内在的统一。其三,主权的完整性。卢梭认为:"由于主权是不可转让的,同样理由,主权也是不可分割的。因为意志要么是公意,要么不是;它要么是人民共同体的意志,要么就只是一部分人的。在前一种情形下,这种意志一经宣布就成为一种主权行为,并且构成法律。在第二种情形下,它便是一种个别意志或者是一种行政行为,至多也不过是一道命令而已。"③ 在他看来,既然主权是公共意志的表现,那么它就是一个整体;而它一旦被分割,就不再成为公共意志了,主权也就不存在了。其四,主权不能被代表。卢梭认为:"正如主权是不能转让的,同理,主权也是不能代表的。主权在本质上是由公意所构成的,而意志又是绝不可以代表的,它只能是同一个意志,或者是另一个意志,而绝不能有什么中间的东西。"④ 在卢梭看来,任何个人都不能作为主权者。主权是一个"集体的生命",它属于人民,所以就只能由人民自己来代表自己,主权只能由人民来掌握。

最后,要正确评价卢梭的主权在民思想。评价主权在民思想,

---

① 【法】卢梭:《社会契约论》,何兆武译,商务印书馆1994年版,第36页。
② 【法】卢梭:《社会契约论》,何兆武译,商务印书馆1994年版,第16页。
③ 【法】卢梭:《论人类不平等的起源和基础》,商务印书馆1982年版,第36—37页。
④ 【法】卢梭:《论人类不平等的起源和基础》,商务印书馆1982年版,第125页。

首先应当把这一思想放到具体的历史环境下来解释。我们总是把卢梭同法国启蒙运动放在一起考察,实际上,"卢梭并没有推翻启蒙运动,他只不过是移动了一下启蒙运动的重心"。①卢梭与启蒙运动的关系极为复杂。在18世纪法国资产阶级思想家中,卢梭的社会契约论思想是独特的。在启蒙运动高歌猛进的时代,卢梭敏锐地看到了文明的进步本身具有的内在的对抗性质,意识到了启蒙主义可能出现的危机,并基于自然的理念对文明展开激烈的批判,不仅批判启蒙运动所批判的东西,而且批判启蒙运动所宣扬和维护的那些最重要的东西,而这种批判又正是启蒙运动之批判精神的深刻体现。从这个角度看,启蒙运动的终点不过是卢梭的起点,卢梭的批判在深度和广度上远远超越了启蒙主义,在近代思想史上第一次揭示了现代性的危机。

主权在民原则是针对霍布斯的主权在君而提出的,是政治哲学从中世纪神学政治转变为近代民主政治的标志。这一原则认为政府的权力来源于人民,统治者的合法性只能来源于人民的同意,这就从根本上取消了一切基于身份、阶级的不平等。卢梭的社会契约论中所蕴含的激进的民主主义思想,不仅是区别于西方17、18世纪其他社会契约论的显著特点,而且也是西方政治思想史上很有价值的见解,它为法国资产阶级反对封建专制制度提供了理论武器,对西方资产阶级政治思想的发展产生了积极影响。

---

① 【德】卡西尔著,顾伟铭等译:《启蒙哲学》,山东人民出版社1988年版,第268页。

第二节 责任伦理观：政府行政的重要依托

政府是由于公众的需要，按照社会契约而创立的。从这个意义上讲，政府必须承担委托代理契约中的责任。因此，政府必须接受来自内在和外在的责任机制的约束。政府责任的实现需要两个基本条件：一是制度制约。这是政府责任实现的根本条件，是一种外在约束。二是责任伦理。这是政府责任实现的必要条件，是一种内在约束。也就是说，政府必须接受来自内部的和外部的控制以保证责任的实现。"外部责任机制在现代政府体系中，至少包括组织的或监督的义务，行政控制、立法监督以及司法争议的解决。""内部的政府责任机制或形式至少包括职业主义的作用、代表性的重要性及其伦理道德的考虑。"[①] 责任伦理是对政府责任进行控制的有效途径。

一、责任伦理观的提出

学术界通常认为，最早提出"责任伦理"概念的，是德国著名社会学家马克斯·韦伯。实际上，从古希腊时期，责任就是伦理学探讨的重要范畴。

（一）责任是伦理学探讨的重要范畴

亚里士多德最早对道德责任进行了系统讨论。道德责任不同于指责意义上的责任，是指我们对自己已经做出的行为或我们的

---

① 张成福："责任政府论"，《公共行政》，2000 年第 4 期。

品格所负有的责任。亚里士多德关注的焦点是,什么样的行为或品格是故意的或者违背意图的,换句话说,即我们在什么条件下需要对自己的行为和品格负责任,在什么条件下不需要对它们负责任。

18世纪,康德以责任为中心研究伦理学,他认为责任是一切道德价值的源泉。他认为,为了使理性的人在道德上成为善良的,就要求人在行为必须为了责任而责任,来实现人的自由和提升人的尊严。因此,康德的责任伦理观是以理性为前提,以规律为基础,以自由为目的,关涉到人的行为、幸福、德性、神的存在、灵魂不朽以及道德形而上学、纯粹实践理性的方法等方面的一个体系。康德的责任观,其最终目的是实现人的自由,这在当时具有划时代的意义。但是,他的这一观点却受到后人的不断批评,认为他的道德合理性论证是失败的,没有达到启蒙意义。

在康德之后,黑格尔认为,康德所提出的责任的内容具有空洞性。为了克服这种责任的空洞性,黑格尔通过国家的理念来实现责任的实在性,他认为应该从自由观念推导出责任的内容,通过它,责任的具体内容就进入到了责任的观念,这种观念就要求人们去维护和践行。

叔本华强烈反对康德的责任伦理观,尽管他的哲学思想深受康德的影响。他认为,伦理学至少包括四类:利己主义伦理学、德性伦理学、效果伦理学和责任伦理学。康德的伦理学是责任伦理学的典范,但是叔本华认为这种以责任为核心的伦理学是不现实的、空洞的和荒谬的。叔本华认为,一切责任的观念和意义纯粹、完全来自于它威胁性惩罚和允诺的奖赏的关系。[①]而康德所谓的

---

① 【德】叔本华:《伦理学的两个基本问题》,商务印书馆1996年版,第144页。

绝对责任在本质上是假言的,存在矛盾。叔本华拒绝这种绝对责任,他主张运用同情来挽救伦理学。在他看来,对一切有生命物的无限同情,才是纯粹道德行为最确实、最可靠的保证。

(二)"责任伦理"——来自韦伯的全新命题

学术界通常认为,"责任伦理"是德国社会学家马克斯·韦伯(Max Weber,1864–1920)最早提出的命题。

1914年,德国对俄国宣战,时年50岁的韦伯报名入伍,并晋升到上尉军官。一年后韦伯所在的后备医院解散,韦伯奉命退役。退役后的韦伯定期在《法兰克福报》发表政论文章,对宪政、公务人员制度和政治领袖等问题发表意见。他的战时政论是《韦伯全集》中最为丰满的一卷,他发表了一系列文章来讨论国体,这些文章收录在后来结集出版的《重建德国的议会与政府——对官员及政党制度的批判》中。

在政论写作的同时,韦伯也是社会政治活动的积极参与者。一战后德意志战败,他积极奔走,到处演说,力图保住行将解体的德意志帝国。1918年11月革命爆发前,他加入德国民主党并强烈呼吁保卫帝国。

1919年,自由学联巴伐利亚分部邀请韦伯赴慕尼黑大学演讲,韦伯起初借口忙于德国民主党竞选,无法脱身,但当演讲组织者告诉韦伯,他们正打算邀请巴伐利亚共和国总理埃斯纳来讲这个题目。韦伯立即改变主意,答应如期演讲,动因是"绝不能让一个信念伦理家占据学联讲坛"。这个题为"以政治为业"的演讲代表了韦伯对待战争的态度,表明了作为德国人的韦伯对战争责任的表态。

韦伯依据对社会历史和当代人价值处境的深入分析,将伦理区分为"责任伦理"和"信念伦理","我们必须明白,一切伦理性的行为都可以归为两种根本不同的、不可调和的对峙的原则:信念伦理和责任伦理。这不是说,信念伦理就是不负责任,责任伦理就是没有信念。当然不能这么说。不过,究竟是按信念伦理准则行事,还是按责任伦理原则行事,就是说,当事人对其行动的后果负责,两者有着天壤之别。"① 两者承载着不同的价值立场,在政治行为领域中应当倡导责任伦理。继韦伯之后,汉斯·尤纳斯(Hans Jonas)、乔尔·范伯格(Joel Feinberg)、唐纳德·肯尼迪(Donald Kennedy)、埃曼努尔·列维纳斯(Emmanuel Levinas)以及汉斯·昆(Hans Kun)等积极认同韦伯取得的研究成果,从不同领域、不同侧面深化责任伦理问题的研究,使其成为涉及范围广阔的实践伦理体系。

按照韦伯的解释,责任伦理是一种以"尽己之责"作为基本道德准则的伦理,从伦理学的视角来对人的行为及其后果进行道德评判、价值指引,以此说明人要对其行为及其后果担当相应的责任,实现应有的道德价值。换句话说,判定道德主体之道德善恶的根本标准,在于看道德主体在一定的道德情境中是否尽了自己应尽的责任:是则善,否则恶。而判断道德主体"是否尽了自己应尽的责任"的最重要依据,则在于看其行为的后果是否其所肩负的责任所要求的应然后果——是,就是尽了应尽之责;否,就是未尽应尽之责。

二、责任伦理观的内涵

(一)"责任伦理"的内容

具体来讲,责任伦理的内容包括以下几个方面:

---

①【德】马克斯·韦伯著,韩水法编:《韦伯文集》(下),中国广播电视出版社2000年版,第455页。

1. 人必须为其行为后果担当相应的责任

责任伦理关注行为后果的价值和意义，要求人们在行为前应当理性而审慎地行动,选择合理的手段或途径以达到或避免可预知的后果,决不可盲动。韦伯强调,责任伦理超出信念伦理的地方,在于自己的行为方式除了依据对义务的最高信念而行事之外,还必须对其行为后果担当相应的责任,即应"顾及后果","依据你对自身义务的最高信念而行事,除此之外,你的行事方式还得保证,可以依据你的最充分的知识,同时考虑自己行动的(可预见)后果"。①

责任伦理关注人的道德情感和内在责任感,关注人类的行为及其后果,强调人的道义担当和责任精神,强调作为个体的人要勇于担当相应的责任。因此,将责任伦理转化为高度负责的理性精神,将责任担当习惯化,培养良好的伦理品行,塑造现代社会的理想人格是责任伦理的终极目标。但是,强调人要为其行为后果担当责任,并不意味着否认道德情感的意义,只是说在后果评价中不以情感为评判标准。正如韦伯所说的："一项行动,若是期望在责任伦理的角度上获得道德的地位,就必须同时满足两项条件。首先,该行动必须产生于道德信念;其次,它必须反映出这样一种事实:自身深陷于伦理上属于非理性世界的泥沼之中,从而对善可以导致恶这一洞见深表赞同。换句话说,这种行动必须从道德信念的角度证明自己的正当性,而且还要从对可预见后果的估价方面证明自身的正当性。"

2. 责任是无条件的、超乎功利的。

责任伦理既包括国家政府的责任,包括作为政治家的责任,也

---

① 【德】施路赫特著,李康译：《信念与责任——马克斯·韦伯论伦理》,上海人民出版社2001年版,第314页。

包括社会成员的义务。人的责任应该是无条件、超乎功利的,是人们与生俱来的品质,不能因为权力、地位和名望的变化而放弃应当承担的责任。鉴于此,责任伦理的实现就需要恒久信念的支撑,因为情感、道义和信念是责任伦理发挥作用的条件。

韦伯在他的演讲中谈到了对职业的理解,韦伯所说的"业",是来自宗教伦理的概念。在《新教伦理与资本主义精神》第三章路德的"业"概念里,有一个将近3页长的注释。① 德语里的Beruf,现在是职业的通称;古德语原是信誉、声名,动词则有感召之意。马丁·路德翻译《七十子圣经·西拉子圣训》第12章第20节和21节时使用了这个词的动名态Berufung,使希腊原文中的"职位"和"工作"有了奉神之召的含义。从此Beruf成了职位,授予官职叫Berufung,仍有奉召之意。教授是教育界的官职,要由大学所在州主管教育的州长任命,某人被任命为教授,叫作"奉召作教授"。韦伯演讲使用的也是Beruf,以政治为Beruf,这个"业"就有了"使命"的含义,不是养家糊口的饭碗,而是作为使命的职业,伦理之业,或者叫天职。在韦伯看来,以政治为业的人,应该具备三种素质:热情、责任感和判断力。热情就是献身于一项事业,责任感就是把对事业的责任当作行动指南,判断力是沉静地面对现实的能力,对事对人的分寸。

不是仅仅对政治家而言,对大众而言也是如此。因此,现代人必须接受由于社会分工带来的专业化和职业化,人们一旦选定某种职业,就不仅仅是把它作为谋生的手段,而应该把自己所从事的职业活动视为一项超功利的"天职",全身心地、不计名利地献身于工作,在入世的热诚中展现出世的情怀,做到了这一点,生命

---

① 参见马克斯·韦伯:《宗教社会学论文集》(Max Weber: Gesammelte Aufs?tze zur Religionssoziologie),1972年德文版注释,第63—65页。

的价值就会获得充实的意义。只有"意识到了对自己行为后果的责任,真正发自内心地感受着这一责任。然后他遵照责任伦理采取行动,在做到一定的时候,他说:'这就是我的立场,我只能如此'。这才是真正符合人性的、令人感动的表现,……才构成一个真正的人——一个能够担当'政治使命'的人"。①

3.责任伦理的范围不断拓展。

责任伦理是不断扩展的,具有深厚的社会根基和人类生存需要的强烈动因,尤其是伴随着科技进步和全球化趋势,人的责任也由最初的对邻里朋友等,扩展到了对不相识的他人。整个世界的依存度逐渐增加,责任伦理的范围必然会不断拓展,正如著名伦理学家汉斯·约纳斯在他的杰作《责任之原理》(1984)中所指出的:"在这个以划时代性的方式改变着的世界形势中,我们所面临的是一个真正的全球责任的问题。这个问题扩展到整个生物、地质、水和大气的领域:它是一个对围绕着我们的世界、环境和子孙后代的责任的问题,它关系到整个人类的前途和命运。"因此,"道德责任不只包括对属于人类范围之内的事物的责任(如对个人、家庭、社会、国家和全人类的责任),而且已增加了对整个大自然生物圈的责任。"②

(二)"责任伦理"与"信念伦理"的区别

信念和责任本来是两个毫无牵涉的抽象概念,但是,在韦伯看来,伦理学领域的"责任伦理"和"信念伦理"两者之间存在着深层的联系,并起初以两种对立的准则出现。

---

①毛羽:"凸显'责任'的西方应用伦理学——西方责任伦理述评",《哲学动态》,2003年第9期。

②杨自力:"责任感形成的机制探析",《绍兴文理学院学报》,2002年第2期。

在韦伯看来,支配基督徒行为的价值准则由传统的信念伦理准则被新的责任伦理准则所取代,标志着基督教伦理的进步。因为"这两种准则从根本上互异,同时又有着不可消解的冲突。两种行动考虑的基点,一个在于'信念',一个在于'责任',这不意味着信念伦理就不负责任,也不是说责任伦理就无视心情和信念。不过,一个人是按照信念伦理的准则——在宗教上的说法,就是'基督徒的行为是正当的,后果则委诸上帝',或者是按照责任伦理的准则行动——行动者对自己行动'可预见'的后果负有责任,其间有着深刻的对立。"①

这即是说,信念伦理和责任伦理表征着两种不同的伦理价值类型。信念伦理所关注的是行动者内心信念的"善"。在信念伦理看来,一个行为的伦理价值在于行动者主观心理动机即心情、意向、信念等因素的价值,它使行动者有理由拒绝对后果负责,而将责任推诿于某种未知的神秘力量或该力量所容许的邪恶。而责任伦理则关注行动者行为结果的"善",在责任伦理看来,一个行为的伦理价值只能取决于行为的后果。因此,它要求行动者义无反顾地对后果承担责任,并以后果的"善"补偿或抵消为达成此后果所使用手段的"不善"或可能产生的副作用。②但是这并不意味着责任伦理和信念伦理的对立,相反,在韦伯那里,两者反而是互补的关系。责任伦理的实现需要恒久信念的支撑,因为情感、道义和信念是责任伦理发挥作用的条件,责任伦理既包括作为政治家的责任,也包括社会成员的义务。人的责任是无条件的、绝对的,是

---

①【德】马克斯·韦伯:《社会学文选》,第 120 页。转引自苏国勋:《理性化及其限制——韦伯思想引论》,上海人民出版社 1988 年版,第 74 页。
②蒋先福:"信念伦理向责任伦理转化及其社会条件",《求索》,2005 年第 11 期。

人性的内在安排,是人们与生俱来的品质,无论人有何种权势、地位和名望,都没有理由放弃自己的责任。要做到这一点,就需要信念的支撑。尽管信念伦理与责任伦理在对行为后果的考虑上有一定的区分,但两者都基于一个前提,即人们都意图行善或追求道德价值。

三、政府的责任伦理

(一)政府责任伦理的内涵

社会契约理论与人民主权理论认为,政府的公共权力源于公众的让渡。政府责任的实现,既指积极意义的责任履行,也是指消极意义的责任承担。从这个意义上说,政府责任的实现需要两个基本条件:一是制度制约。这是政府责任实现的根本条件,是一种外在约束。二是责任伦理。这是政府责任实现的必要条件,是一种内在约束。也就是说,政府必须接受来自内部的和外部的控制以保证责任的实现。"外部责任机制在现代政府体系中,至少包括组织的或监督的义务,行政控制、立法监督以及司法争议的解决。""内部的政府责任机制或形式至少包括职业主义的作用、代表性的重要性及其伦理道德的考虑。"[①]

政府的责任伦理至少应该包括以下内涵:

第一,政府是权力的行使者,人民是权力的所有者。人民行使主权,政府行使治权,这是现代政府的特点,也是责任政府必须具备的特征。公众是公共权力的所属主体,政府只是行使主体,这种存在于公众和政府之间的委托代理关系,实际上形成了一个责任系统。但是,由于很多因素的影响,公共权力往往被异化,政府滥

---

① 张成福.:"责任政府论",《公共行政》,2000年第4期。

用权力、危害公众利益等现象也有存在。"在实践中,行政责任冲突最常见的三种形式是:权力冲突、角色冲突和利益冲突",① 因此,围绕如何解决公共权力问题和政府责任冲突,近现代政治理论设计了大量的救治方法,其中对公共责任的约束采取两种基本方式:一是硬约束,即制度控制和调节,主要是法律控制;二是软约束,即伦理道德、社会舆论的约束。现实中这种软约束常常被忽视,单纯的硬约束不能起到规范政府行为的作用。责任伦理是民主政治中责任机制的重要内容,促进负责任的行动,需要培育政府的责任伦理。没有伦理精神的公共管理是不可能持久的。因此,在完善硬约束机制的同时,需要辅之以责任伦理机制,培育和维持政府的责任伦理。

第二,政府的责任伦理源自于政府的责任自觉。政府的责任伦理是政府内化责任的过程和结果,要实现和完成政府的责任伦理,必须保证政府对自己的行为承担责任,不能讨价还价,不是在某种压力下的迫不得已的行为。承担责任是无条件的、自觉的,这才是责任伦理的道德价值所在。换句话说,政府的责任伦理就意味着对治理者的内在制约,这种责任意识是出于自身的价值理性而非外界的强迫,是对自己行为的自觉承担。

第三,政府责任伦理的前瞻性责任意识。政府责任伦理代表一种事先责任,以未来要做的事情为导向。亚当·斯密早就指出,在市场经济条件下,"商人和制造业者……他们通常为自己特殊事业的利益打算,而不为社会一般利益打算。"可见,斯密早已预设了"经济人"不可能自觉地成为"道德人",要使"经济人"在自利的过程中达到有利于他人和社会的结果,并不能仅靠他们的道德

---

① 特里·L·库珀:《行政伦理学:实现行政责任的途径》,中国人民大学出版社 2001 年版,第 86 页。

自觉,还需要"看得见的手"的引导。而这"看得见的手",就是指"正义的法律"。因此,政府在立法中必须具有"前瞻性责任意识",责任伦理就是为了推动整个社会建立一种防范意识,预防人类不负责的行为后果给人类带来的威胁,阻止罪恶与痛苦,维护生命个体与生命种类的延续。

(二)政府责任伦理的培育和维持

由于政府责任伦理是政府或政府公职人员的一种内在约束,而非外在强制,如同其他伦理规范一样,公共责任伦理的生成是一件困难的事情。伦理学者库珀认为,要有效地维持政府责任及其伦理限度,必须具备三种基本的因素:首先,有必要对工作组织进行限定并培养一种超越组织的身份认同;其次,有必要建立法律和法规机制以限制组织的权力和保护个人行使伦理自主性的权力;最后,如果想要在具体情况下能够作为个体而活动,就必须培养组织内外的自我意识。这些自我意识包括价值观、权利、需求、职责和义务。

国内有学者认为,政府责任的实现需要四个机制:民主选举、内部监督与控制、社会参与以及官员的自觉。[①]前三个机制共同构成了政府责任制度,官员的自觉则是责任制度在个体行为中的内化,只有这样,才能保证责任履行的持续性和稳定性,并减少制度运行的成本。当然,这并不是说政府责任伦理无法产生,责任伦理是完全可以培育的。概括地说,政府的责任伦理可通过"自律"和"他律"两种途径得以实现。维持和培育政府的责任伦理,有学者认为应该从以下三个方面着手。[②]

[①] 杨雪冬:"社会变革中的政府责任:中国的经验",《中国人民大学学报》,2009年第4期。

[②] 王玉明:"论责任政府的责任伦理",《黑龙江社会科学》,2011年第2期。

其一,政府公职人员德性是政府责任内化的必要条件。政府责任伦理是公职人员将责任和义务内化的结果。对行为主体来说,义务转化为责任意识就是自律的义务,义务只有转化主体内在自觉的责任才具有实际意义。在这里,政府公务人员的德性是政府责任和义务内化的必要条件,而责任伦理又是公务人员德性的重要内容。尽管政府责任伦理不同于个人德性,但我们并不能否认个人德性在政府责任伦理中的基础作用。个人德性水平较高的责任主体,能够更自觉地履行积极意义的责任,也能够更主动地承担消极意义的责任。因此,政府责任伦理首先是公务人员自身学习和德性修炼的结果。政府公务人员德性的核心是具有履行公共责任和义务的良心。伦克认为,良知或良心在行为主体的决策过程中起着极其重要的作用,任何政府公务人员都面临着牵动良心的对公私利益的伦理抉择。另外,加强行政文化建设,使公务人员树立正确的行政伦理观,以形成内在的约束机制。

其二,责任共识和责任能力是责任伦理形成和维持的重要基础。任何一种伦理规范或价值原则都必须为当事人所接受,否则就无法作为伦理规范而赢得普遍的认可。同时,政府公务人员主观的责任自觉也需要自身的责任能力作为支撑。而责任共识和责任能力一般是通过教育、培训、理性交谈与对话、实践的形式实现的。拥有和完善关于组织、组织的使命以及政策领域的知识,对于政府履行责任是十分必要的。这些必备的与工作相关的知识是由我们的世界观、价值观、信仰、信念以及生活重点等方面构成的。因此,需要建立和完善实用的教育和培育计划,以培养职业水平和责任伦理。通过教育培训及实践,使政府人员掌握有关职业领域内和其他的综合技能知识,提高其维持公共责任的能力。通过思想政治教育,提高公务人员对责任伦理的认知水平,培养责任伦理的思考能力和自律意识，将外在的强制变为内在的自觉，形成良好的伦理习惯，从而形成内在的约束机制。

其三，将政府的责任伦理规范纳入政府伦理制度建设之中。政府责任伦理的维持只依靠公务人员的自律是不可靠的，如果没有制度的约束，责任伦理的维持是不稳定和持久的。人性都有"恶"的一面，当行为主体不受约束时，就会突破道德底线，特别是那些缺少道德自觉的公务人员，是很难恪守责任伦理的。对责任伦理进行制度约束可以弥补公务人员道德自觉的不足。通过制度规范能够使公务人员预期到自己行为的现实性后果。一方面对不道德的行为给予严厉惩治，增加不道德者的机会成本，另一方面对讲道德的善行进行激励，提高讲道德人的预期收益。伦理制度建设通常以监管责任制和过错责任制为主，监管责任制主要追究的是行为结果和预期任务的完成情况，过错责任制则更加深入地追问行动者的伦理责任。要把政府的责任伦理规范纳入法制体系之中，通过法制明确基本的责任伦理准则。在现代国家中，很多国家通过政府责任伦理立法来约束政府的行为。1978年，美国国会通过了《政府道德法案》，此外，法国、德国、英国、韩国、新加坡、印度等国家都制定了明确的行政伦理法规。尽管人们对于伦理立法尚未达成共识，但它正逐渐推广并日益发挥着积极的作用。

第三节　马克思主义的政府社会责任理论

马克思主义认为，政府是国家意志的体现，"国家是社会在一定发展阶段上的产物；国家是承认：这个社会陷入了不可解决的自我矛盾,分裂为不可调和的对立面而又无力摆脱这些对立面。而为了使这些对立面,这些经济利益互相冲突的阶级,不致在无谓的斗争中把自己和社会消灭,就需要有一种表面上凌驾于社会之上的力量,这种力量应当缓和冲突,把冲突保持在'秩序'的范围以内;这种从社会中产生但又自居于社会之上并且日益同社会相异化的力量,就是国家。"①

马克思主义在一系列著作中,都有大量的对有关国家、政府、无产阶级政权的论述,"马克思主义经典著作中蕴含着丰富的公共管理思想"②。"马克思主义政府理论是政府理论的重要组成部分,是对历史上的政府理论,特别是对西方历史上至马克思、恩格斯生活的时代为止的政府理论的批判、继续和发展,并开辟崭新的研究领域,具有某种'异质'性。"③

马克思主义关于政府和政府责任的论述,确立了马克思主义政府理论,消弭了人们"言必称西方的政府理论,似乎只有西方国家才有政府理论,而自我的政府理论却遭到冷落和忽视"④的不正常现象。

一、马克思主义政府的公共性理念

马克思关于政府公共性的理念来自于对资本主义生产过程的无序性的批判。马克思认为,早期资产阶级国家的性质决定了资产阶级政府只是资产阶级统治的工具,政府的公共性回归要通过变革经济基础来实现,因为建立在生产资料公有制基础上的政府

---

① 《马克思恩格斯选集》第 2 卷,人民出版社 1995 年版,第 170 页。
② 唐铁汉:"马克思主义公共管理思想原论",《新视野》,2005 年第 5 期。
③ 乔耀章:《政府理论》,苏州大学出版社 2003 年版,第 125 页。
④ 乔耀章:《政府理论》,苏州大学出版社 2003 年版,第 135 页。

才能体现公共利益,更具公共性。

(一)政府的公共性源自于政府基础的人民性

马克思认为,政府是执行国家意志、行使国家权力的机构,政府的活动必然体现着国家的本质。也就是说,国家的本质决定了政府的本质。

在马克思看来,国家除了用暴力控制被剥削阶级外,还是维持秩序、管理社会公共事务的权力机构。他这么说:"在亚洲,从远古的时候起一般说来只有三个政府部门:财政部门,或者说,对内进行掠夺的部门;战争部门,或者说,对外进行掠夺的部门;最后是公共工程部门。气候和土地条件……使利用水渠和水利工程的人工灌溉设施成了东方农业的基础……因而需要中央集权的政府进行干预。所以亚洲的一切政府都不能不执行一种经济职能,即举办公共工程的职能。"[①]他还写道:"这(指资本主义生产方式下的国家)完全同在专制国家中一样,在那里,政府的监督劳动和全面干涉包括两方面:既包括执行由一切社会的性质产生的各种公共事务的执行,又包括由政府同人民大众相对立而产生的各种特有的职能。"[②]

由上面的论述我们可以得出这样的结论,政府除了要维护统治阶级的地位和利益外,还应该履行社会公共管理的职能,因为在履行社会公共管理职能的过程中,政府才能体现出一定的公共性。

(二)生产资料公有制是实现政府公共性的基础

在马克思看来,资产阶级国家的性质决定了资产阶级政府是为本阶级服务的工具,资产阶级政府公共性缺失的主要原因就是

[①]《马克思恩格斯选集》第1卷,人民出版社1995年版,第762页。
[②]《资本论》第3卷,人民出版社2004年版,第432页。

生产资料私有制。

"现代国家是与这种现代私有制相适应的。现代国家由于税收而逐渐被私有者所操纵,由于国债而完全归他们掌握;现代国家的存在既然受到交易所内国家证券行市涨落的调节,所以它完全依赖于私有者即资产阶级提供给它的信贷。因为资产阶级已经是一个阶级,不再是一个等级了,所以它必须在全国范围内而不再是在一地域内组织起来……实际上国家不外是资产者为了在国内外相互保障各自的财产和利益所必然要采取的一种组织形式……国家只是为了私有制才存在的。"①

通过马克思的这段表述,我们可以看到,资产阶级政府在建立之初,虽然有强烈的主权在民意识,但政府的施政行为并没有符合公共利益,仅仅是为了满足和迎合资产阶级的利益,因为资产阶级私有制条件下,经济上占统治地位的资产阶级控制了国家政权,他们以阶级利益代替了社会的公共利益,因此,资产阶级的国家通过政治权力和意识形态的控制来维护和贯彻本阶级的利益,并且形成了一套严密的统治体系。因此,资产阶级政府不具备真正的公共性。

因此,政府公共性的回归就要通过经济基础的变革来实现,其根本途径是将生产资料归全体劳动者支配,并在生产资料公有制的基础上形成自由人的联合体,实现人的自由全面的发展,实现政府的公共性回归。

(三)政府的公共性是人的自由全面发展的条件

马克思从人的发展的视角透视人类社会历史,他认为:"代替那存在着阶级和阶级对立的资产阶级旧社会的,将是这样一个联

---

①《马克思恩格斯选集》第1卷,人民出版社1995年版,第131—132页。

合体,在那里,每个人的自由发展是一切人自由发展的条件。"① 只有当生产力发展到比较高的阶段,消灭阶级和剥削,才能实现人的全面发展。

马克思认为,政府只有为促进人的全面发展创造条件才能体现其存在的价值,仅仅为少数人利益或特定阶级服务的政府不能实现其公共性,只是阶级统治的工具。

二、马克思主义的廉价政府理论

廉价政府的理论并非由马克思首先提出,这一理论最早是资产阶级学者反对封建专制的过程中提出来的,后来被马克思所借鉴。马克思在总结巴黎公社失败的经验教训的基础上,提出了廉价政府理论。

(一)马克思对资产阶级廉价政府理论的批判

1.对资产阶级廉价政府理论的批判

17世纪英国政治思想家洛克最早从国家和财产的关系上论证了廉价政府的问题,他认为"政府没有巨大的经费就不能维持,凡享受保护的人都应该从他的产业中支出他的一份来维持政府"。② 18世纪的英国古典经济学家亚当·斯密在《国富论》中系统提出了廉价政府的思想。他认为,政府的收入来自于公民的税收,政府与纳税人之间要遵循公平、互利的市场经济规则,尽量做到"价廉而物美"。

但是,在马克思看来,政府存在的主要目的是维护统治阶级的利益。马克思认为资产阶级以"廉价政府"为口号来推翻封建制度这一点是可取的,但资产阶级通过革命建立起来的国家,仍然是

---

① 《马克思恩格斯选集》第1卷,人民出版社1995年版,第294页。
② 洛克:《政府论(下篇)》,商务印书馆1964年版,第61页。

资产阶级进行阶级统治的工具,这是资产阶级的本质所决定的。因为资产阶级的本质就是榨取剩余价值,这就意味着资产阶级和无产阶级之间的矛盾不可调和。为了生存和争取合理的利益,无产阶级必然要反抗资产阶级的统治。为了维护统治,资产阶级就需要建立庞大的官僚机构和军事力量,而这个庞大的官僚机构和军事力量又必然需要政府的供养,这就会加重政府的负担,不可能建立廉价政府。

2.对资产阶级廉价政府实践的批判

马克思认为,资产阶级建立廉价政府的实质是为了保护私有财产。封建社会末期,资本主义工商业得到了迅速发展,但维护封建专制的地主阶级通过税收、罚款等横征暴敛方式来剥夺资产阶级的资本。在经济上迅速强大起来的资产阶级不满地主阶级的剥削,发动了资产阶级革命,并提出了廉价政府的口号,号召要建立一个低成本、高效率、维护资产阶级财产的政府。由此,马克思认为,资产阶级建立廉价政府的实质是为了保护其私有财产,这是资产阶级廉价政府的虚伪性。

(二)马克思廉价政府理论的内涵

马克思在研究社会发展规律、总结巴黎公社经验的基础上,在批判资产阶级学者"廉价政府"虚伪性的前提下,对未来的政府形态进行了科学的预测和构想,其鲜明的特征就是构建廉价政府。在《法兰西内战》一书中,马克思对廉价政府的内容作了系统的阐述。

1.廉价政府的精简性

马克思廉价政府的理论是在总结巴黎公社经验教训的基础上提出的,他说道:"公社实现了所有资产阶级革命都提出的廉价政府这一口号,因为它取消了两个最大的开支项目,即常备军和官吏。""公社要废除征兵制,秩序党则要把这种血税牢缚在农民身上。秩序党要派税吏牢牢抓住农民,向他们索取寄生的、靡费的国家机器的费用,公社则要给他们一个廉价政府。秩序党要使城市的高利贷者继续敲骨吸髓地压榨他们,公社则要把他们从盘踞在他们那小块土地上的典押债魔手中解放出来。公社要用领取相当于工人工资的、而不是靠农民劳动以自肥的公社工作人员,来代替吞噬着农民的主要收入的、寄生的司法人员——公证人、法警等等。公社要捣毁这个缠绕在法国农民身上的全部司法蜘蛛网,即上面伏着吸农民血汗的资产阶级蜘蛛——法官和区长——的司法蜘蛛网!秩序党要使他们处在宪兵统治之下,公社则要恢复他们的独立的社会生活和政治生活!公社要让他们在教师的教导下学到知识,秩序党则要强使他们接受僧侣的愚民统治!"①

据统计,公社成立之后,对政府机关进行大刀阔斧的精简,改组后的公社的公职人员仅为1500人,而此前市政机关的公职人员却多达上万人。通过精简机构及人员,公社大大地缩减了开支,提高了工作效率。政府的臃肿庞大,会导致人浮于事、效率低下。所谓精简性,是指政府的办事效率要高,机构设置要尽可能少。廉价政府的精简性就是指用最少的机构、最少的人员、最小的成本投入,来取得较高的工作效率,降低政府成本,减轻人民负担。

2.廉价政府的低成本运转

政府运转成本越低,加在人民身上的负担就越轻。巴黎公社取缔国家寄生虫的非生产性活动和为非作歹的活动,杜绝把大宗国民产品消费在国家恶魔上的根源,另一方面,以工人的工资执行地方性和全国性的实际行政职务。由此可见,公社以大规模的节约,不但以政治改造,而且以经济改革来开始其工作的。"②

---

① 《马克思恩格斯选集》第2卷,人民出版社1995年版,第377-378页。
② 《马克思恩格斯选集》第2卷,人民出版社1995年版,第416页。

为体现节约,降低运行成本,巴黎公社自委员起,自上而下的一切公职人员,都只能领取相当于工人工资的薪水。公社通过的《废除国家机关高薪法令》规定,各公社机关的职员所得的最高年薪为 6000 法郎,各区公职人员的工资平均年薪为 1400 法郎,这只相当于一个普通邮递员的工资。

3.廉价政府的廉洁性

廉价政府必然是廉洁的政府。任何浪费都因人而产生,浪费者所掌握的公共资源越多,其所造就的浪费也可能越大。杜绝奢靡浪费,建设节约型政府,首先需要从约束公权力着手。巴黎公社时期,发给公职人员的文件中写道:"我们过去是劳动者,今天仍然是劳动者,将来也还是劳动者。我们正是因为代表道德反对邪恶,代表克己奉公反对滥用职权,代表廉洁清正反对腐化堕落,所以才取得胜利的。"①

4.廉价政府的有限性

廉价政府的有限性就是要限制政府职能。政府职能越多,为了保证其正常运作就需要更多经费。限制政府的职能是降低政府成本的重要途径。公社还把中央机关的某些权力交由自治机关来行使,这种自治机关的存在更好发挥了自身的自主和自治。

5.廉价政府并非小政府

值得强调的是,廉价政府与小政府两个概念既存在内在联系又有所区别。在崇尚自由放任的古典学派亚当·斯密那里,这两个概念已经得到区分,小政府是指政府功能简单、财政收支占经济总量比例很低,而廉价政府则是指提供等量服务的时候,政府机构最精简、成本最小化。

---

① 罗新璋:《巴黎公社文告集》,上海人民出版社 1978 年版,第 137 页。

到了现代,随着社会化大生产程度日益提高,古典学派给政府界定的守夜人角色式的小政府已不太现实。现今各国的政府功能或多或少都有所扩展,以财政收支占国内生产总值(GDP)比例计算的政府规模也普遍在扩大。一般来说,大政府通常也极易导致昂贵政府,因此,在政府功能日益扩展、规模日益扩大的情况下,要建设一个廉价政府,就有两层含义:一是遏制政府"变大"的冲动,将其约束到尽可能合适的规模,二是在规模确定的前提下,公共服务的成本最小化。①

三、马克思主义的责任政府理论

马克思主义认为,政府责任是政府理论的主体和核心。无产阶级政府必须是对人民负责的政府。马克思通过分析国家的产生、实质及其政府形式的变化,尤其通过对资产阶级政府形式和工人阶级创立的巴黎公社的比较,提出了"工人阶级不能简单地掌握现成的国家机器"和继承"旧政权的合理职能"的思想,进而提出了建立无产阶级专政的责任政府的主张。马克思对责任政府的论述,在《法兰西内战》里有过集中表述。

在马克思看来,阶级社会中,即使是法律,也是一定阶级意志的体现。统治阶级的阶级利益体现为法律的要求,"在这种关系中占统治地位的个人除了必须以国家的形式组织自己的力量外,他们还必须给予他们自己的由这些特定关系所决定的意志以国家意志即法律的一般表现形式。"②因此,统治阶级为了维护统治地位,必然使他们本阶级的意志上升为国家意志即表现为具体的法律形式,并强制执行。从这个意义上讲,责任政府的有限性体现

---

① 黄小鹏:"如何建设一个廉价政府",《证券时报》,2011年9月14日。
② 《马克思恩格斯全集》第3卷,人民出版社1965年版,第378页。

在,必须要限制政府权力,从而避免政府的腐败无能现象。

责任政府还受到社会的制约。马克思在论述社会和国家的关系时这样说道:"在人们的生产力发展的一定状况下,就会有一定的交换和消费形式。在生产、交换和消费发展的一定阶段上,就会有相应的社会制度、相应的家庭、等级或阶级组织,一句话,就会有相应的市民社会。有一定的市民社会,就会有不过是市民社会的正式表现的相应的政治国家。"① 由此可见,不是国家决定社会,而是社会决定国家。因此,责任政府的有限性还表现在,政府要受到社会的制约,社会的原则决定了国家的原则。在市民社会中,国家的统治阶级要想取得合法性,必须"与整个社会混为一体并且被看作和被认为是社会的总代表;在这瞬间,这个阶级的要求和权利真正成了社会本身的权利和要求,它真正是社会的头脑和社会的心脏。只有为了社会的普遍权利,特殊阶级才能要求普遍统治。"②

因此,在马克思看来,资产阶级政府借用社会的名义进行剥削,脱离政府的公共责任。这样就会导致资产阶级政府的种种弊端。因此,只有建立人民自己的政府,才能杜绝国家崇拜现象,也才能有效地制约政府权力,彻底做到为人民服务。

---

① 《马克思恩格斯选集》第 4 卷,人民出版社 1995 年版,第 532 页。
② 《马克思恩格斯选集》第 1 卷,人民出版社 1995 年版,第 12 页。

第二章 政府社会责任的国际视野

第一节 西方国家政府责任的历史演进

政府责任的实现，对社会的发展和稳定有着根本性的影响。在漫长的前资本主义社会，随着生产力的发展和社会分工的出现，阶级和国家产生，政府也随之产生。政府的产生是为了调节社会矛盾并将其控制在一定范围内。但是，由于前资本主义社会的经济基本上都是以农业为主导的自给自足的自然经济，特别是中世纪西欧的封建社会，人身依附关系是社会的基础，社会关系和社会结构相对比较简单，政府责任主要就是维护当时的统治秩序和统治阶级的既得利益。因此，我们这里所说的政府责任和职能，是从近代社会开始的。伴随着近代资本主义的产生和发展，现代民族国家建立，民主政治制度不断完善，政府责任开始逐渐成为学术界和社会发展中所面临的核心问题，政府责任也随之产生并不断走向成熟和完善。

一、15 世纪末到 17 世纪初：重商主义和政府集权

15 世纪末期，西欧各国相继出现资本主义萌芽，封建社会开始逐步瓦解。这一时期，生产力的发展，商业资本开始发挥作用。在商业资本加强的同时，西欧一些国家建立起封建专制的中央集权国家，运用国家力量支持商业资本的发展。

在这一历史时期，封建君主为了同罗马教皇以及国内封建贵族割据势力争夺权力，不得不同正在兴起的资产阶级结成政治同盟，西欧一些国家因此建立起了封建专制的中央集权国家。表面上看起来，这些国家的政府由封建阶级掌握政权，但事实上却代表了新兴资产阶级的利益。这些国家都实行专制主义，封建君主与资产阶级结成联盟，建立起集立法、行政、司法等诸多权力于一体的相对集中的专制政府管理体制，实行高度集权的政治统治，对经济和社会管理采取国家积极干预政策。这种国家积极干预经济和社会管理的政策，逐渐形成了重商主义，主张通过政府的权威和垄断来主导海外贸易市场。

重商主义出现在 15—17 世纪，是西欧封建制度向资本主义制度过渡时期受到普遍推崇的一种经济哲学，其重要特点就是国家和政府强制干预主义。

重商主义分为早期重商主义和晚期重商主义两个阶段。

早期重商主义产生于 15 世纪，以货币差额论为中心，强调少买，主张采取行政和立法等手段对经济活动进行强制干预，同时利用政治手段、外交手段甚至是国家暴力军事手段，来实现政府的财政收入，完成资本积累。早期重商主义主张对私人经济活动的范围进行限制，禁止货币输出，反对商品输入，以贮藏尽量多的货币，同时以国家垄断的方式直接对私人经济进行控制。早期重

商主义的代表人物是英国的约翰·海尔斯、威廉·斯塔福、法国的孟克列钦等。他们坚持"货币差额论",主张禁止货币输出,增加金银输入。

晚期重商主义从16世纪下半叶开始,以贸易差额论为中心,强调多卖,认为对外贸易必须做到商品的输出总值大于输入总值(即卖给外国人的商品总值应大于购买他们商品的总值),以增加货币流入量。16世纪下半叶,西欧各国力图通过实施奖励出口,限制进口,即奖出限入的政策措施,保证对外贸易出超,以达到金银流入的目的。晚期重商主义的代表人物有英国的托马斯·曼、法国的柯尔赔尔等人,他们坚持贸易差额论,主张发展工业,扩大对外贸易出超,保证大量货币的输入。

二、17世纪初到19世纪初:"夜警国家"与守夜政府

从16世纪开始,资本主义生产方式就在西欧各国逐步有了发展,但仍然受到封建制度的束缚,没有从根本上改变自然竞争占统治地位的经济现象。进入17世纪,以英国资产阶级革命胜利为标志,相继完成资产阶级革命的西欧、北美等发达国家实现了资产阶级专政,人类进入自由资本主义时期。

重商主义时期高度集权的国家强干预型的政府管理模式不再适应资本主义经济的发展,政府逐渐由积极的干预者转变为消极的保护者。因为在资本主义发展早期,生产力相对并不发达,工业主要以手工业、商业等为主的小规模、小范围的,整个社会结构也比较简单。在这种环境下,经济活动的目的性很强,不需要政府过多的干预。和这种经济发展水平相一致的,是当时西方国家奉行的"夜警国家"和小政府主张,即政府充当的是守夜人的角色。到了19世纪后期,资本积聚造成卡特尔、辛迪加、托拉斯等垄断组织出现,资产阶级迎来了短暂的"黄金时代"。这一时期,西方国家的经济实力对比也发生了变化,英国的老牌工业国家地位逐渐被美国、法国和德国赶超,后起的资本主义国家抛弃了保护主义政策和国家干预的政府管理模式,有限度地实行"自由放任"的经济政策,实行"不干预主义"。古典经济学家把市场规律、价值规律等客观经济规律比喻为看不见的手,主张政府应当采取放任政策,放任市场来调节经济,即"管的最少的政府就是最好的政府",即"小政府大社会"。

由于政府责任简单,这一时期的政府是极为精简的政府。在18世纪,英国政府只设立了财政委员会、外交部、内政部、陆军部、苏格兰事务部等机构,而且这些机构多半是在发挥政治管理职能,基本上没有设立专门管理经济和社会事务的机构。1789年美国建国之初,联邦政府只有财政部、陆军部和国务院三个部门。后来慢慢增设了内政部、农业部、商务和劳工部。

这一时期的代表人物是古典经济学的杰出代表、英国经济学家亚当·斯密。在他看来,自然经济制度是最好的经济发展方式,市场调节是最有效率的调节和分配经济资源的手段,只有市场经济才能最有效地实现全社会的利益分配。他认为人的本质都是自私的,但正是这种自私的心理从客观上推动了经济的发展,促成了资本的积累并创造出更多的社会财富。为了使自己的产品取得最大的价值形式,每个人都力图运用手中的资本进行经济活动。这种形式的"经济人"并不追求增加公共福利,他们只追求自身的经济利益,就仿佛有一只看不见的手引导他们去达成并非他们原来所追求的目标,这就是亚当·斯密的"看不见的手"原理。斯密主张经济自由,认为政府在经济发展中应该起"守夜人"的作用,保证有一个和平安全的经济活动环境,使国民财富在自由放任的条件下增长。他在他的名著《国富论》中认为,政府执行"守夜人"的职能,需要一定的费用,从而需要一定的收入。这些必要费用,一部分由全社会的一般课税来支付,一部分由社会某特殊部分或特殊成员的课税来支付。但是政府的支出必须要节俭,实行"廉价政府"的政策,这是和增加资本积累直接联系起来的,因为资本的积累来自节俭。斯密同时还提到了国家职能和政府责任。

他认为,国家的职能有三种:"保护本国社会的安全,使之不受其他独立社会的暴行与侵略";"保护人民不使社会中任何人受其他人的欺侮或压迫";"建立并维持某些公共机关和公共工程"。亚当·斯密极力反对国家在经济领域的干预行为,主张只是通过市场这只"看不见的手"对资源进行合理配置调节社会市场经济秩序,强调要充分发挥商品经济自发的市场机制的作用,即充分发挥"看不见的手"调节经济的作用,尽可能地使之不受人为的限制与干扰。当然,斯密也没有完全否定政府的作用,认为政府主要应该扮演"警察"的角色,为经济的发展提供公平稳定的社会环境。政府的任务是提高分工程度,增加资本数量和改善资本用途。亚当·斯密的自由主义经济理论和自由主义经济政策推动了资本主义经济100多年的发展。

由于亚当·斯密的理论,主张古典自由主义,自由资本主义时期的西方国家,其政府责任都被限制在一个非常狭小的范围内,仅仅是维护国家安全和个人财产不受侵犯等。政府的组织结构也相对比较简单,人员和机构都被限制在精简的范围内,政府财政收支小,社会管理和公共服务的责任非常弱小。因此,这一时期的国家被称为"夜警国家",相对应的,政府在社会中扮演的仅仅是守夜人的角色,也就是守夜政府。

三、19世纪末20世纪初:"社会国家"与干预型政府

19世纪末20世纪初,随着生产力的发展和生产社会化程度的提高,资本关系的社会化随之发展,资本主义生产关系发生新的变化,垄断组织的统治成为经济生活的基础,资本主义就从自由竞争阶段进入垄断阶段。

在进入垄断阶段之前,由于自由放任经济政策的长期实行,资本主义国家开始出现周期性经济危机,尤其是1929年几乎遍及西方各国的资本主义经济危机,这是资本主义经济史上最持久、最深刻和最严重的周期性大萧条。在危机过后,西方国家开始反思以往的自由市场政策,也开始反思经济危机所体现出来的自由主义创造的神话已经破灭。

完成从自由资本主义向垄断资本主义转变的西欧发达国家的资产阶级,在这一时期开始在国内拼命镇压工人运动,国际上则开始了争夺殖民地的战争。无论国内还是国际条件的变化,都使得资产阶级需要尽快扩充警力和军备。与此同时,产生于市场经济的垄断破坏了市场经济的公平竞争,而且垄断本身也带来了许多前所未有的社会矛盾,对市场经济的健全、国家安全和社会秩序等都带来了严重威胁。要解决这些社会问题,仅仅依靠社会自治是不可能做到的,必须由政府出面来进行干预,必须扩大和完善行政组织,加强国家的暴力机器。在这个过程中,政府自身管理的问题也会不断凸显。政府扩大和完善行政组织、加强国家的暴力机器,就意味着政府管理社会生活的涉及面更广、程序更深,政府规模和财政开支就更加膨胀。正是在这种状况下,到19世纪末,在西方国家,垄断资本主义造成了"行政国家"出现。

19世纪后期,美国学者伍德罗·威尔逊首创的公共行政学所

提出的,要建立"一个坚强有力、行动迅速有效、便于运用"的政府系统的问题,实际上就是要求政府职能转向更有效地进行社会管理和社会服务的问题。

而这一时期提倡干预型政府的代表人物是凯恩斯。

约翰·梅纳德·凯恩斯(John Maynard Keynes1883—1946),19世纪末20世纪初现代西方经济学最有影响的经济学家之一,被后世称为宏观经济学之父。他的代表作是1936年出版的《就业、利息和货币通论》,在这本书中,他系统地阐述了国家积极干预和调节经济的思想。在凯恩斯看来,古典经济学家所赞同的放任自流的自由主义经济政策,是他极其反对的。他提倡国家直接干预经济。

实际上,政府干预经济的凯恩斯主义,是凯恩斯提出的用来面对国家有效需求不足、就业不均衡以及可能出现的经济危机等这些问题或现象的方案。在《就业、利息和货币通论》一书中,凯恩斯分析,真正对就业起作用的需求是总需求中的有效需求。而有效需求由消费需求,即一定时期的家庭或社会的消费倾向和收入所决定,取决于消费倾向、对货币的流动偏好和货币数量以及对资本未来收益的预期这三大基本心理,而这种需求又决定着社会的就业量。人们的流动偏好导致了人们总是偏向于手头上持有一部分现金,这样,社会有效需求总是无法达到使社会经济平稳运行的状态,因此会导致资本主义社会出现大批失业和经济萧条,最终导致经济危机全面爆发。对个人而言,要使人们由于流动偏好而保持在手头的现金通过一定方式进入消费领域,只有通过政府干预经济才能实现,才能突破自由经济本身的怪圈,才能使消费、收入实现一定状态的平衡;对国家而言,自由放任的经济政策会导致经济领域的突然崩溃和资本边际效益,最终导致经济危机全面爆发,因此,政府必须对社会经济实行直接参与式的干预和调节。

政府责任表现在:第一,制定并实施有效的经济政策,加大财政开支并发行国债、增加货币发行量以达到增加有效需求,稳定物价、提高就业来刺激经济复苏;第二,通过调整税收的方式鼓励个人的投资行为;第三,控制利息率的升降来有效控制货币供给并达到间接影响私人投资和消费的作用;第四,扩大商品输出和资本输出。凯恩斯的主张动摇了自斯密以来所推崇的自由放任的经济思想,为经济学体系和经济运行机制注入了新的要素——积极的政府干预。① 概括而言,凯恩斯政府干预理论强调,仅仅依靠市场机制的自发调节作用不足以使有效需求提高到充分就业的水平,市场机制缺陷可以由政府来加以弥补,即通过扩大政府支出、减税等措施加以弥补。凯恩斯政府干预理论被学术界形容为"看得见的手",用以弥补亚当·斯密"看不见的手"的缺陷。

凯恩斯主义的直接践行者是美国的罗斯福。1929 年,美国股票市场的大崩溃导致了持续四年的经济大萧条。这场经济危机导致 86000 家企业破产,5500 家银行倒闭,全国金融界陷入窒息状态,千百万美国人多年的辛苦积蓄付诸东流,GNP 由危机爆发时的 1044 亿美元急降至 1933 年的 742 亿美元,失业人数由不足150 万猛升到 1700 万以上,占整个劳动大军的四分之一还多,整体经济水平倒退至 1913 年。农产品价值降到最低点,资本家将牛奶倒入大海,把粮食、棉花当众焚毁的现象屡见不鲜。为了应对经济危机,胡佛政府采取了一系列不成功的应对危机的措施。

而胡佛政府不成功的应对也为罗斯福的上台提供了机会。

---

① 【美】斯蒂格利茨:《政府为什么干预经济》,中国物资出版社,1998 年版,第 122 页。

1933年,罗斯福上台,他上任后的第一件事就是恢复美国人民对自己、对政府的信心,他在就职演说中称:"我们唯一需要恐惧的就是恐惧本身。"罗斯福将凯恩斯主义的政府干预理论具体化,开始实行罗斯福新政。

第一,金融方面的改革。在被称为"百日新政"(1933年3月9日至6月16日)期间制订的15项重要立法中,有关金融的法律占1/3。在罗斯福的要求下,国会先后通过了《紧急银行法》,成立联邦储备银行,并决定对银行采取个别审查颁发许可证制度,先勒令银行关闭整顿,经检查合格后,对有偿付能力的银行,允许重新开业。在整顿银行的同时,还采取了加强美国对外经济地位的行动。从停止黄金出口开始,逐步禁止私人储存黄金和黄金证券,禁止兑换黄金和出口黄金,增发货币,放弃金本位;公私债务废除以黄金偿付;发行以国家有价证券为担保的30亿美元纸币;通过美元贬值,加强美国商品对外的竞争能力。这些措施,对稳定局势,疏导经济生活的血液循环,产生了重要的作用。

第二,在农业和工业方面。罗斯福先后通过了《农业调整法》和《全国工业复兴法》,遵守"公平竞争"的原则,制定各企业生产的规模、价格和销售范围;制定工人最低工资和最高工时,从而限制了垄断,减少和缓和了紧张的阶级矛盾。在得到大企业的支持后,罗斯福又争取到了中小企业主的支持。他说大企业接受工业复兴法固然重要,"而产生丰硕成果的领域还在于小雇主们,他们的贡献将是为1至10人提供新的就业机会。这些小雇主实际上是国家骨干中极重要的部分,而我们的计划的成败在很大程度上取决于他们。"中小企业的发展,为美国社会的稳定、经济的复苏发挥了积极的作用。为了推行新型法规,政府给接受法规的企业颁发"蓝鹰"奖章,上面标志着"我们尽我们的职责(We Do Our

Part)"等标语,以资表彰。

第三,在社会救济方面。罗斯福新政的另一项重要内容是救济工作。1933年5月,国会通过联邦紧急救济法,成立联邦紧急救济署,将各种救济款物迅速拨往各州,第二年又把单纯救济改为"以工代赈",给失业者提供从事公共事业的机会,维护了失业者的自力更生精神和自尊心。罗斯福执政初期,全国1700多万失业人员及其亲属维持生计全靠州政府、市政府及私人慈善事业的帮助和施舍。但这部分财源相对于如此庞大的失业大军,无异于杯水车薪。解决这一复杂的社会问题,只有联邦政府才能办到。罗斯福新政的第一项措施,就是促请国会通过的民间资源保护队计划。该计划专门吸纳年龄在18岁到25岁,身强力壮而失业率偏高的青年人,从事植树护林、防治水患、水土保持、道路建筑、开辟森林防火线和设置森林望塔等工程建设。第一批招募了25万人,在遍及各州的1500个营地劳动。到美国参战前,先后有200多万青年在这个机构中工作过,他们开辟了740多万英亩国有林区和大量国有公园。平均每人每期干9个月,月工资中拿出绝大部分作赡家费,这样在整个社会扩大了救济面和相应的购买力。

罗斯福敦促国会通过联邦紧急救济法,成立联邦救济机构,合理划分联邦政府和各州之间的使用比例,制定优惠政策鼓励地方政府用来直接救济贫民和失业者。新政期间,全美设有名目繁多的工赈机关,综合起来可分成两大系统:以从事长期目标的工程计划为主的公共工程署(政府先后拨额40多亿美元)和民用工程署(投资近10亿美元),后者在全国范围内兴建了18万个小型工程项目,包括校舍、桥梁、堤坝、下水道系统及邮局和行政机关等公共建筑物,先后吸引了400万人工作,为广大非熟练失业工人找到了用武之地。后来又继续建立了几个新的以工代赈机构。

其中最著名的是国会拨款50亿美元兴办的工程兴办署和专门针对青年人的全国青年总署,二者总计雇佣人员达2300万,占全国劳动力的一半以上。到二战前夕,联邦政府支出的种种工程费用及数目较小的直接救济费用达180亿美元,美国政府借此修筑了近1000座飞机场、12000多个运动场、800多座校舍与医院,不仅为工匠、非熟练工人和建筑业创造了就业机会,还给成千上万的失业艺术家提供了形形色色的工作,是迄今为止美国政府承担执行的最宏大、最成功的救济计划。这一笔钱经过工人的口袋,通过不同渠道和消费,又回到了资本家手中,成为以政府投资刺激私人消费和个人投资的"引动水"。

第四,在社会保障方面。通过社会保险法案、全国劳工关系法案、公用事业法案等法规,以立法的形式巩固新政成果。罗斯福认为,一个政府"如果对老者和病人不能给予照顾,不能为壮者提供工作,不能把年轻人注入工业体系之中,听任无保障的阴影笼罩每个家庭,那就不是一个能够存在下去,或是应该存在下去的政府",社会保险应该负责"从摇篮到坟墓"整个一生。为此,制定了《社会保险法》,法律规定,凡年满65岁退休的工资劳动者,根据不同的工资水平,每月可得10至85美元的养老金。关于失业保险,罗斯福解释说:"它不仅有助于个人避免在今后被解雇时去依靠救济,而且通过维持购买力还将缓解一下经济困难的冲击。"保险金的来源,一半是由在职工人和雇主各交付相当工人工资1%的保险费,另一半则由联邦政府拨付。这个社会保险法,反映了广大劳动人民的强烈愿望,受到美国绝大多数人的欢迎和赞许。1938年通过《公平劳动标准法》,主要条款包括每周40小时工时,每小时40分最低工资;禁止使用16岁以下童工,在危险性工业中禁止使用18岁以下工人。

罗斯福新政取得了巨大的成功。新政通过强有力的政府干预,最大限度地降低了危机的负面影响,使美国逐渐走出经济困境和危机,为美国的长远发展奠定了制度基础和财政基础。罗斯福抛弃传统的自由主义,对国家进行直接干预,实行干预型政府责任,试图通过政府从宏观上对市场经济的积极干预和调节,实现国家和垄断的融合,从而刺激社会需求,降低并逐渐消除失业率,并取得了积极的效果。新政的成功掀起了西方国家的"凯恩斯革命"热潮。

四、20世纪中期:新自由主义和管理型政府

到20世纪60年代之前,西方各国奉行凯恩斯主义,干预型政府成为资本主义世界的潮流。当然,不同国家的经济干预方式、手段不尽相同,但基本上都是以国家干预为主。比如北欧国家在战后推行"从摇篮到坟墓"的福利资本主义,增加政府在经济领域的直接参与,推行福利政策,增加国民收入;承担社会公共事务管理责任,承担基础设施建设、医疗、养老、失业保险、教育等社会责任。由于凯恩斯从理论上阐述市场缺陷问题,他的国家干预理论成为一个时期西方主流经济学的理论核心,被战后各个主要资本主义国家奉为国策。

但是,进入20世纪60年代后期,主要西方发达国家的通货膨胀问题逐渐严重,尤其是在70年代出现的滞胀局面,生产停滞和通货膨胀并存,发展速度变缓甚至停滞,失业率居高不下,国际市场陷入混乱。同时,由于政府承担了过多的责任,导致原本令福利国家骄傲的社会福利保障给公共财政带来了沉重负担,政府承担的责任和事务越多,政府的规模就越膨胀,官僚主义、权力泛滥、贪污腐败等弊端也逐渐显现,人们开始质疑政府责任,对政府的信任危机爆发。面对这种局面,凯恩斯主义已经束手无策。因此,西方经济学家开始怀疑凯恩斯的国家干预主义已经失效,并开始重新回到自由主义。越来越多的经济学家意识到,市场调节虽然在自由竞争的状态下出现"失灵"的问题,但是政府的过度干预却会带来更加验证的问题。

这一阶段,在理论上,西方经济学家主张重回古典的自由主义,也就是我们现在所说的"新自由主义"或"新保守主义",其代表人物和流派包括:

第一,新货币主义学派。代表人物是美国的经济学家米尔顿·弗里德曼,主张新货币主义。他认为资本主义体系之所以不稳,是货币受到扰乱,所以货币最重要,货币是支配资本主义产量、就业和物价变量的唯一重要因素。只要充分发挥市场机制的作用,资本主义体系本身是可以稳定的。他极力主张货币政策只要求货币数量稳定的、有节制的增加,即支持长期的货币规则或目标。除此之外,不需要政府干预私人经济,应让市场机制完全地充分地发挥作用。

第二,伦敦学派。代表人物是奥地利经济学家哈耶克。他是反凯恩斯主义、反国家干预主义的中心人物,不仅明确主张自由化,强调自由市场、自由经营,而且坚持认为私有制是自由的根本前提。他认为,"只是由于生产资料掌握在许多个独立行动的人的手里,才没有人有控制我们的全权,我们才能够以个人的身份来决定我们要做的事情。如果所有的生产资料都落到一个人手里,不管它在名义上是属于整个'社会'的,还是属于独裁者的,谁行使这个管理权,谁就有全权控制我们。"哈耶克反对任何形式的经济计划和社会主义,认为垄断、计划性、国家干预始终与无效率相联系。他认为,即便是货币发行权也应还给私人银行,而不能让政府垄断。

第三，合理预期学派，代表人物是美国经济学家卢卡斯。他以经济人理性和人的行为理性预期假设为前提和立论基础，用货币周期模型论证和说明了经济波动的原因，并得出了凯恩斯主义政策无效因而无需政府干预经济的结论，他强调经济政策的稳定性和连续性，从而在宏观经济学领域引发了一场"理性预期革命"。他首创新增长理论，把经济运行的源泉和动力归结为人力资本的内生积累与增长，这种积累和增长不仅能使人力资本本身的收益递增，而且可以使其他投入要素的收益递增，从而可以使经济增长动态化、长期化。他认为，通过国际贸易可能会强化国家间人力资本禀赋差异，从而加大经济发展的不平衡。

这种"新自由主义"或"新保守主义"表现在政府责任上就是所谓的"新公共管理运动"，代表人物是英国的撒切尔夫人和美国的里根政府改革。

1979年，英国保守党党魁撒切尔夫人赢得了首相选举的胜利，面对的是前任政府留下的烂摊子。英国经济陷入滞胀多年，通胀率一度高达27%。其改革的核心思想是以自由贸易来代替政府干预，鼓励市场机会和私营企业，反对国有化和中央集权。她首先精简政府，使得大批公务员下岗或转入竞争机制。然后掀起私有化浪潮，开放市场。英国石油公司、英国电信公司、天然气公司等国有企业被统统被卖给私人。她还推动预算削减和改革工会制度，通过大幅加息以及控制货币供应增长的方式遏制住了通货膨胀，这种策略被称为货币主义。此外，撒切尔夫人支持英国加入欧盟，以从中获得自由贸易的优惠，但是她强烈反对加入欧元区。此政策得到沿用，英国至今没有加入欧元区。撒切尔夫人最终保证了英国的经济增长。在其治下，英国的通货膨胀由1975的27%降至1986年的2.5%。从她第2任期开始,英国经济开始持续稳定增长。在她第3任期内,英国政府自20世纪50年代以来的财政赤字终于转为盈余。

美国的里根政府上台时,美国面临严重的通货膨胀,近800万人处于失业状态。他最初采用供应学派的主张,实行了美国历史上最大规模的减税计划,通过对美联储加压,使美联储的货币政策目标变成了持续经济增长,货币政策的地位上升;里根还紧缩社会福利规模并逐步扩大私人和地方经营的规模,减少联邦政府的干预,减轻联邦政府的财政负担。经过里根政府的改革,政府干预经济的作用在下降。里根政府的政策为应付滞胀发挥了积极的作用,采取的一系列经济政策对西欧和日本产生了不可忽视的影响。但是,里根改革也为美国留下高财政赤字、高贸易赤字的新问题,大大削弱了美国的国际经济地位。

"新自由主义"引发的政府改革,主要通过市场机制和企业管理方法和技术的运用来寻求对政府职能的恰当定位和职能发挥,克服因为政府干预所带来的各种弊端。但是,进入20世纪80年代以来,随着经济全球化趋势的发展,跨国公司崛起,国际金融也不断创新,西方国家把原来国内经济目标置于首位的政府干预政策就已经过时了。因此,从80年代中期开始,包括里根政府的后期,很多发达的市场经济国家的政府调整了原来的一些做法,着力于增加对科技研究与开发的投资,加强对知识产权的保护,形成了90年代新一轮的经济增长。现在的资本主义国家又开始了加强政府对市场经济的干预。

因此,在资本主义数百年的发展史上,政府干预和自由主义这两种经济学派和理论交替占据主流,但是,从20世纪后期开始,政府的责任也在不断完善和重新界定。政府开始承担越来越多的社会责任,并开始逐渐寻求古典自由主义和国家干预主义之间的平衡点,从而逐渐从管理型政府向服务型政府转变。

第二节　西方国家的政府责任要求及评价

一、英国:内阁制度下的政府社会责任

英国采用的是内阁制政府制度,即"是由内阁(政府)总揽行政权力并向议会负责政府制度"。在这种制度下,议会处于国家的政治活动中心,是国家的最高权力机关,拥有立法、组织内阁和监督内阁的权力。内阁是国家最高行政机关,政府首脑执掌政权,内阁由议会产生,并向议会负责。内阁首脑和部长(大臣)需定期向议会报告工作,并接受议会监督。

英国作为政府的行政部门是议会的执行部门,不需要另外选举产生,中央政府由(主要)来自议会下议院的部长们组成,同时,其行使职权的行为受议会节制。

(一)英国政府社会责任的具体要求

对政府而言,行政法"是关于控制政府权力的法",[1] 其宗旨在于防止权力的滥用。可以说,英国行政法"是有效地控制行政权力组织与具体运行过程的规范体系,并以控制权力、保障社会主体权利与自由为其思想基础。"[2]

---

[1]【英】威廉·韦德:《行政法》,中国大百科全书出版社1997年版,第5页。
[2] 张正钊、韩大元主编:《比较行政法》,中国人民大学出版社1998年版,第62页。

1.政府责任的规范

在行政法体系中,对政府的权力和责任有着这样的规范。

其一,政府必须依法办事。政府依法办事即意味着行政机关作出每一个影响相对人权利自由的行为,都必须有议会法律的授权,都必须找到相应的法律根据。

实际上,在1947年以前,国王及其政府是免除法律责任的,其理论根据是"国王不能为非"和"主权豁免"原则。但新的法治观念认为,法律对于政府和公民应该是不偏不倚的。虽然法律不能就任何事项对于政府和公民作完全相同的规定,但法治要求政府不能享有不必要的特权,不能豁免普通法责任的约束。在新的法治原则下,王国政府应该承担普通法上雇主对其雇员错误行为的责任,所有行政机关都应该依法履行法定职责和承担违反法定职责的法律责任,就像公民对其违法侵权行为要对其被侵权人承担法律责任一样。同时,英国强调"法律面前平等"的原则,行政机关和相对人的争议由完全独立于行政部门的法官裁决。

在英国,行政法的大部分规则(从实体规则到程序规则)就是用来限制行政机关行使自由裁量权的。法院对行政机关行政行为的司法审查大量地也是审查行政机关行使的自由裁量权。国家对现代复杂的社会经济的管理不能没有强有力的政府,强有力的政府运作不能没有广泛的行政自由裁量权,而广泛的行政自由裁量权的行使不能不加以控制。但是,自由裁量权不同于依法办事的要求:依法办事有着明确的界限,只要确定议会法对相应事项是否有明确的授权即可;而控制自由裁量权则要以保障公正,保护公民权益与保障效率、保证行政管理顺利进行的平衡考虑出发,发掘议会法律的意图,解释议会法律暗含的意向,使自由裁量权的行使真正符合法律的目的和原则。①

其二,政府的公正性。行政机关的活动之所以被要求公正行使权力,是因为英国没有一部成文宪法限制行政机关的权力。英国的行政机关具有行政、立法和司法三种权力,而且由于议会实际上是在内阁控制之下,所以英国行政机关不论在法律上或事实上都具有非常大的权力。如果一个的巨大的权力被专横地行使,那将成为一个不能忍受的暴力。所以,行政机关的权力越大,它在行使权力的时候越应该公平。为了达到行使权力时的公平状态,议会在授予行政机关权力的时候,往往同时规定行使权力的程序,程序的规则所以重要,正是由于在实体法上不能不给予行政机关巨大权力的缘故。假如法律中没有程序的规定,或者没有作出足够的规定时,行政机关不能因此就认为自己没有受到任何程序限制,甚至连最基本的公正程序规则都可以不遵守。自然公正原则是最基本的公正程序规则,只要成文法没有排除或另有特殊情况外,行政机关都要遵守。自然公正原则防止了行政机关的专横行为,可以维持公民对行政机关的信任和良好关系、减少行政机关之间的摩擦、最大限度地提高行政效率。②

2.公务员制度的确立

公务员制度的产生同英国当时国内的政治经济环境是有密切的联系,其实质是英国当时历史发展的产物,同时也是两党政治斗争和民众要求参与政治的结果。实际上,公务员制度或文官制度在英国的建立,是英国为了结束国内政治落后、贪腐现象严重

---

①曾绂正等编译:《西方主要国家行政法、行政诉讼法》,红旗出版社1998年版,第154—155页。

②曾绂正等编译:《西方主要国家行政法、行政诉讼法》,红旗出版社1998年版,第118页。

等问题而进行自我调整的必然结果。公务员制度由英国首创,从这个意义上说,英国的公务员制度对现代政治具有开创性功劳。

对政府而言,英国有行政法体系作为约束;对行政人员而言,英国有通行的公务员法规和制度。正如马克思所说,资产阶级发展的"最初过程总是发生在英国;英国是资产阶级世界的缔造者"。[1]国家公务员制度最早就产生于19世纪的英国。1854年,英国提出了一个《关于建立英国常任文官制度的报告》(又称为《诺斯科特——屈维廉报告》),这个报告奠定了英国常任文官制度的基础。1855年5月21日,帕麦斯顿内阁颁布了官吏制度改革的第一个枢密院令——《关于录用王国政府文官的枢密院令》,决定不受任何党派干涉,成立独立考试的三人文官事务委员会,具体研究和实施改革方案。1870年6月4日,格莱斯顿内阁又颁布了文官制度改革的第二个枢密院令,确立了"凡未经考试并持有文官事务委员会合格证书者,一律不得从事任何事务类官职"的原则,明确了政务官和事务官分开,事务官通过考试录用两条现代公务员制度的根本原则,但在外交部和内务部某些高级文官仍可不经考试直接由大臣任命。至此,世界上第一个文官制度在英国正式确立。后来经过不断的补充和修正,英国的文官制度逐渐完备起来。[2]它客观上提高了政府官员的素质,保证了政府的行政效率,文官长期任职,不随内阁更迭而更换,有利于政策的连续性和政局的稳定。这些都是利于英国资产阶级统治的。1870年6月4日被视为近代文官制度正式确立的标志,也是世界上第一个公务员制度诞生的标志。

在英国公务员管理法中,对公务员的行为规范作了以下13条

---

[1]《马克思恩格斯选集》第1卷,人民出版社1992年版,第487页。
[2] 刘宗绪:《世界近代史》,高等教育出版社1986年版,第272页。

规定：

1.公务员在宪法上和实际上的角色定位是,正直地、诚实地、公正地和客观地协助正式组成的英国政府和按照1998年苏格兰和威尔士政府条例组成的苏格兰行政部门和威尔士国民大会——制定各项政策、执行各项决策以及管理其各自负责的公众事务。

2.公务员是王室的仆人。从宪法上讲,所有的行政部门是王室的有机组成部分,并根据该法典的各项条款,公务员要忠于其所服务的政府部门。

3.在大臣行为规范为英国大臣们规定的职责和义务内容的规定中,或在为苏格兰行政部门或和威尔士国民大会大臣们拟定的同类文件中应体现本规范的精神：对议会负责或对大会秘书长、对国民大会负责；负有职责向议会或大会或公众提供尽可能充分的关于其各项政策、决议和行动的信息,对上述对象不构成欺骗或误导；维护政治中立、不为党派政治目的使用公共资源,不要求公务员以任何与公务员行为规范有冲突的方式履行职责；在决策时,对来自公务员和其他方面创见的公正的建议,给予充分的考虑和应有的重视；遵守法律,包括履行国际法和条约义务,维护管理正义。

4. 公务员应当按照本条例规定的各项原则为其政府部门服务,并承担：公务员对大臣,或对大会秘书长和国民大会,或对所在机关的部门负责人所负有的责任；所有公职人员按照法律合理地履行公务的责任；遵守法律,包括履行国际法和条约义务,维护管理的正义；恪守特定专业领域的职业道德。

5.公务员应在履行职责时保持公正、正直和诚实。

6.公务员应尽力富有同情心地、有效地和迅速地处理各项公共事务,不带任何偏见,不出现任何管理不善的现象。

7.公务员应尽力保证公共资金使用的适当性、有效性与效率性。

8.公务员不应滥用其公职或在执行公务时获得信息为其或其他人谋取私利。

9.公务员应履行职责时保守各位大臣和大会秘书长或国民大会的机密,在将来为其他政府部门工作时也要持同样的工作方式。

10.公务员在没有授权的情况下不应泄露政府部门内部往来的机密信息,或来自外部的机密信息。

11.凡是公务员认为他或她被要求做事的方式:是非法的、不适宜的或不道德的、违反宪法规定或职业道德的、可能导致管理不善的、与该行为规范不相一致的其他情形,他或她应按照内阁部与执行机构制定的行为准则或部门指导原则中的适当程序进行汇报。公务员还应当就其他人的犯罪迹象和非法行为向有关部门报告;如果他或她发觉其他与本行为规范相悖的违犯行为,或被要求按照他或她认为严重有违良心的方式行事,也应当按照相关的程序进行汇报。

12.公务员已经按照相关的程序就第11条中涵盖的事件进行汇报后,如果认为其回应答复不合理,他或她可向伦敦SWPl3AL-HoresGuards路的公务专员进行书面汇报。

13.公务员不应当以放弃或拒绝执行由各位大臣或国民大会或大会秘书长做出的各项决议和行动议案,从而破坏政府部门的各项政策、决策或行动议案。如果按第11条和第12条的程序解决问题的结果,公务员不能接受,那么,公务员执行赋予他或她的指令,或者辞去公务员职务。离开王室的岗位后,公务员应继续遵守其保密义务。[①]

(二)以福利政策为例来看英国政府承担的社会责任

现代意义上的"福利国家"首先在英国建成。作为西方福利思想和福利政策的主要策源地，英国的福利政策具有一定的代表性。

1.英国福利政策的发展

英国社会福利发展具有深厚的历史根源。

1601年，英国颁布"济贫法"；1834年，英国开始推行"新济贫法"，这是工业革命早期以立法形式对贫困等社会问题的直接回应，加深了国家对个人命运的关切。

19世纪末期，英国成为世界头号经济强国和殖民帝国，1908年出现非缴费型养老金，国家开始替代家庭承担赡养老人的责任；1911年颁布《国民保险法》，规定政府和雇主、雇工一起缴纳保险费，明确了社会保障的政府责任；1918年，英国政府通过新《教育法》，规定所有小学一律免交学费；1925年，英国政府通过了第一个全国性质的纳捐型老年补助金法，对免费的养老金制度进行改革，开始转向缴费型，使养老金制度真正开始具备现代社会保障制度的性质。

1942年《贝弗里奇报告》发表，长达300多页的报告指出新的社会保险计划需要国家和个人之间的合作，政府要确保服务和缴费，进一步强化国家责任。报告首次将社会保障的目的归结为确保每个社会成员在任何情况下都能满足基本的生活需要，这成为人类社会保障理论和实践史上的重大创新，它的产生标志着英国福利思想已经完成了从理论到现实政策的过渡，在英国建立了

[①]中组部研究室（政策法规局）、人事部政策法规司编：《外国公务员法选编》，中国政法大学出版社2003年版，第560—561页。

"从摇篮到坟墓"的全民保障方案。1943年2月,英国议会下院通过这个报告,使其正式成为官方文件。

1945年,英国议会批准了新的《国民保险法》,这是工党政府取得的最大成就,得到了公众的普遍支持。

1948年,新的《国民保险(工伤)法》《国民保险法》《国民保健法》《国民救助法》正式生效,至此,英国建立起来一种"从摇篮到坟墓"的全方位的国家福利制度。

在此之后的一二十年内,福利国家制度度过了它的"黄金时代"。20世纪70年代以来,受经济增长缓慢等诸多因素的影响,英国的福利国家陷入困境之中。

1979年,以撒切尔夫人为首的保守党政府推行了西欧最激进的政府改革。她坚决实行私有化,推崇市场"自发"地调节来发挥更大作用。保守党政府对福利国家的具体制度也进行了全面的改革,力图削减支出,鼓励人们自助而不是依靠国家来谋求幸福安全的生活。但是由于激进的改革过于强调和依赖市场的自发调节作用,放松了国家在经济社会生活领域的干预程度,在激活经济的同时也导致了失业率增加、英国贫富差距急剧增加等问题。撒切尔夫人的改革为后来的工党政府继续改革奠定了基础,但是并没有彻底解决福利国家危机的问题。

20世纪90年代末,随着以布莱尔为首的英国新工党的崛起,英国福利国家的命运似乎面临新的转机。布莱尔政府提出了合作政府的概念,要以一种积极的福利国家去取代过去那种消极的福利国家,实质是要在政府调控和市场机制、社会公正和经济发展之间谋求一种新的平衡。

2.英国福利制度发展过程中的政府责任

英国内阁是英国政府的领导核心,根据英国《下院每周议事录》公布的政府名单来看,英国政府是由全体大臣(包括国务大臣、政务次官)、执政党的监督员以及王室官员大约100多人组成的机构。王室成员除了为英王服务外,并不担任其他的政府职务,也不会与内阁共进退。

内阁是英国的最高行政机关,拥有极大的统治权力。关于内阁的主要职权,1918年的政府机构委员会报告规定如下:第一,对提交议会的政策做出最后决定;第二,按照议会所规定的政策,行使国内行政的最高管理权;第三,不断协调和划定各行政部门的权力。[①]

议会是英国最高立法机关,宪法规定政府必须取得议会的信任和支持,接受议会的监督。之后,按照惯例,议会仍然对内阁进行监督,但统治的权力已逐步由议会转移到内阁手里。

从英国福利制度发展历程来看,社会、国家与市场均发挥了一定的作用。社会(志愿团体)在社会保障中经历"涨—消—涨"的过程。早期,社会的地位作用大,随着发展,政府的功能越来越强,直至发展到主导地位。[②]但是政府的负担却日益加重。英国政府长期实现社会福利政策,虽然人民物质生活得到保障和改善,但社会保障面临诸多问题:一是社会保障费用持续偏高;二是人口老龄化问题;三是社会保障副作用的发生等。摆脱上述困境思路有两种,一是在现行体制下增收节支;二是部分保障项目实现私有化。在私有化改革中,在养老保险、伤残和疾病等项目上更强调雇主的责任,强制雇主按照员工工资给予补助和津贴,改变国家统一支付体制。这种私有化做法充分调动社会、个人、家庭和市场上力

[①] 诺曼·怀尔丁,菲利普·朗迪:《议会百科全书》,1971年版,第70—71页。

[②] 曹永森:"国家、市场与社会作用之比较研究——以英国社会保障制度为例",《南京航空航天大学学报(社会科学版)》,2004年第6期。

量来解决福利问题。①从改革总体上看,政府的责任逐渐向社会、市场等转移,充分发挥社会、市场的力量来解决社会保障面临的问题。英国福利制度改革过程中,政府和社会的权力一直处于博弈之中,政府承担一定的社会责任,其他的社会权力如社会主体(社会团体、非政府组织等)也同时承担一定责任并对政府责任产生一定制约。

作为福利国家的英国,政府承担了一定的社会责任,在不同阶段,政府承担了不同的社会责任。

在第二次世界大战之前,政府权力仍然由内阁掌控,这一阶段,英国自由党政府通过了多项福利制度。这一时期英国工会开始逐渐干预福利制度,要求政府进行某种形式的社会变革。1886年,由于各个工会代表的要求,大会通过了较为激进的社会改革纲领,其主要特点是要求政府通过立法干预的方式提供给工人更好的就业条件,改善其生活。②迫于工会的压力,英国政府也不得不在社会福利方面承担更多的社会责任。

第二次世界大战中,工党在组织力量和领导力量上都得到了空前加强,二战后的英国人民也希望政府通过制度化的福利保障来改善战后生活。这对英国政府造成了极大的压力。1945年,工党在大选中胜出并组建政府,开始大刀阔斧地进行社会改革。英国主要社会保障制度实行三方交费原则,即参加社会保障制度的个人、雇主以及国家三方共同按比例分担,但并非按照同样的比例。20世纪50—70年代,国家承担的社会保障交费占社会保障交费总数的比例有所下降,雇主承担的社会保障费用有了明显的增

---

①田德文:"困境与调整:英国社会保障制度析论",《欧洲》,1995年第5期。
②陈晓律:《英国社会福利制度的由来与发展》,南京大学出版社1996年版,第130页。

长,但国家承担的社会保障交费仍然占社会保障交费的绝大部分,1950—1974年,国家承担的社会保障交费占整个社会保障交费的比例从61.9%下降到51%,雇主所交费用占的比例由15.6%上升到26.1%。在社会保障制度三方交费中,国家交纳的社会保障费用增长幅度最大,1970—1979年,英国个人交纳的社会保障费增长了297%,雇主交纳的社会保障费增长了399%,国家垫付的社会保障费增长了449%。[①]国家除了要为交费社会保障项目承担大部分比例的交费外,还要承担一切非交费性救济与补贴费用。这就造成英国政府用于社会保障的庞大支出,导致政府社会支出的巨额增长,社会保障支出占社会总支出的三分之一以上。

20世纪70年代末,英国经济缓慢发展使社会问题不断增加,政府承担更多的社会责任,却使得政府负担过重,难以为继。随后上台的撒切尔政府根据撒切尔主义的基本原则,制定了英国社会保障制度改革的目标和方针,那就是,社会保障制度的发展必须与社会经济发展保持一致,必须建立在国家责任和个人责任相结合的双重支柱上。1985年,健康与社会保障大臣福勒提交了一份题为《社会保障改革——变革的计划》的绿皮书,提出了英国将要进行的社会保障制度改革的3项基本目标:第一,社会保障制度必须能够满足真正的需要,这是国家基本的责任,但社会保障制度应该具有足够的灵活性,以便制定有效的社会保障措施。第二,社会保障制度必须与国家的整个经济目标保持一致。社会保障负担的加重已经损害了英国经济的正常发展,因此,必须采取有力措施,实现社会保障制度的发展与英国社会经济的发展相适应。第三,社会保障制度必须更加简单,更加容易理解。

[①]陈晓律:《英国福利制度的由来和发展》,南京大学出版社1996年版,第200页。

从这一时期开始，英国政府在社会保障领域的社会责任发生了转变，即国家为个人履行自我责任提供可靠的保障，鼓励个人责任的发挥而不是取代这种责任和努力；树立一种新的社会保障观念，这种观念承认国家与个人在社会保障方面具有同样重要的作用，新的社会保障制度将选择一种新的发展道路，应该赋予个人在社会保障方面更大的独立性与责任感。但同时，也必须明确这样的观点，那就是国家向有需要的人提供帮助的传统将会继续保持并不断发展。

3.对政府责任和政府作用的再评价

20世纪80年代，人们开始思考社会保障何以为继的问题：如果社会保障的规模和水平需要缩小或是降低，那么从哪些项目着手，又从何处入手？在这些讨论中，最突出的莫过于政府在社会中的作用问题。政府的作用之所以关键，是由于政府在制度模式的福利国家中是关键的因素。政府是福利制度的主体，改革的关键在于政府发挥什么样的作用。

政府的社会责任是政府责任的重要组成部分，制定和建立社会福利制度，维持社会经济生活的正常运行，是政府社会责任的重要环节。但是，政府的能力是有限的，任何一种社会保障制度都不能单独依靠政府来支撑。现代的社会保障制度体系虽然以政府为主导，但同时又包括企业、社会团体、家庭、个人所提供的部分保障。政府需要与企业、社区、非政府组织等建立新型的伙伴关系，共同协力使福利制度重获新生[①]。布莱尔提出新时代福利制度变化主要办法以及政府在其中应起到的作用是：建立在个人能力和社会基础上有活力的经济，政府使市场力量服务于公共利益；

---

① 赵立人：《各国社会保险与福利》，四川人民出版社1992年版，第78页。

建立在权利和义务基础上的市民社会，政府是社区的合作者；建立在参与和权力下放基础上的现代政府。因此，现在英国所推行的"大社会"概念，实际上也是将政府的社会责任逐渐向个人转移，即让渡权力和授权于民。实际上，有许多社会政策都需要个人参与，比如健康、教育等方面。在这个进程中，社会可看成是一个慈善组织。过去，政府是公共资源的唯一提供者，未来，个人将贡献出更多的智慧，帮助改善社会现状。这样的"大社会"理念将有助于英国社会的改变，影响到每位公民。

二、美国：总统制度下的政府社会责任

美国是总统制的国家，总统担任国家元首和政府首脑。总统由公民直接选举产生，权力和任期都由宪法明文规定，独立于国会之外，与国会是完全分离的。即使总统有严重违宪行为，国会也只能提出弹劾，无权罢免总统。在这种体制中，政府成员一般由总统任免，同时，政府不对国会负连带责任，政府成员只对总统负政治上的责任，总统只对选民负政治上的责任，国会除了可以对总统依法行使弹劾权外，不能以不信任投票迫使总统辞职，当然，总统亦无权解散国会。

（一）美国政府社会责任的具体要求

就政府而言，在美国第一个宪法性文件——1776年通过的《独立宣言》中首先指出了：一切人生而平等，都享有"造物主"所赋予的不可转让的权利，包括生命权、自由权和追求幸福的权利。接着又提出了"人民主权"的原则，为了保障这些权利，人民才成立政府，政府的权力来自被统治者的同意，如果政府违背这些目的，人民就有权废除这个政府，成立新的政府。①

---

① 阮宗泽：《第三条道路与新英国》，东方出版社2001年版，第165页。

1.政府承担社会责任的首要前提是政府自身的制度建设

在1789年,联邦宪法正式生效后,又通过了宪法修正案,其中对公民自由权利的规定包括:宗教信仰自由、言论和出版自由、和平集会和政府请愿权、人民佩带武器权、民房不被军队驻扎权、人民保护其身体及住所不受侵犯权、私有财产权。其次,政府行使权力要合法而且正当。美国的行政法观在基本观念上比较接近英国行政法,强调控权的价值与意义,以控制行政活动来达到行政与公民权利之间的平衡。美国学者们普遍认为,权利的有效保护一方面靠严格的权利救济制度,另一方面也要靠权力行使过程的正当性,即权力行使要有合法而正当的程序。它源于宪法修正案第5条规定的精神:"未经正当的法律程序不得剥夺任何人的生命、自由或财产。"它要求权力的行使必须公正,"要求行政机关对当事人作出不利的决定时,必须听取当事人的意见,所以听证是美国公民根据宪法正当的法律程序所享有的权利,效力高于行政法上规定的程序规则。"①

为了制衡国会,美国政府决定成立审计署。2004年7月7日,美国政府审计署正式更名为美国政府责任署(GAO),这个新的名字将更明确地表明,美国政府责任署的首要任务是提高政府的工作绩效,保证联邦政府尽到对国会和美国公众应尽的责任。GAO隶属于立法机构,直接服务于国会。美国政府审计署更名,是因为对联邦政府财务活动的审计只占目前工作量的7%,会计和审计工作不再是GAO的主要工作。大部分工作是对联邦政府进行业绩审核、项目评估、政策分析等。更名后,GAO通过绩效审计促进了政府工作效率、计划和项目的有效性、预算开支、服务质量、政府

---

① 曾紫正等编译:《西方主要国家行政法、行政诉讼法》,红旗出版社1998年版,第70页。

服务的便利性和回应性等方面的改善,促进了实现"工作得更好而花费得更少的政府"的目标。美国政府责任署改变以"控制"为导向的工作方式,采取合作伙伴的态度,在促进政府公共责任的承担中提供支持。具体来说,美国政府责任署注重评估联邦政府各部门在向高绩效组织目标迈进的过程中所取得的进步,美国政府责任署公布的一系列"评估标准"和"最佳工作方法"的指南和报告,在政府部门得到广泛应用。

2.美国的公务员制度

美国的文官制度基本上是仿效英国,经过多次改革而建立起来的。美国公务人员的历史可以追溯到联邦政府的建立,其经历了一个复杂和不断变化的过程。自1789年到1883年为前功绩制时期。1871年,美国成立了第一个独立的文官机构——文官改革委员会,统一负责改革事宜。

1883年《彭德尔顿法》颁布标志着以功绩制为基础的公务员制度的诞生,这个法规定:成立由不同政党成员组成的三人文官委员会,统管联邦文官事务;建立公开竞争考试制度。择优录用文官;实行文官职业保险,文官一经录用,不得因政党关系等政治原因被革职;严禁文官参与党派政治活动;建立统一的文官体系。《彭德尔顿法》的颁布,标志着美国文官制度的最终确立。

20世纪70年代末,"新公共管理运动"取代了原来的干预型政府理论,在行政体系内引入市场竞争机制,利用私营部门的管理方法和技术重塑政府,强化顾客导向,增强回应性,提高公共管理的水平和公共服务的质量。1989年初,总统的联邦政府伦理法改革委员会提出建议,建立以单一的适用于所有行政部门雇员的法规体系来代替目前各机构所使用的仅限于自身的伦理条例的体系。根据这个建议,布什总统于1989年4月12日签发了第

12674号行政命令,确立了行政部门雇员的14条基本伦理行为准则,也就是美国行政部门工作人员的道德行为准则,该准则规定,执行公务是受公众的委托,所以政府工作人员都对美国政府和公民负有责任,要忠于宪法、法律和道德原则并将其置于个人利益上。为了保证使每个公民都对联邦政府的廉正拥有充分的信心,政府全体工作人员都应尊重和遵循如下各项道德行为的准则。

受此影响,美国的公务员制度也进行了改革,20世纪90年代,克林顿政府发起了被称为"重塑政府"运动的行政改革,在消除制度弊端和开拓弹性空间方面做出了成效。2001年以后,布什政府进一步对联邦政府的公务员制度进行变革,其目标是推动公务员制度的现代转型,形成一种以人力资源战略管理为特征的新型公务员制度。

1.政府工作人员应忠于宪法、法律和道德原则,并将其置于个人利益之上。

2.政府工作人员不得持有与执行公务相冲突的经济利益。

3.政府工作人员不得利用不公开的政府信息来进行金融交易以谋取私利。

4.政府工作人员不得向下列人士或机构索取或者接受其礼物,如果这些人士或机构正在寻求政府部门的官方行动,与政府部门有业务往来,或者其活动受政府部门管理,或者其利益可能会受到政府工作人员执行公务的影响。

5.政府工作人员应认真执行公务。

6.政府工作人员不得有意地作出束缚政府手脚的任何承诺。

7.政府工作人员不得假公职而谋私利。

8.政府工作人员应秉公办事,不得偏袒任何私人团体或个人。

9.政府工作人员应保护政府财产,不得将其用于未经授权的任何活动。

11.政府工作人员不得从事任何与政府公务职责有冲突的兼职或活动。

11.政府工作人员应向有关方面揭发浪费、欺诈、滥用职权和贪污腐化的行为。

12.政府工作人员应认真履行各项公民义务,包括法律规定的向联邦、州或地方政府纳税的义务。

13.政府工作人员应遵循为全体美国人民,不论其种族、肤色、宗教、性别、出生国、年龄、身体障碍,提供平等机会的所有法律和规章。

14. 政府工作人员应努力避免任何会造成违法或违背道德准则的印象的行为。①

(二)以政务信息公开为例阐述美国政府的社会责任

信息公开是一个全球化的趋势和要求,政府信息公开已经成为公共政策改革进程中越来越重要的一个话题。美国是世界上较早重视政务公开和开发利用政府部门信息的国家之一,在政府信息公开的理论与实践上也一直处于领先地位。政府信息公开的透明度和时效性,是检验政府社会责任的重要内容。

1.美国政府信息公开所遵循的基本原则

第一,三权分立原则。

美国的三权分立即立法、行政、司法三权分立,立法权由国会掌握,行政权归于总统,司法权属于联邦最高法院。三权分立是美国的一项重要制度,三权各司其职,相互独立,但又保持制衡。

国会掌握立法权,制定法律。国会由选民直接选举产生,只对

---

①王名扬:《美国行政法(上)》,中国法制出版社1995年版,第383页。

选民负责,不受行政机关的干预。为了保障国会能够独立的行使权力,不受总统的干预,宪法还设定了保障机制:总统无权解散国会,不能决定议员的工资待遇。在国会内部又进一步对权力进行了分配,国会由参议院和众议院组成。国会的权力体现在:制定法律权、修改宪法权、对总统、副总统的复选权及弹劾权等。

行政权由总统行使。总统由选民选举产生,只对选民负责,不对国会负责。国会不得增减总统的报酬,非经审判定罪不得罢免总统。总统的主要权力体现在:统领陆海军,对外缔结条约,宣布缓刑和特赦,任命大使、公使、领事、最高法院的法官等官员,签署或拒绝签署国会通过的法案。

司法权由联邦最高法院以及国会随时下令设立的低级法院来行使,最高法院有终审权。联邦法院的法官均由总统征得参议院同意后进行任命,法官只要忠于职守,可以终身任职,非经国会弹劾不能被免职。宪法对司法权适用的范围进行了界定:应包括在本宪法、合众国法律和合众国已订的及将订的条约之下发生的一切涉及普通法及衡平法的案件;一切有关大使、公使及领事的案件;一切有关海上裁判权及海事裁判的案件……另外,作为联邦最高法院还拥有一项重要权力——司法监督权。虽然在美国宪法中没有明确规定,但已经发挥了重要作用。为了保障三个权力行使的独立性,美国宪法还规定,这三个机关的官员在任职上应保持彼此的独立:任何一个机关的官员不得在任职期间担任另一机关的职务。

三权分立,三个部门相互监督,相互制约。只有最大限度地获取到其它两个部门的信息,了解到其它两个部门的不足,才能做到部门间的制约。

第二,联邦主义原则。

联邦主义是美国宪法的基本原则之一。

宪法中关于联邦与各州的关系规定了三条基本原则:其一,宪法第十六条规定,宪法、依照宪法所制订的联邦法律以及在联邦权力下已缔结和将要缔结的条约,均应成为全国的最高法律,即使与任何州的宪法和法律相抵触,各州法官仍应遵守。其二,宪法第一条第 8 款明确列举联邦国会拥有军事、外交事务、财政、州际贸易等方面的立法权和宣战权。其三,宪法第十条修正案规定宪法未授予合众国亦未禁止各州行使的各项权利,分别由各州和人民予以保留。以上各条款明确列举的联邦政府的权利,在合众国范围内这种权力是最高的,各州的宪法和法律如果与联邦的宪法、法律或订立的条约相抵触,前者均属无效;联邦政府的权利及其行使,虽然直接渊源于宪法的规定,无须像邦联条例规定的那样取得各州的同意,但也不能防范和限制各州权利的行使,各州在其范围内享有充分的管理权,各州政府的职能有完整运转的自由,各州只能在不违反联邦宪法、法律和条约的前提下行使其保留权利,但联邦政府也必须在确认各州自主的基础上行使其权利。①

根据联邦主义原则,联邦政府与州政府的权利分配客观上会促使联邦政府和各州政府公开信息,因为只有公开相关的信息,才能让联邦政府与州政府更好进行权力分配,从而行使权力。

第三,分权与制衡原则。

分权与制衡原则使立法权、行政权、司法权权力之间制约达到平衡。美国宪法的一个重要特点,就是运用了孟德斯鸠的"权力制约权力"理论,规定了三权之间的相互制衡,这种制衡强调相互

---

①马国泉:《美国公务员制和道德规范》,清华大学出版社 1999 年版,第 121—122 页。

性,而不是一种单向制约。立法权归于国会,行政权归于总统,司法权归于联邦法院。总统和国会之间,两院之间,司法与其他部门之间均构成制衡。

立法权和行政权相制衡。根据美国宪法的规定:众议院享有对包括总统在内的政府高级官员的弹劾权;对于总统提名的大使、公使及领事、最高法院的法官等拥有批准权;总统对外缔结条约,须征得参议院的同意;总统应经常向国会报告联邦的情况及有关措施。众议院对总统的弹劾权在一定程度上确实对总统有制约和监督作用。

司法权与立法权、行政权的制衡。美国宪法把司法权赋予法院。司法权尤其是要独立于立法权和行政权的,这也是司法独立和法治原则的基本要求。美国宪法为了保障法官能独立行使职权,规定法官只要能尽忠职守,应终身任职。司法权对立法权、行政权的制约体现在最高法院对总统和国会的司法审查权上。

由于不同政府部门享有的权力不同,一个部门就可以制衡其他部门。如果政府部门的信息不公开,就不能达到制衡的原则。

2.美国政府信息公开制度的内容

美国被认为是世界上信息公开制度最完善的国家,因此许多国家模仿美国的相关制度。除了美国宪法以外,美国的政府信息公开制度主要是由《信息自由法》、《政府公开法》、《隐私权法》和《2002电子政务法》构成。

首先是《信息自由法》。

1966年美国国会制订的《信息自由法》(即《情报自由法》)是一部规范政府机关公开文件、档案等信息的法律。它明确规定了公民的知情权。该法的基本精神和原则是:普遍原则。政府公开信息是普遍原则,而不公开是例外。对不公开的信息,行政机关首长必须说明理由。平等原则。人人都有获取政府信息的平等权利。救济原则。个人的知情权如果遭到不正当拒绝,他有权向法院起诉,寻求司法救济。该法律主要内容包括:

信息公开的范围:政府机关的行政规章、行政政策、行政命令、行政决定、行政裁决、各行政机构的职责、行政程序、各项管理标准的制定程序等,总之,除法定不公开的信息以外,都要公开。

法定不公开的信息:根据总统指令需要保密的国防和外交文件;纯属于行政机关内部的人事和工作制度文件;法律明确规定不向外提供的文件;贸易秘密、商业秘密、金融秘密;法定不得向局外人泄露的机关涉诉案件信息;人事、医疗档案,以及那些透露出去会明显侵犯个人隐私权的档案;为执法而制作的调查档案;金融监管机构的文件;地质资料和矿井地图。

政府公开信息和公众获取信息的途径。上述法定应当公开的信息、各行政机关的总部及在各地的分支机构、公众从该机构获取信息的地点和方式,都要刊登在《联邦登记》上,供人们查阅。公众可以向各行政机关检索和复制行政裁决书、《联邦登记》上未公布的政策说明、机关人员手册和与公共利益有关的守则、政府档案。

救济途径。公民向行政机关索取档案,被拒绝的,可以向该机关首长申请复议;公民对复议决定不服的,可以向法院起诉,法院优先审理此类案件。

在911事件后,美国又对《信息自由法》做了修改,主要是限制外国机构获取美国情报局的资料。2005年12月14日,布什总统签发了题为《提高机构信息公开》的第13392号总统令。该总统令进一步扩大了《信息自由法》的范围,建立了以公民为中心,以结果为目的的方式来完善信息公开。第13392号总统令要求任命首席信息自由执行官,相当于助理国务卿或同等职位。首席信息自由执行官将执行机构信息自由运行情况的评审,设立信息自由申请服务中心,以满足申请者的获取机构信息自由项目,设立申请者服务中心,以满足《信息自由法》规定的信息公开。此外,开设服务热线处理具体事务。总统令还任命一个公共联络员,负责处理公众在申请者服务中心遇到的问题,成立一个专门的机构来完善信息自由法项目。

根据《信息自由法》,联邦政府机关几乎所有的记录或者档案都必须以某种形式公开,除非被特别豁免或者排除。通常,不公开只能根据信息自由法所规定的九类例外,而这九类例外从性质上讲属于许可性规范而非禁止性规范,即有关行政机关可以不公开,但法律并不禁止有关机关公开这些信息,因此,即使是九类例外的信息,行政机关也可以将它们公开。如果申请人申请的材料属于信息自由法规定的下列九类例外之一,则政府机关可以拒绝公开政府文件。当然,如果公开政府文件并不会对国家利益或社会造成损害,政府机关也可以公开例外范围内的某些材料,但不能是国家秘密或商业秘密。

其次是《政府公开法》。

在20世纪70年代早期,为了回应水门事件,国会制定了《政府公开法》,这是一部规定美国合议制行政机关会议公开举行的法律。[①] 该法也弥补了《信息自由法》不包括会议公开的缺陷。依据该法,公众可以观察会议的进程,取得会议的文件和信息。该法于1976年9月13日由美国第93届国会参众两院通过,1976年国会修订《美国法典》第五编"政府组织与雇员"时,将其列为第552b

---

[①] 刘勇祥:《政府信息公开制度比较研究》,华东师范大学出版社2006年版,第115页。

节。该法要求政府会议必须向公众公开,公众可以观察会议和进程,取得会议的信息和文件,了解会议决策的程序。该法适用于任何合议制机关,包括经总统提名,参议院批准任命的机关。该法进一步拓宽了政府信息公开的领域。

《政府公开法》的主要内容有:

适用范围。该法规定:"行政机关是指……任何以两个或两个以上的成员为首的集体领导的机关,其中多数成员由总统经参议院同意而任命,以及被授权代表该机关的任何分支机构"。换句话说,会议公开制度只适用于委员会制(合议制)机构,如联邦证券交易委员会、贸易委员会、储备委员会等,而不适用于首长负责制(独任制)机构如外交部、国防部、司法部等。

会议公开。凡是符合该法条件的合议制行政机关的会议必须公开举行,允许公众观察。公众根据该法取得的观察权,包括出席、旁听和观看的权利,但不包括在会议上发言的权利。为保障公众的知情权、观察权,该法要求有关行政机关做到:(1)会前通告,即政府机构的会议安排、变更情况、会议通知、拟制定的规章等内容应提前一周在《联邦登记》或其他法定刊物上公布。(2)会场应选择适当的房间,以便容纳更多的群众。会议期间,允许公众或有利害关系的人旁听。会议的纪录以及有关决定允许公众查阅。

法定免于公开会议的情形:会议讨论事项涉及根据总统指令需要保密的国防机密或外交政策机密;会议讨论的问题纯属机关内部的人事规则;会议讨论的问题或文件属于法定保密事项;会议讨论的事项属于贸易秘密、商业秘密或金融信息;会议讨论控诉一个人刑事犯罪或者正式指控某人;会议讨论的问题属于个人性质,如果公开可能侵犯其隐私权;会议讨论的事项是为执法目的而制作的调查记录或相关信息,若公开可能干扰执法、侵犯个人隐私、暴露信息来源、危害执法人员生命安全;会议公开会泄露监管金融机构的行政机关的重要信息;会议讨论的信息过早地公开,可能导致经济上的投机、或严重危害金融机构的安全、或严重妨碍预定计划的执行,如监管货币、证券、商品或金融的机关;会议讨论的问题是关于该机关参与国内外的民事诉讼、仲裁,或关于一个正式程序的裁决。

司法救济程序。个人或组织认为合议制机关违反该法的,可以提起两种诉讼:一种是认为合议制机关制定行政规章违反《政府公开法》的,可以请求法院审查其合法性;二是认为合议制行政机关的某个具体行政行为违反《政府公开法》的,可以请求法院对其进行司法审查。

四是《阳光下的政府法》的诉讼。公民和组织如果认为合议制行政机关的行为与《阳光下的政府法》不符,可以提起两种诉讼:不服合议制行政机关为执行该法而制定的行政法规,请求法院审查该法规的合法性;请求法院审查合议制行政机关的某个具体的行政决定是否违反该法的规定。

五是向国会报告。根据本节规定,任何遵守本章的机构每年都要向国会报告机构会议公开和不公开的总数,不公开会议的原因和对机构的起诉,包括起诉的费用(是否由机构承担);根据本章第552条,个人目前的获取会议材料,包括笔录、记录和会议纪要的权利不得被侵犯;本节不任命任何权威阻碍国会信息的公布,也不影响根据其他法律要求公开的会议的不公开;不允许任何机构阻碍个人获取会议材料,包括笔录、记录和会议纪要。

1993年4月1日《阳光下的政府法》的修定要求前联邦政府高级成员离开联邦政府后也要留档,并且要定期向管理和预算局汇报。管理和预算局要向公众公开这些汇报报告。1993年10月11

日《阳光下的政府法》的修定要求前总统、前副总统、前联邦政府高级官员、前国会成员、前国会高级成员在离开政府后一段时间内要留档,并且定期向相关部门汇报。汇报的内容要向公众公开。对于不服从该规定的人员予以处罚。①

再次是《隐私权法》。

1976年国会颁行《信息自由法》后,法律中涉及到的隐私权问题日益受到公众质疑。出于保护公众,避免公众隐私权受到侵犯目的,1974年国会制定并颁布了《隐私权法》。该法保护联邦政府关于公众个人信息的记录,不准许受到保护的记录被不当公开。该法在记录未被限制的情况下,允许公众查看自己的记录,查看自己的记录是否被披露,以及检查这些记录是否正确。不是联邦政府维护的公众的个人记录(例如信息记录、银行账户和医疗记录等)不在该法保护的范围内,此外,联邦或地方的其他法律条款也保护涉及公众的非政府记录。②

《隐私权法》的主要内容包括:

一是透露的条件。没有与档案有关的个人的书面请求或者事先书面同意,任何机构都不得通过任何传递方法将档案系统中保有的任何档案向任何个人或者其他机构透露,但下列情况除外:①向保有该档案的机构中那些需要该档案以履行其职责的官员或雇员透露;②按本篇第552条的规定透露(第552条是美国《信息自由法》);③按照本条第1款(7)的定义和第5款(4)的规定,供常规使用透露;④为规划或实施人口普查,调查或者按第13篇的规定而进行有关的活动,向人口普查局透露;⑤档案查阅人事先向机构提供适当的书面保证,表示该档案只用于统计研究或者

---

① 吴敏:《美国政府信息公开法律制度研究》,2005年,硕士论文。
② 魏云:《政府信息公开制度比较研究》,2006年硕士论文。

报告记录,并且将该档案转换成不能识别特定个人的形式时,可向其透露;⑥因档案有充分的历史价值或者其他价值,确有必要由美国政府继续保有,或者为了让总务署长或其指定者做出评价,以确定该档案是否有这样的价值,向美国国家档案馆透露;⑦因采取民事或者刑事的执法行为,向其他机构或者向在美国控制范围内或者下属的任何政府管辖机构透露,但该执法行为须由法律授权,该机构首长或机关负责人并须向保有该档案的机构提出书面请求,详细说明所需要的特定部分以及为之查阅该档案的执法行为的情况;⑧根据所提出的影响某人健康或者安全的紧迫情况,将档案对他透露,但须按此人的最新地址发送通知书;⑨在其管辖范围内的国会务委员会或者小组委员会、各联合委员会或者各该联合委员会的小组委员会透露;⑩在会计总署履行职责过程中,向审计长或其授权的代表透露;按照有权管辖的法院的命令透露。

二是特殊透露的记述。每个机构对它控制下的档案系统,必须做到:①除按本条第 2 款(1)或者第 2 款(2)所作的透露以外,保存下列准确记述:按本条第 2 条向某人或者其他机构每次透露档案的日期、性质和目的以及向其透露档案的人或者机构的姓名(名称)和地址;②按本款(1)所作的记述,在所记述的透露做出以后,至少保存 5 年,如该档案的存续时间长于 5 年,则保留到该档案注销为止;③除按本条第 2 款(7)所作的透露以外,按本款(1)所作的记述;凡经档案中提到的个人请求,即予以提供;④保有档案的机构按本条第 4 款对档案发生争议所作的更正或不释,所据透露作了记载,即通知曾经向其透露该档的人或者机构。

三是查阅档案。凡保有档案系统的机构都应当:准许任何个人提出的查阅档案系统中他的档案或者有关他的情况的要求,并且根据他的请求,在他自己挑选的一个人的陪同下查阅档案,并且以他所能理解的形式复制档案的全部或一部分,但是该机构可以要求此人提供一份书面声明,同意在陪同人在场时讨论其档案;允许此人提出修改与其有关的档案的请求;并且自收到该请求之日起10天之内(星期六、星期日和法定公共假日除外),书面告知收到了请求;立即完成下述事项之一:对此人认为不准确、不恰当、不适时或者不完整的部分进行更正;通知此人,拒绝按其请求修正档案,说明拒绝理由,并且告以本机构规定的复查程序,可以由此人提请该机构首长或者其指定的官员复查该拒绝行为,并且告以该官员的姓名和办公地址;准许不同意该机构拒绝修改其档案的个人提出复查的请求,自提出复查请求之日起30天内(星期六、星期日和法定公共假日除外),完成此项复查工作并且做出最后决定,但如果表明有充足理由,该机构首长可以延长上述30天的期限;如果复查后该复查官员仍拒绝按所提请求修正有关档案,则准许此人向该机构提出一份简要声明,陈述他不同意该机构的拒绝行为的理由;并且通知此人,根据本条第7款(1)的规定,该复查官员做出的决定还可由司法部门审查:本款(3)规定的声明归入档案后,凡透露含有此人已提交的一项不同意的声明的信息时,必须清楚注明档案中有争议的部分,并且附上该声明的复印件,如果该机构认为适当,还可以附一份说明该机构未按请求进行修正的理由的简要声明,提供给曾经向其透露该有争议档案的人或者其他机构;本条并未允许任何人查阅为合理的预先准备某一民事案件或者民事程序所收集的信息。

最后是《2002电子政务法》。

为了推动联邦政府机关更广泛地使用因特网为公众提供信息和服务,2002年美国国会制订了《2002电子政务法》。该法要求政府机构将自己的行政行为最大限度地在因特网上公开。几年来,美国联邦政府各部门的行政许可、公共工程招投标、政府采购等活动都在网上进行,既加大了行政行为的透明度,保证了公民的知情权和监督权,也提高了行政效率,减少了腐败问题的发生。《2002电子政务法》的主要内容:

推行电子政务的组织和财政保障。该法规定,在总统管理和预算办公室(OMB)内设立新的电子政务办公室,由总统任命一名局长(副部级),协助OMB主任实施电子政务计划,协调各机构之间的关系,监督电子政务法的落实。该法授权拨款在总务管理局(GSA)内设立电子政务基金,4年(2003—2006)共3.45亿美元,用于支持跨部门电子政务协调计划。

网页指南与个人隐私的保护。该法要求电子政务局局长为联邦政府机构制定有关的基本标准。在征求公众意见后,各机构确定哪些类型的政府信息上网,并为此编制出日程表。该法规定,各机构必须在网站上刊登关于保护个人隐私的政策声明。各机构在开发或引进信息系统,或启用新的因特网收集涉及个人数据资料计划之前,要进行个人隐私和影响评估。

信息人才储备与信息安全。该法责成人事管理办公室通过与OMB、信息官员理事会(CIO)及GSA协商建立信息技术培训中心,负责政府对信息人才需求的分析、教材编写和人员培训。为此,该法授权拨款700万美元用于此项计划。该法授权联邦政府,为保护政府计算机网络安全采取必要措施。

保障残疾人上网。1998年美国国会在《康复法》修正案(508条款)中要求联邦机构网站对残疾人开放,排除技术上的障碍,使残疾人获得上网的权利。该法重申了508条款。

总之,这四部法律实际上就包括了美国政务信息公开的全部内容:政府信息公开制度、政府会议公开制度、保护个人隐私权制度和电子政务制度。

3.政府信息公开制度中的政府社会责任

政府信息公开的目的是为了提升政府的社会责任意识。把政府信息置身于社会监督之下,是对人民群众知情权的尊重,有利于消除人民群众怀疑的空间,更是促进政府依法行政,建立廉洁、透明、诚信的责任政府。信息公开的背后是公民权利的提升,是信息自由的伸张,更是全面监督政府的开始。

政府信息公开是法治国家的政府责任。要规范政府的权力运行,就必须旗帜鲜明地推行政府信息公开、政府事务公开,让权力在阳光下运行,自觉接受群众监督。信息公开最基本的根据在于民众有知情权。美国的政府信息公开立法过程就是围绕公民的知情权展开的。1945年,美联社执行主编库珀撰文指出,人民有权知道政府的运作情况,政府如果封锁信息,那除了选举权,公民的其他各项政治自由其实都没有保障,所以知情权是一项基本的公民权利。美国的政府信息公开运动也是在这个时候由新闻记者发起的。1953年,在新闻界的强烈要求下,国会开始草拟《信息自由法》,1966年,国会参众两院终于以压倒性多数通过《信息自由法》。

政府信息公开,明确公开的标准和范围,有所公开有所不公开,这是政府社会责任的重要内容。政务公开的范围是政务公开中一个最基本的问题,现行制度关于政务公开内容、范围的规定不完善,缺乏明确的标准。导致国家机关在具体实施政务公开的过程中享有较大的自由裁量权,从而拒绝向公众提供本应公开的信息。对此,美国采用的是列举公开的事项,明确规定了联邦政府机关必须公开的政务信息。一是明确行政主体应当公开的内容:①行政法规、规章等规范性文件;②行政主体的机构设置、人员编制、职责权限以及办事规则;③行政主体的相关工作人员的录用、考核、奖惩、任免以及相当级别公务员的收入;④行政主体的财产收支情况;⑤行政执法依据、程序、时限、认定事实、救济途径等;⑥其他重大行政事项以及决策过程。二是明确不予公开的内容:①国家秘密;②商业秘密;③个人隐私。

公开形式多样化,接受民众监督,建立和完善政务公开的监督制度,这是政府承担社会责任的另一项重要内容。实际上,政府信息公开,本身就是政府承担社会责任,接受民众监督的表现。因为信息公开越及时越全面,谣言产生的可能性和传播范围越小,对社会经济造成的负面影响也就越小,政府在应对和处置困难与问题时就能得到民众更多的支持。

三、新加坡:全面介入社会保障领域

(一)新加坡的行政问责制度

行政问责制度,指对政府及其官员的一切行为和后果都必须而且能够追究责任的制度。

新加坡的行政问责制将解决行政效能、行政问责和廉政建设融为一体,从法律制度入手,设立相应机构处理问责事物,到教育发动民众,再到全社会共同努力,取得了一定成就。

1.新加坡政府机构设置

相较于其他国家,新加坡的政府机构设置相对比较简单。新加坡中央政府机构包括各部门16个,具体是总理公署部,通信和信息部,文化、社区和青年部,国防部,教育部,财政部,外交部,卫生部,内政部,司法部,人力部,国家发展部,社会和家庭发展部,环境和水资源部,贸易和工业部,交通部。法定机构有65个,包括会计与企业管制局,科学、技术和研究局,农业食品与兽医局,建

筑师委员会、建设局等。这些部门共同履行政府的经济发展、基础设施建设等责任。

新加坡设定法定机构的机制，一方面适应了国家行政职能增加的需要，另一方面又保证了政府机构的精简。

在美国商业环境调查机构发表的《1995年最具效能的政府》调查报告中，新加坡得到87分，高居榜首。在柏林的国际透明度调查机构发表的《1996年世界各国贪污观察指数》调查报告中，对世界各国的廉洁程度进行了排名，新加坡排名第七。"2001年4月7日，总部设在香港的政治及经济风险咨询机构发表的最新调查结果显示，在政府的稳定程度、政府的领导素质与政治制度的风险评分上，新加坡在亚洲国家中名列第一"。①

2.新加坡公务员制度②

新加坡的公务员制度是在殖民地时期的行政体制上发展起来的。1842年，新加坡沦为英国的殖民地，英国按照自身发展模式，逐步将立法、行政、司法等机构模式移植到了新加坡。二战后，英国政府又进一步完善了新加坡的行政体制。理性与法治、民主政治与精英治理等西方政治文明理念开始在新加坡生根发芽。1965年独立后，面对人口异质性强、文化背景多元、对国家认同度低等特点，新加坡第一代领导集体开展了一系列反对全盘西化倾向、捍卫亚洲价值观的运动。在1982年农历新年献词中，新加坡前总理李光耀号召新加坡人保护和弘扬儒家道德传统，大力提倡培养新加坡人的职业道德，并把道德规范纳入公务员的行为体系和考核范围，力图用东方儒家伦理道德陶冶公职人员的品德，通过树立公职人员公正廉洁的形象来促进社会道德水平的提升。

①鲁虎：《列国志·新加坡》，社会科学文献出版社2004年，第81页。
②崔冰："新加坡的公务员制度及其启示"，《人民论坛》，2012年4月。

20世纪80年代以来,在席卷全球的公共管理运动中,新加坡再次对公共行政进行了一系列改革。其中,最重大的改革是1995年5月开展的"面向21世纪的公共服务"运动,由直属于总理公署的专门办公室负责指导和推进。通过这场运动,随意浪费现象大量消除,公共服务绩效大幅提升,一支反应迅速、责任心强、精益求精的公务员队伍开始在新加坡建立起来。

3.新加坡行政问责制度的具体内容

新加坡政府将行政问责、提高政府效能和反贪结合起来,不断探索有益的制度设计,制定法律规范,并完善政府机构,使行政问责制度逐渐固定下来。

第一,法律和制度设计层面。

新加坡的法律制度是比较完善的,因为有效的行政问责必须有严密的法律与之配套,这样才能促进国家的进步。新加坡的法律制度是建立在英国的法律制度的基础上的,这包括了英国的习惯法和衡平法。所以,新加坡法律制度中的法律原理、法理学、法律组织的结构、法律门类的原则及法庭程序等都和英国的相似。但是,新加坡的法律制度又并非完全照搬英国,而是依据国情在尊重旧法规的基础上逐步进行改革,使原有的适应社会发展需要的旧法规能够继续服务于社会。

新加坡在"接收"英国法律方面主要采取接纳和重新制定两种做法。接纳英国法的条件包括:只有英国法中的社会政策和其实施可以接纳;英国法的接纳不得违反本国的制定法、风俗习惯和宗教。如公司法、合同法、银行法等。但是,英国法中不适用于新加坡的,需要重新制定,如票据法、受挫合约法、诽谤法等。在此基础上新加坡对英国的法律制度也进行了不少改革,1970年新加坡取消了陪审员制度,并在1994年取消了英国枢密院作为最高上诉机构的制度。

除了英国法之外,新加坡的法律制度也采纳其他国家的法律,如新加坡的刑法、证据法和刑事诉讼程序法主要是取自印度;新加坡的土地注册制度是模仿澳大利亚的土地注册制度;新加坡的公司法也是学自澳大利亚。自从新加坡成为独立自主的国家之后,其法庭订立了数量可观的判例法,即法官造法。

法律一旦被制定,就必须要遵守。尤其在社会遇到问题和困难的时候,更应当加强法律规范对人们行为的约束作用。除了将英国法的法律规范接纳和重新制定,使其富有新加坡特色外,新加坡还把我国传统儒家文化强调的伦理规范灌输到公民的行为规范中,认为人与人之间的关系应该是"夫妇有别,长幼有序,朋友有信"的关系。这样新加坡就在外在的法律规范和内在的道德自省的综合作用下形成了一个讲法律、讲道德、重秩序的社会,为法治社会和责任政府的形成创造了一个良好的氛围。

到目前为止新加坡已建立了较完备的法律体系。法律体系的完善,是行政问责制即政府能够行使社会责任的重要前提。

第二,政府机构层面。

为保证行政问责制的实行,1952年,新加坡成立了贪污调查局(CPIB),这是新加坡反贪污的执法机构,前身是新加坡警察署刑事侦查局(CID)中的反贪处。CPIB成立初期,贪污现象积重难返,腐化已成为一种生活方式。制定于1960年的《防止贪污法》赋予CPIB极大的权力,并规定了保障这些权力行使的具体措施。此后又根据实践的需要多次对《防止贪污法》进行修订,不断扩充CPIB的职权,强化反贪污的侦查职能及手段,使CPIB逐渐成为一个强有力的反贪执法机构。1970年起,新加坡贪污调查局直接隶属于总理公署,其局长由总统根据总理的提名任命,工作由总理直接领导,对总理负责。

新加坡问责部门主要是与解决政府效率低下、腐败横生、政府不承担社会责任相联系的。新加坡人民行动党执政之前,新加坡面临着复杂的社会矛盾、冲突和严重的外部压力,社会秩序极为混乱,犯罪分子活动猖獗,腐败和政府低效率非常严重,主要表现在三个方面:官员们利用手中的权力为自己敛财,与黑社会勾结,贪污腐败之风"像一股腥味四溢的浊流一样到处蔓延";"有的官员则生活腐化,沉溺于豪华娱乐场所;官员们对分内的工作讨价还价,挑肥拣瘦,争着去干有利可图的工作,而重要但是不能给个人带来黑色收入的工作则无人去做"。①

李光耀对这一状况曾经指出:"腐化到处盛行,从官僚政权的最高级到最低级,腐化已成为当权人物的一种生活方式。""我们处在贪污已成为生活方式的地区中。贿赂是有等级规定的,给你这样的方便,你只需付两角钱,那样是四角钱,还有其他是两块钱。每一样都有定价。这是你们所知道,我也知道的。这在我们的周围已成了风尚,我们不得不深入了解这件事……我们正在认真考虑在法律上作一些革新,因为贪污可能将会成为一个主要问题。"②这些都严重地影响了政府承担责任。"在没有贪污调查局的时候,任何有关腐败和问责等的申诉、所有新加坡的反贪污查处工作都是由警察部队中的反贪污小组负责"。③

但是,警察部队中的反贪污小组工作效果不太理想。后来成立的贪污调查局有两个突出的特点。一是高效率。新加坡特别强调CPIB查案的行动效率,"通过迅速和肯定、坚决但公正的行为取缔

---

① 郑维川:《新加坡治国之道》,中国社会科学出版社1996年版,第47页。
② 郑维川:《新加坡治国之道》,中国社会科学出版社1996年版,第250页。
③ 刘国雄:《新加坡的廉政建设》,人民出版社1994年版,第33页。

贪污罪行"是 CPIB 的使命和宣言。二是独立性。CPIB 的独立性表现在既是行政机构,又是执法机关,直接隶属于总理公署,局长由总统根据总理的提名任命,工作由总理直接领导,对总理负责;享有广泛的职权,在反贪过程中不必借助警察局等执法机关的力量,就能够独立地对贪腐案件进行立案和侦查。尤其是 1960 年制定的新加坡《反贪污法》对贪污调查局的职责和体制进行了很大修改,赋予了贪污调查局许多特权并改善了贪污调查局本身的领导指挥机制,大大加强了贪污调查局在反腐败和行政问责中的作用,为贪污调查局在后来的廉政建设和行政问责中屡建奇功奠定了基础。

(二)新加坡的社会保障制度[①]

1.社会保障制度的建立与发展

任何国家的社会保障都是建立在本国特定的社会政治制度、经济发展水平以及传统文化基础之上,并受一定的理论原则指导的。新加坡社会保障制度的建立同样如此。20 世纪 50 年代,新加坡面临着严重的社会问题:失业、住房紧缺、缺乏必要的社会保障体系,绝大部分国民没有养老保障。但是,处于经济发展初期的新加坡并没有照搬欧洲福利国家的社会保障制度,而且新加坡认为过分的社会福利会让人民产生对政府的依赖。因此,新加坡在考察本国国情的基础上,建立起独具国情特色的社会保障体系。

新加坡政府社会保障体系由社会保险和社会福利两部分组成。其中,社会保险是由国家强制实施个人储蓄的中央公积金制度构成,是新加坡社会保障体系的主体部分;社会福利是指政府对无法维持最低生活水平的成员给予救助,如对低收入家庭发放

[①] 本部分内容摘自 http://www.chinareform.org.cn/society/ensure/Experience/201007/t20100708_33019.htm

住房补贴、生活救济和救助金等,它是社会保障制度的辅助部分。

1955年7月,中央公积金制度正式建立并实施,同年成立了专门负责管理公积金的中央公积金局。建立中央公积金的最初目的是通过公积金这种强制储蓄制度,预先筹集个人养老资金以解决国民的养老问题,为雇员退休后或不能继续工作时提供一定的经济保障。

1965年新加坡独立以后,为适应社会和经济发展的变化,在公积金的使用范围和用途上进行了积极的探索,不断调整放宽对公积金用途的限制,扩大了公积金的社会保障功能。

1968年9月,新加坡政府推出了"公共住屋计划",允许会员退休前支取公积金存款购买政府建造的组屋,标志着中央公积金的使用范围开始放宽。此后陆续推出了医疗保健、家庭保障、教育、投资理财等一系列保险计划。

这样,中央公积金制度就由最初的仅提供退休养老保障,发展成为集养老、医疗、住房、家庭保障、教育、资产增值等多功能为一体的综合性社会福利保障体系,其社会保障功能愈益显现出来,成为一项行之有效、成绩卓著的社会保障制度。

2.社会保障制度的主要内容

新加坡的社会保障制度即中央公积金的管理体制,具体内容包括养老保障制度、医疗保障制度、低收入者住房保障制度、教育保障制度、家庭保障制度和投资计划等。

中央公积金的管理体制是新加坡社会保障制度的特色和亮点。严格规范、富有成效的基金管理是新加坡公积金制度成功运行的重要保障。1953年颁布的《中央公积金法令》以及后来逐步颁布的与之相配套的法律法规,确保了整个公积金制度在严格周密的法律规范下有条不紊地施行。新加坡的公积金制度实行会员制，即所有受雇的新加坡公民和永久居民都是公积金局的会员，无论是雇主还是雇员都必须按雇员月薪收入的一定比例缴交强制性的公积金，公积金局每月收缴的款项经过计算记入每个会员的个人账户中，专户专储。作为公积金制度的管理机构，中央公积金局以国家立法为前提，在劳工部制定基本方针政策的基础上，负责整个公积金的管理运行，对公积金实行规范化、制度化和企业化管理。这包括公积金的汇集、结算、使用和储存等，对公积金的管理独立于新加坡政府的财政之外，单独核算，自负盈亏。公积金各项费用的收支、管理、运营的情况透明度很高，有利于监督、管理和宏观调控。因此，尽管中央公积金规模庞大，提供的服务众多，管理难度很大，但中央公积金管理局却以其健全的职能、科学的管理以及高效的服务赢得了信誉与成功。一直以来，基金管理规范，运作良好。

一是养老保障制度。退休养老是中央公积金制度设立的最先动因，也是这一制度最基本的功能。早在1955年7月，中央公积金局便推出了养老储蓄计划。新加坡的养老保险采取全部缴纳的制度，即雇主和雇员分别按一定比例为雇员存储退休金。当公积金会员年龄达到55岁并且退休账户达到最低存款额这两个要求后，可一次性提取公积金。2007年，新加坡对中央公积金制度进行改革，将提取公积金的年龄由1955年设立中央公积金制度时规定的55岁延长到2012年的62岁，并将延长到2018年的65岁。若最低存款未达到规定数额，可选择推迟退休以继续增加公积金账户积累，或用现金填补差额，或由其配偶、子女从各自的公积金账户中转拨填补。政府鼓励已达退休年龄但身体健康的会员继续工作，以使他们积蓄更多的公积金存款。随着中央公积金使用范围的逐步放宽，为避免公积金过多用于住房、医疗、教育等其他项目支付而影响养老金的积累,确保会员有足够的存款保障晚年生活,1987年中央公积金局推出"最低存款计划"。规定公积金会员在年满55岁提取公积金存款时,必须在其退休账户中保留一笔存款作为最低存款。此外,新加坡政府还利用东方人孝文化的传统道德,在养老保险上注重家庭养老保险。1987年,中央公积金局同时推出了"最低存款填补计划",规定公积金会员可在父母年龄超过55岁而公积金存款少于最低存款额的情况下,自愿填补父母的退休户头,填补金额是最低存款额和他的父母年龄达55岁时退休账户结存额之差。从1995年7月起,会员也可以为配偶填补,以保障其晚年生活。

二是医疗保障制度。新加坡的医疗保障制度是世界上最为完善的医疗保障制度之一。20世纪80年代以来,中央公积金局制定了多项医疗保健计划,主要包括"保健储蓄计划"、"健保双全计划"和"保健基金计划",简称为"3M"计划。

"保健储蓄计划":1984年4月,公积金局推出"保健储蓄计划"。在该计划下,公积金会员每月须把部分公积金存进保健储蓄账户。缴费比例因投保年龄不同而不同,年龄越大,相应缴费比例越高。公积金会员可以动用保健储蓄账户的存款,为本人或是任何一个直系亲属如配偶、子女、父母和祖父母支付在当地的医疗费用,主要支付公立医院和获准私人医院的住院费和某些门诊费。1992年7月,公积金局还推出自雇人士保健储蓄计划,以保障自雇人士在急需时有能力支付其医疗费用。

"健保双全计划":"保健储蓄计划"对发生一般医疗费用的居民来说已经能保障,但对因患重病和慢性病等花费多的国民来说,账户资金可能不够。为此,从1990年7月开始,公积金局又实施了"健保双全计划"。这是一项大病医疗保险计划。它允许会员以公积金保健储蓄账户的存款投保,确保会员有能力支付重病治疗和长期住院而保健储蓄不足的费用。自 1990 年开始,所有 75 岁以下的保健储蓄储户除非选择不参加这项医疗保险,否则都被自动纳入该保险计划内。1994 年 7 月,公积金局又推出了"增值健保双全"计划。与"健保双全计划"相比,"增值健保双全计划"须缴付的保费稍高,相应的支付待遇也较高。

"保健基金计划":尽管"保健储蓄计划"和"健保双全计划"覆盖了绝大多数新加坡人口,但仍有少部分贫困国民无力支付医疗费。为此,1991 年新加坡提出了由政府拨款建立专项基金的设想。1992 年 1 月,《医疗基金法案》获议会批准。1993 年 4 月,医疗保健基金正式设立,以援助在"保健储蓄计划"和"健保双全计划"外仍无法支付医药费用的贫病者,实际上是对他们实施医疗救济。上述三重医疗保障安全网,确保了新加坡国民获得基本的医疗保障。

三是低收入者住房保障制度。新加坡是一个城市国家,国土面积狭小而人口密度很大。1959 年自治时面临着严重的"屋荒",当时 200 万人口中有 40%的人居住在贫民窟和窝棚内,恶劣的住房条件导致公共卫生状况恶化和一系列社会问题,成为社会不稳定的重要因素。为解决居住及其引发的社会问题,1960 年新加坡政府宣布成立建屋发展局。1964 年又推出"居者有其屋"的政府组屋计划。其具体做法是:

第一,政府主导组屋的开发与建设,提供强有力的土地和资金保障。新加坡是市场经济国家,但住房的建设与分配并不完全通过市场来实现,而是由政府主导。新加坡政府十分明确自身在解决住房问题上的责任,制定了符合其国情特点的住房政策和分阶段建房计划,采取了一系列行政、法律、金融和财政手段,大规模兴建公共住房。土地是国家财富之源,也是组屋建设的基础和命脉所在。1966年,新加坡政府颁布了《土地征用法令》,规定政府有权征用私人土地用于国家建设,可在任何地方征用土地建造公共组屋;政府有权调整被征用土地的价格。根据该项法令,新加坡政府协助建屋发展局以远低于市场的价格获得土地开发权。在资金方面,新加坡政府以提供低息贷款的形式给予建屋发展局资金支持,支付大笔财政预算以维持组屋顺畅运作。此外,为保障普通老百姓能够买得起组屋,其售价是由政府根据中低收入阶层的承受能力来确定,而不是靠成本来定价的,因此远远低于市场价格,并造成建屋发展局的收支亏损。这部分损失,政府核准后每年都从财政预算中给予补贴。据统计,从政府开始拨款计算,至今累积的政府补助金总额已达159亿新元。政府财政支撑是新加坡组屋政策得以顺利实施的重要保障。

第二,实行"公共住屋计划"。为解决低收入者无力购房的难题,1968年9月,中央公积金局推出了"公共住屋计划"。在这一计划下,低收入会员可以动用其公积金普通账户的存款作为首期付款之用,不足之数由每月交纳的公积金分期支付。如果普通账户的存款不足支付,可向建屋发展局贷款,用将来的公积金来偿还。

第三,以家庭收入水平为依据,实行公有住宅的合理配售政策。自1968年新加坡大力推行政府组屋出售政策以来,购房者日益增多,如何搞好公房合理配售,保障低收入家庭的合法权益,确保住房分配的公平、有序,成为建屋发展局的重要课题。为此,新加坡政府制定了缜密而严格的法律法规,对购房人条件、购买程序、住宅补贴等均作出严格规定,按照公平原则进行合理分配。政府制定了不同收入水平居民的购屋准入政策,并随着生活水平的提高不断调整收入上限。在20世纪70年代,规定只有月收入在1500新元以下者才可申请购买组屋;80年代提高到2500新元,随后到

3500新元,目前放宽至 8000 新元,以接纳更多人购买。这样基本保证了 80%以上中等收入的家庭能够购买到廉价的组屋。

第四,出台法律严格限制炒卖组屋,确保组屋政策顺利实施。政府采取了一系列措施严格限制炒卖组屋的行为。建屋发展局的政策定位是"以自住为主",限制居民购买组屋的次数。规定新的组屋在购买五年之内不得转售,也不能用于商业性经营。如果确实需要在五年内出售,必须到政府机构登记,不得自行在市场上出售。一个家庭同时只能拥有一套组屋,如果要再购买新组屋,旧组屋必须退出来,以防投机多占,更不允许以投资为目的买房;等等。由于严格执行了上述一系列措施,新加坡政府有效地抑制了"炒房"行为,确保了组屋建设健康、有序地进行。据建屋发展局的最新统计,自 1960 年以来,建屋发展局共兴建组屋 990320 套,目前约有 82%的新加坡人口居住在政府组屋中,[1] 组屋政策真正成为"普惠性的政策"。

四是教育计划。1989 年 6 月,中央公积金局推出教育计划。会员可动用其公积金户头里的存款,为自己或子女支付全日制大学学位或专业文凭课程的学费。可动用的款项是扣除最低存款额之后总公积金存款的 80%。学习毕业后一年需还本付息,分期付款的最长年限为十年。这项计划使公积金功能扩大到教育保障,有利于国民教育水平的提高,促进了新加坡教育事业的发展。

五是家庭保障制度。1982 年 1 月和 1989 年 5 月,中央公积金局分别推出了"家庭保障计划"和"家属保障计划"。"家庭保障计划"的目的是保障公积金会员和他们的家庭在遭遇意外或失去工作能力时,避免因为没付清住屋贷款而失去住屋。在"家庭保障计

---

[1] 详见新加坡建屋发展局网站 http://www.hdb.gov.sg/。

划"中规定,凡会员动用公积金存款购买政府组屋、中等人息公寓,均须购买抵押递减保险(保费的多少是根据未付清住房贷款、需偿还年限和利息等来计算的),以确保当会员遭遇意外时公积金局代其付清剩余的房屋贷款。而"家属保障计划"是一项为60岁以下会员而设的定期人寿保险计划。如果会员在保障期间逝世或是终生残疾,他们的家属就会获得相应赔偿,以协助其渡过难关。

六是投资计划。中央公积金局还实施了一系列投资计划以促进公积金资产的保值增值,如"新加坡巴士有限公司股票计划"、"非住宅产业计划"、"基本投资和增进投资计划"、"填补购股计划"等。会员可以自主选择投资于各种类型的金融工具,包括股票、基金、政府债券、房地产、保险等,也可以委托政府进行管理获取稳定的收益。公积金局在鼓励会员积极参加国家建设投资的同时,为降低投资风险,还订立了一系列核准投资保护办法,以防会员的辛苦积蓄付之东流。公积金存款大部分用于购买政府发行的公债或部分能确保收益的股票,并以政府实际持有的资产储备作担保。

(三)新加坡社会保障制度中的政府社会责任

新加坡社会保障制度是不同于西方福利国家的、富有城市国家特色的社会保障制度。在这一制度中,政府的社会责任主要体现在以下方面:

1.社会保障由政府责任为主逐渐转向个人责任

和英国类似,新加坡政府也主张将政府和民众融合在一起。新加坡政府主张"人民的事由人民自己掏钱",从保障资金的来源上强调个人对自己的福利保障承担足够的责任。新加坡实行的社会保障制度,是以中央公积金制度为主体的社会保障制度。它规定雇主和雇员都必须以薪金为基数,按照法定的公积金缴纳率将公积金存入雇员的公积金账户,作为雇员养老、医疗、住房、保险和教育等方面的支出。这一制度让新加坡公民相信,靠自己勤奋工作增加收入才是最可靠的保证,因为收入越高,公积金提取额就越大,其个人公积金账户积累越多,各种福利才更有保障。这就从根本上弱化了人们对政府的依赖,强化了人们自主自立的精神。

新加坡政府认为,政府固然重要,但很多时候个人也可以解决很多问题,在政府让渡权力和授权于民的过程中,个人会拥有越来越多的掌控力。因此,新加坡社会保障制度的一个突出特点是强调个人责任,建立分担机制。

政府并非大包大揽,但也绝非推卸管理社会责任,而是从发挥政府、个人和社会三者的积极性出发,政府有所为有所不为,积极介入,在以政府责任为主的传统社会保障中强调更多的个人责任。

2.在政府承担社会责任的领域更关注公平和效率之间的关系

一方面,政府社会责任方面要首先强调公平。李光耀强调指出:"如果从工作和进步中所取得的成就和利益,没有公平地让全体人民分享,我们就不会得到他们全心全意的合作和参与","不能听任自由竞争造成社会不公引致局势紧张"。[①]

另一方面,效率是社会发展的根本,"重新分配不能过头,以致造成浪费和滥用,卓越者不再奋发图强"。[②]我们在新加坡很多

[①] 新加坡《联合早报》编:《李光耀40年政论选》,现代出版社1996年版,第154页。
[②] 《经济腾飞路:李光耀回忆录(1965-2000)》,外文出版社2001年版,第102页。

福利政策上都能看到效率的影子。例如在政府医疗津贴的使用上,政府一方面注意提供基本的保障,另一方面又反对浪费。他们规定,政府对公立医院按病房等级提供医疗津贴,病房等级与医疗津贴成反比。而住房保障制度在对社会较脆弱阶层给予补贴、满足了中低收入人群的基本居住需求、实现了"居者有其屋"的同时,也不是人人享受同样的福利、买到同样的房子,而是根据自己的能力来选择购买大小、档次、舒适程度不同因而造价也不同的住房。

鉴于此,新加坡政府虽然主张通过国家的力量给予低收入阶层一些照顾,扶弱济困,以缩小社会的贫富差距,但却反对实行欧洲福利国家的社会福利制度,以避免"泛福利"现象的发生。

第三章　政府社会责任的主题

2010年,英国首相卡梅伦提出"大社会"计划,按照计划,政府将会把更多的权力和资金下放给社区、慈善机构和公众,让他们承担更多责任,以增加公共服务的效率及转变政府的管理方式,建立一个"更大、更强的社会"。此后,关于"大社会"的项目和政策陆续推出。

卡梅伦主张给民众更多权力,让他们承担更多社会责任,这一主张实行以来,毁誉参半,既有"大社会"计划的忠实拥趸者,认为这是转变政府职能、构建服务型政府的有效出路;也有持不同意见者,认为"大社会"计划根本就是不切实际的理论,在资本主义国家根本不可能实现。但是,无论学术界和民众是否认同"大社会"的主张,这一主张却向我们传递着这样的信息,那就是,要正确处理和认识政府的社会责任与公民、企业、非政府组织等机构的关系,协调好政府承担社会责任和公民参与、企业和非政府组织社会责任之间的关系,才能更好地发挥政府作用,履行政府职能。

第一节　政府的社会责任与公民

一、培育公民参与的意愿和能力

(一)公民参与的内涵

1.广义的公民参与概念

早在19世纪30年代,历史学家托克维尔考察美国社会政治生活后,写下《论美国的民主》一书,他在书中指出,参与社会管理、平等行使政治权利是民主社会的重要特征,他认为公民参与是19世纪美国参与式民主制获得成功的主要因素,活跃的公民参与能够使社会充满生机与活力。

20世纪60年代以后,公民参与作为美国社会与政治变迁的重要问题,引发了学界的广泛关注。斯科克波与菲奥里纳主编《美国民主的公民参与》,概括了公民参与的三种理论模式。第一种模式是社会资本理论。该理论认为可以通过个体之间的合作,共同参与集体社会行动,产生社会信任,形成社会资本。小范围小群体的社会信任积聚,形成互惠合作的规范网络,可以扩展到对政府的信任,从而产生正确的、有利于绝大多数民众的公共政策,从而带动经济增长。概括起来讲,社会资本理论认为个体公民关心公共事务并形成互惠合作的规范网络是公民参与的前提条件与基本特征,活跃的公民参与是推进民主政治与获得良好制度绩效的有效保证。第二种模式是理性选择理论。该理论并不认同公民参与和社会福利成正比,因为参与政治活动的积极分子并不能代表普通人的心声，相对于个人参与公共事务就能带来社会福利的增加这一逻辑，这一理论更关注的是公民参与过程中所隐藏的社会问题。第三种模式，历史—制度主义理论。这一理论认为一方面，公民具有主动参与公共事务的兴趣与能力；另一方面，制度背景影响什么人参与以及如何参与，这是一个双向互动的过程。

一般而言，所谓公民参与，也称公共参与、公众参与，是指公民通过一定的参与渠道，介入社会公共事务以影响公共决策和公共生活的过程。公民参与是现代民主政治的题中应有之义，是政治发展的标尺和政治系统良性运转的前提，也是政府决策科学化民主化、承担社会责任的必然要求。

公民参与的主体是拥有参与需求的公民，既包括作为个体的公民，也包括由个体公民组成的各种民间组织。狭义的公民参与主体仅仅指作为个体的公民，广义的公民参与主体是包括个体公民、民间组织如社区等在内的共同体。我们这里所说的公民参与的主体，指的是广义的概念。

2.公民参与的意义

公民参与对政治发展而言，意义重大。因为公民参与是民主政治的核心问题之一，无论对政治国家，还是公民社会，公民参与都是实现善治的必要条件。[1]

第一，公民参与是实现公民权利的基本途径，有利于公民与政府间信息的有效沟通，使公民呼吁、要求得到政府的关注，因而有助于公民自身权益的保障。在现代民主国家，虽然公民的权利都得到了宪法的确认和保障，但这些法定权利并不会自动实现。公民权利并不是与生俱来的，它是社会过程的产物，是人们奋斗争

---

[1] 参见俞可平："公民参与的几个理论问题"，《学习时报》，2006 年 12 月 19 日。

取的结果。政治参与是公民争取和扩大个人权利的最主要途径，只有通过积极的政治参与，公民的个人权利才能得到最充分的实现。正是从这个意义上，我们可以说，广泛的公民参与，特别是公众的政治参与，是现代民主政治的基础。

第二，公民参与可以优化政府决策。公民参与为政府决策提供了各个方面不同的参考意见，有利于集思广益，使公共政策更加科学和民主。公民参与的直接后果通常就是影响公共决策和公共生活，迫使决策者倾听公民的意见，并且按照公民的意见来制定有关政策，从而使相关的政策变得更加符合公民的利益。公民对决策过程的参与，还可以及时发现政策的失误和偏差，及时纠正决策失误，从而使决策更加科学和合理。因此，公民参与是提高公共政策和公共生活的质量，保护和增进公民权益的重要手段。

第三，公民参与可以有效防止权力滥用。权力不加制约就会被滥用，而权力一旦被滥用，既可能导致官员本身的腐败，也可能损害公民的合法权益。因此，制约权力是民主政治的一个基本要素。有效地制约公共权力，一方面需要权力体系自身内部的相互制衡，如国家的立法、行政、司法权力之间的相互制约；另一方面，也需要权力体系之外的制约，即公民和公民社会的制约。公民对政治生活的积极参与，是实现对公共权力有效制约的基本条件。如果公众对政治漠不关心，不参加选举、讨论、听证、申诉、请愿等，公共权力就有失控的危险。

第四，公民参与有利于政府合法性的提升和民主目标的实现。公共政策的制定过程，实质上是一个利益分配和调整的过程。大到国家的政治决策，小到工厂的分配政策，都涉及到利益关系的协调。如果一项政策或一种制度导致了利益分配的严重不公正，那么利益相关者之间就会发生矛盾和冲突，利益受损的群体对公共政策就会产生抵触,从而损害公共权威的合法性,威胁社会的公共秩序。进而言之,即使一项公共政策或制度体现了公平和正义,但如若这种公平正义没有为公众所理解和接受,同样可能造成公众与公众之间,以及公众与政府之间的对立,带来社会的动荡。如果公众能够实质性地参与相关的决策过程,通过公众的参与有效协调各种利益关系,这样的政策就容易为公众所接受,民众对公共政策就会有更多的共识,公众之间以及公民与政府之间就容易和睦相处。

此外,作为一种积极公民权的公民参与,还有利于"好"公民的形成,托克维尔就认为,公民参与每天都在促进一些小的功绩,尽管它单独并不能使一个人成为有道德的,但是它的训练却可以塑造出许多守纪律、有节制、细心的并且能够自控的公民。在推动公民参与、保障公民权益方面,政府具有不可推卸的责任。当代西方学者罗伯特·B·登哈特也认为:"公共行政官员的作用就是把人们带到'桌子旁边'并且以一种承认在一个民主系统中有多种复杂层次的职责、伦理和责任的方式来为公民服务。负责任的行政官员应该努力使公民不仅参与计划,而且还参与执行实现公共目标的项目。"①

3.政府的社会责任与公民参与的关系

根据俞可平的观点,公民参与的渠道非常广泛。他认为,公民参与有许多种不同的形式,而且随着信息和科学技术的发展,参与的形式也在不断增加。凡是旨在影响公共决策和公共生活的行为,都属于公民参与的范畴。投票、竞选、公决、结社、请愿、集会、抗议、游行、示威、反抗、宣传、动员、串联、检举、对话、辩论、协商、

---

① 【美】珍妮特·V·登哈特、罗伯特·B·登哈特著,丁煌译《新公共服务:服务,而不是掌舵(中译本)》,中国人民大学出版社2004年版,第165页。

游说、听证、上访等等,是公民参与的常用方式。在信息和网络技术日益发达的今天,一些新的公民参与形式正在出现,如电视辩论、网络论坛、网络组织、手机短信等。凡是有集体生活的地方,就有公民参与的领域。首先是参与国家的政治生活,如参加各种政治组织、选举各级人民代表、讨论政府政策、评议政府官员、举报违法行为、管理公共事务等等;其次是参与社会的经济生活和文化生活,如参与工厂管理、发起环境保护行动、组织公益文化活动、救助弱势群体等等;最后是参与居民的社区生活,如社区管理人员的选举、社区的互助合作、小区的治安保卫和环境卫生等等。

公民积极参与国家的政治生活,以常态或非常态参与到政府的选举、管理公共事务中来;参与社会的经济生活和文化生活,参与居民的社区生活,实际上是不同的形式分担政府的社会责任。因为我们理想的政府类型是公共服务型政府,这种政府形态是以公民的对话协商和公共利益为基础的政府形态,强调以公民为中心,其实质就在于公民参与。

因此,政府要推进公民参与及公民权益保障的步伐,就必须不断培育公民参与的意愿和能力,因为普通公民并非先天就具备参与的想法和参与所必须的能力素质。"他们更倾向于关心自己身边的利益,或者通过私人性行为求得利益的落实,此外,公共参与还受制于公民个人所掌握的资源、技巧和知识等具体因素,"为保证普通公民都能够较自如地参与社会公共事务,政府就需要扮演"动员者"的角色。"这种动员并非传统的思想宣传、政治运动,而要通过政府的组织、政策引导、公务人员的率先垂范等方式,特别是借助制度化、程序化的手段将公共参与的动员转化为一切政府工作和所有政府工作人员行为的精神指导。"① 如果公民参与遇到了问题,比如并没有产生预期的政治改进,那么解决的办法是通过教育、培训进一步提高其参与水平,而不是限制其参与。正如托马斯·杰弗逊所言:"我从来都不知道除了人民本身之外社会的最终权力还有什么安全的受托人,如果我们认为他们所受的启蒙尚不足以使其用一种有益的裁量权实施控制的话,那么纠正的办法不是剥夺他们的裁量权,而是使他们充分地了解自己的裁量权。"②

(二)多管齐下,实现公民参与

构建服务型政府是现代民主政治下,世界各国政府的共同选择。服务型政府的实质就是公民本位、社会本位理念,以公民意愿为合法基础,适当放权,鼓励积极的公民参与,这是服务型政府的必然选择。

1.提高公民的经济生活水平

马克思主义认为,经济基础决定上层建筑。"权利永远不能超出社会的经济结构以及经济结构所能制约的社会的文化发展"。③这说明,社会的经济发展为公民参与提供了机会和条件,没有经济发展作基础,公民参与就只能是空中楼阁。经济发展也必然引起社会利益格局的变化,从而促使公民参与政府的决策制定过程以维护自身的利益。正如亨廷顿所说:"高水平的政治参与总是与更高水平的发展相伴随,而且社会和经济更发达的社会,也趋向于赋予政治参与更高的价值。"④ 社会的经济发展水平与公民的参

---

① 李萍:"论公共参与的动员与公共行政伦理",《唐都学刊》,2004年第3期。
② 【美】珍妮特·V·登哈特、罗伯特·B·登哈特著,丁煌译《新公共服务:服务,而不是掌舵(中译本)》,中国人民大学出版社2004年版,第51页。
③ 《马克思恩格斯全集》第19卷,人民出版社1956年版,第21页。
④ 【美】亨廷顿、纳尔逊著,汪晓寿等译:《难以抉择——发展中国家的政治参与》,华夏出版社1989年版,第173页。

与能力之间有密切的关系。

公民参与实际上是公民与政府之间的政治博弈。公民期望通过参与改变政策分配利益的状况,而决定博弈结果的是政治力量的对比。公民参与政府公共决策的关键是它的政治影响力,而政治影响力在很大程度上是由政治资源所决定的。政治资源,罗伯特·达尔认为:"政治资源是一个人可用于他人行为的手段。因而政治资源包括金钱、信息、食物、武力威胁、职业、友谊、社会地位、立法权、投票以及形形色色的其他东西。"[1]政治影响力,是软实力的一种,指通过提供、或拒绝提供、或威胁拒绝提供他人所期望的社会价值,从而改变他人的行为,实现自己意愿的能力。公民所掌握的政治资源与公民所具有的政治影响力之间有密切关系。按照这个原理,公民参与政府公共决策的效果,在很大程度上取决于公民自己手中掌握的政治资源。在公民所掌握的可能发挥潜在政治影响力的政治资源中,经济实力是最重要的一种。

公民的经济收入状况或者经济地位是由社会的经济发展水平所决定的,它对公民参与政府公共决策的行为有着重要的影响和制约作用。从目前我国公民参与的实际情况来看,"低层次的政治参与较多,高层次的政治参与较少;动员性参与较多,自主性参与较少;手段性参与较多,目的性参与较少",[2]这些问题的解决都有待于社会整体经济发展水平的提高。经济收入的增加,意味着公民受教育程度和机会的增加,为公民提供了在社会地位较高的职业中就业的机会,从而增强他们的政治参与意识和参与能力。经济条件的改善,还意味着公民在从事参与活动时能够付出更多的

---

[1] 转引自赵成根著:《民主与公共决策研究》,黑龙江人民出版社2002年版,第176页。
[2] 赵涛:"公民参与的影响因素分析",《法制与社会》,2006年第8期。

财富和物质。公民经济实力的增加,使得公民能够有更多的精力和财力实现更高层次的需求,比如自己的政治意愿和理想。

  按照马斯洛的需要层次理论,人类有五种基本需要,依次是生理需要、安全需要、归属和爱的需要、被尊重的需要和自我实现的需要。只有低级需要的满足才会有更高一级的需要。从事影响政府公共决策的政治参与活动,无疑代表着公民一种较高的需要层次,而这种较高的需要层次是建立在公民的生活和经济收入水平逐步提高的基础上的。我国有学者把中国人的需求分为九个层次,低收入阶层往往更加关注物质生活状况,而政治权利作为一种在普通公民看来是一种较高层次的需求,在经济地位还不高的阶层看来,政治参与的欲望往往并非十分的强烈。[①]

2.加强公民参与的法制建设

  公民参与的政策法规体系不健全、制度保障作用不够,是制约公民参与的重要因素。中国的法律体系对公民的政治参与权已有明确的规定与程序保障,如:《宪法》、《选举法》、《代表法》和《组织法》等。但对公民社会参与的实现与程序目前却无健全的法律体系保障,例如部分地区或部门推行的公共品价格听证制度,几乎成了公共品涨价的新闻发布会,公民的利益诉求在听证中蜕变为程序民主的点缀,结果却是公共利益的损失,部门利益的合法化。我们再以美国社区治理中的公民参与为例,从罗斯福总统推行"国民保障合作组织",到约翰逊总统时期的"社区志愿服务组织",到老布什时代的"国家服务办公室"和"阳光基金",到克林顿时代的"国家社区服务计划",政府在国家发展战略上高度重视社区发展和社区的公民参与,并制定完善的法律法规来予以保障。

---

① 顾善杰等:《当代中国社会利益群体分析》,黑龙江教育出版社1995年版,第137页。

因此,公民参与相关法律的健全,能够为公民参与的范围和限度提供法律依据。法治化、程序化是社区治理和公民有序参与的根本保障。

3.强化公民参与意识

利益是参与意识的本源,离开这一本源,任何参与意识都无从解释,因此,公民的参与意识从根本上取决于参与活动能否实现公民的利益需要。如果公民的利益在参与中能够得到实现,那么"已经得到满足的第一个需要本身、满足需要的活动和已经获得的为满足需要用的工具又引起新的需要"[①],从而形成积极的参与意识并使之得到不断的推动和提高;反之,如果参与政治不能实现利益甚至有损于利益的实现,公民参与的热情就会受挫,最终就会形成消极的参与意识。

因此,公民参与是为自身利益而具有明确的目的性。由于人的有意识的行为具有利益的诉求,公民参与的主体是普通公民,所以要激发公民的参与热情,提高其参与意识,让公民切实地感觉到他们的参与和他们的利益密切相关,同时,要让公民感觉到,他们在承担一定的社会责任的同时,也能够对政府决策产生实质性影响。

另外,还要培养积极的公民精神。积极的公民精神,其实质是建立在公民资格基础上的公民主动参与公共事务管理,分担治理责任的现代意识,其核心是公共精神与公民责任。罗伯特·D.帕特南认为:"公共精神是一种关心公共事务,并愿意致力于公共生活的改善和公共秩序的建设,以营造适宜人生存与发展条件的政治理念、伦理追求和人生哲学。"因此,培养积极的公民精神就是要

---

① 《马克思恩格斯选集》第 2 卷,人民出版社 1972 年,第 32 页。

让公民意识到,公民不仅仅是参与公共管理,同时也是在同政府协同分担社会治理的责任。因此,公民实现自我价值,履行公民责任,在实现自身利益的同时,又把关怀的目光投向社会和他人,真正做到以公共利益的最大化为目标,和政府共同分担社会责任。

二、落实政府信息公开,维护公共利益

(一)何为政府信息公开

1.政府信息公开的概念

政府信息公开,是指国家行政机关和法律、法规以及规章授权和委托的组织,在行使国家行政管理职权的过程中,通过法定形式和程序,主动将政府信息向社会公众或依申请而向特定的个人或组织公开的制度。对此,可以从广义与狭义两个方面来理解。广义上的政府信息公开主要包括两个方面的内容,一是政务公开,二是信息公开;狭义上的政府信息公开主要指政务公开。政务公开主要是指行政机关公开其行政事务,强调的是行政机关要公开其执法依据、执法程序和执法结果,属于办事制度层面的公开。广义上的政府信息公开的内涵和外延要比政务公开广阔得多,它不仅要求政府事务公开,而且,要求政府公开其所掌握的其他信息。我们在前文中曾经提到,美国的政府信息公开走在世界前列,其政府信息公开的经验值得其他国家借鉴。

民主政治社会中,公开的原则几乎可以使用于任何领域。公开的目的就是为了使行使权力者接受监督,使民众参与权力行使的过程。政府信息公开也是如此,这是现代国家实行民主监督和民主政治的重要前提。但是我们要注意的是,政府信息公开是手段而非目的。正如人民网曾经发表文章指出,不能把信息公开当成终点,应该将其视为起点,建立对信息公开度和信息真实度的

评价机制,建立对信息公开中出现问题的追究机制。文章说到,其实信息公开并非目的而是一种手段,在信息公开后,对政务的评价,对责任的追究,取得公众与政府之间的反馈与交流,使公民可以通过一种渠道对政府进行批评,给予表扬,提出建议,这些才是信息公开所追求的终极目的。一句话,信息公开只不过是加强舆论监督,鼓励公众参与对政府的监督,保证公民当家作主的一个手段而已。所以,不能把信息公开当成终点,应该将其视为起点,建立对信息公开度和信息真实度的评价机制,建立对信息公开中出现问题的追究机制。①

2.政府信息公开的理论基础

主权在民原则是政府信息公开的重要理论基础。正如我们前文所提到的,主权在民原则就是指,国家的一切权力都来源于人民的让渡,因此,国家必须尊重和保障公民的权利和自由,人民有权对国家权力进行有效的监督和控制。主权在民原则意味着政府的权力来源于人民、归属于人民、受人民支配。人民和政府的关系不是放权,不是分权,而是授权,换句话说,人民与政府之间的关系实质上是委托代理关系,人民是权力的所有者、委托人,政府则是人民权力的代理人、受托人。政府信息也不是由政府本身产生的,而是来源于政府的公共管理活动,是政府在进行公共管理活动中产生的,为民众的税收所支持,因此,政府信息具备公共财产的性质,政府只是暂时持有或保管。由此,政府信息不应被政府所垄断,而应为民众所共有、共享与共用,以还其本来的公共产品属性。

依托主权在民原则,政府信息公开还有一项重要的理论基础,那就是知情权原则。公民的知情权依托主权在民原则,已经越来

---

① http://www.people.com.cn/GB/guandian/1033/2074075.html.

越引起社会公众的重视。知情权作为一种权利要求,最先是由美国记者肯特·库柏在1945年的一次演讲中提出来的。我们这里所说的知情权原则,是指公法领域中的知情权,即公民或组织依法要求政府机关公开某些信息的权利,以及不受妨害地获得政府机关公开信息的自由。知情权原则要求政府机关不得干涉和妨碍公众自由获得信息,并要求政府创造和改善公众接受信息的条件。

3.政府信息公开的范围

政府信息公开要处理好公开和保密的关系。一方面,政府信息公开要保证公民、法人和其他组织的知情权,因为只有政府信息公开,才能赢得公民、法人和其他组织的信任,从而使其他个体或组织能够有积极意愿来协同政府实现社会责任。另一方面,政府信息公开要防止由于公开不当而导致泄密,从而损害国家安全、经济安全和公共安全,影响社会稳定,甚至发生侵犯公民、法人和其他组织合法权益的情况。我国通过施行的《中华人民共和国政府信息公开条例》就明确规定,行政机关不得公开涉及国家秘密、商业秘密、个人隐私的政府信息,并应当建立健全政府信息发布的保密审查机制,行政机关公开涉及商业秘密和个人隐私的政府信息前,应当征得第三方的同意。第三方不同意公开的,不得公开。但是,如果政府信息与公共利益相关,可能对公共利益造成重大影响的,即使第三方不同意,行政机关也可以公开。

(二)推行政府信息公开

1.政府信息公开是政府承担社会责任的重要内容

人民主权是现代民主国家的基本原理和准则。因此,作为主权的享有者,人民应该享有广泛的知情权。政府应该最大限度地确认和保护私人知悉、获取相关信息的这种权利,确保公民对政府的知情权。要做到这一点,政府信息公开是最重要的民主形式之一。

政府承担社会责任的表现之一就是要提高政府的公信力,维护公共利益。政府信息公开,民众享有知情权,是提高政府公信力的重要内容。现代社会的政府公信力是宝贵的社会资源。政府与公众的相互信任可以增强彼此的合作效果;政府与企业建立共识可以提升经济活动的成效,从而降低政府行政成本,使社会更为受益。这也是政府承担社会责任的一种表现形式。一直以来,政府和公众之间信息不对称,是导致社会公众对政府和政策不知情的重要原因。政府信息公开,一方面保证了公民的知情权,加强了政府与公民之间的信息沟通,提高了民众对政府权威和政策的认同度;另一方面也使政府更加关注公民的需求,从而增强了政府与公民的互动,优化了政府的治理环境,大大增强了政府的公信力。

政府承担社会责任的表现之二就是增强政务活动透明度,以人民利益为出发点。政府信息公开有助于公民对行使行政权的整个过程予以全面监督和客观评判,有助于激发私人积极参与行政的热情,从而实现真正意义上的民主行政和互动型行政。民主社会的基本原理既然确认了人民作为主权者的地位,那么,私人不仅需要对事关自己利益的信息和决策知情,更需要在知情中获得自己的发展机会,需要积极地参与政策的形成和行政权的运作。因此,从制度层面看,知情权需要有信息公开法等法律制度的保障,有一系列民主制度与之相配套。从观念方面看,政务公开应该坚持全心全意为人民服务的宗旨,以维护人民群众利益为出发点和最终归宿,简化行政手续,规范行政行为,方便群众办事,增强政务活动的透明度和行政权力运作的公开性,保证人民群众通过多种渠道和途径,参与管理国家事务和社会事务。

2.政府信息公开是推进公民参与、维护公共利益的前提

政府要推进公民参与、维护公共利益,首先要落实政府信息公开的原则。列宁曾经指出:"'广泛的民主原则'要包括两个必要条件:第一,完全的公开性;第二,一切职务经过选举。没有公开性而来谈民主是很可笑的。"① 所以,政府信息公开是民主政治的本质要求,它是指将一个国家的政治事务以及政治活动在法律规定的范围内公之于众,使社会公众有效了解政治体系的活动,明白重大决策的产生机制、原理、条件和过程,以便有效地监督政治活动过程,使政治活动最大限度地符合人民的利益和要求,并能及时防止有悖于人民利益和要求的权力行使。所以,有关政治活动的基本内容应当尽可能地公开,做到重大事情让人民知道,重大问题经人民讨论。政府信息公开有利于加强政府与人民间的信息沟通,避免政府和民众间的信息不对称,有利于提高政府的办事效率,并且有利于防止政府及其某些公务人员在行使权力时进行的"权力寻租"行为,有利于维护公共利益。

政府信息公开,能够强化行政监督,有效提升他律和自律,实现权力的制约。政府信息公开,减少了政府与公众信息的不对称,从而极大地改善了公民的监督条件,提升了公民的监督能力,对政府的渎职、贪污、权力滥用等行为都产生了极强的抑制效果,对于政府的廉洁高效有着根本的保障作用,是不可或缺的保障机制。当前民主社会,世界各国都在提倡的责任政府、高效政府、廉洁政府等目标,都离不开权力的制约和监督。政府信息公开,是政府的防腐剂,能够从源头上预防和治理腐败现象,提升他律和自律。

---

① 《列宁全集》第 5 卷,人民出版社 1956 年版,第 445 页。

3.推行政府信息公开的措施

政府信息公开是政府社会责任的重要内容,也是推进公民参与、维护公共利益的前提,因此,要采取多项措施,推进政府信息公开的制度化建设。

第一,推进相关法律法规的健全和完备是推行政府信息公开的基础。

信息公开的法律法规对于政府信息公开的推行至关重要。现在,世界上很多国家都意识到政府信息公开的重要性,美国被认为是世界上政府信息公开制度比较完善的国家,除美国宪法外,美国自1966年开始,先后通过了《信息自由法》、《政府公开法》、《隐私权法》和《2002电子政务法》等相关法律来保障政府信息公开的制度性和规范化。英国政府1997年发布"公众知情权"白皮书,向公众咨询反馈意见,2001年宣布《信息自由法案》将于2002年12月起分步实施,2005年全面生效。《信息自由法案》取代了之前实施的《政府信息公开条例》,并延伸和修订了《数据保护法》和《公共信息法》的有关内容。法国1978年制定了《自由获取行政文件法》,对公民如何获取行政文件作出了具体规定。次年,法国又制定了《改善行政与公众关系法》,规定"所有行政文件都可以依申请获取"。德国作为法制较为完善的国家之一,在基本法(2007年1月版)第5条第1款和第17条中阐述了公民的言论、信息自由权和请愿权,明确了政府义务和公民权利,也从根本上构成了德国政府信息公开制度的基本宪法依据。除此之外,德国在政府信息公开方面主要的法律法规包括《联邦州行政管理法》、《联邦环境信息法》和《信息自由法》三部法律。澳大利亚于1982年制定了《赋予国民了解联邦政府及其机构的公文文件的权利的法律》,即《信息自由法》。之后该法在1983年、1986年、1991年、1994年作过多次修订。韩国1996年11月30日颁布的《公共机构信息公开法》,于1998年1月1日实施,这是亚洲最早的信息公开法。中国于2008年通过了《中华人民共和国政府信息公开条例》,这是中国首次通过行政法规的形式明确规定政府有义务公开其所掌握的政府信息,为公众的知情权提供法律上的保障。

法律的生命力在于实施。法律法规的制定固然重要,但是法规制定后的持续有效运行,则更为关键。因此,在及时总结经验,不断完善政府信息公开的法律法规、有法可依的同时,也要确保政府信息公开相关的法律法规能够顺利贯彻执行,有法必依,从而保证各项工作的有序进行。

第二,利用不同载体,多样化推动政府信息公开。

政府信息公开离不开载体为依托,必须通过一定的形式呈现出来。政府信息是无形的,它必须通过一定的方式体现出来,一定的方式实质就是一定的载体的表现形式。比如,通过政府公开刊物刊载出来,通过设立阅览室展现出来等等,这些表现形式均离不开一定的载体,所以说,政府信息公开要以载体为依托,离开载体,政府信息无法传递。载体的范围是多种多样的,既可以是纸张书面形式,也可以是电子形式,并且,随着科技的发展,通过计算机网络形式获得信息的方式更为普及,但是,不同的载体的成本是不一样的,这就需要法律的规定与选择。因而,政府信息公开要以载体为依托的特性,尽管不显得那么重要,但是,它却影响着信息的传递,甚至也直接影响政府信息公开收费标准的确定。

2008年颁布实施的《中华人民共和国政府信息公开条例》明确规定:"行政机关应当将主动公开的政府信息,通过政府公报、政府网站、新闻发布会以及报刊、广播、电视等便于公众知晓的方式公开。各级人民政府应当在国家档案馆、公共图书馆设置政府信息查阅场所,并配备相应的设施、设备,为公民、法人或者其他组织获取政府信息提供便利。行政机关可以根据需要设立公共查阅室、资料索取点、信息公告栏、电子信息屏等场所、设施,公开政府信息。行政机关应当及时向国家档案馆、公共图书馆提供主动公开的政府信息。行政机关制作的政府信息,由制作该政府信息的行政机关负责公开;行政机关从公民、法人或者其他组织获取的政府信息,由保存该政府信息的行政机关负责公开。法律、法规对政府信息公开的权限另有规定的,从其规定。行政机关应当编制、公布政府信息公开指南和政府信息公开目录,并及时更新。政府信息公开指南,应当包括政府信息的分类、编排体系、获取方式,政府信息公开工作机构的名称、办公地址、办公时间、联系电话、传真号码、电子邮箱等内容。政府信息公开目录,应当包括政府信息的索引、名称、内容概述、生成日期等内容。"明确规定了中国政府信息公开的载体和方式。

第三,完善监督制约机制。

权力从产生起,就具有双重性,是一把"双刃剑"。权力既可以用来为公众和社会服务,也为掌权者攫取自身利益提供了无可比拟的条件。主权在民原则认为,政府的权力来自于人民的让渡,因此,必须用法律来约束权力行使者行使权力的活动,使之按照法律规定而不是按照个人意志去调控社会,从而保证社会真正按照人民的意愿来发展。鉴于此,权力必须被监督和制约。政府信息公开本身就是对政府权力的一种监督和制约,通过多种手段,来监督和制约政府信息公开的程序、内容、方式等,使政府信息公开运行在法制化、程序化、规范化的轨道里,这是民主国家保障公民权益、维护公共利益的必然选择。

第二节 政府的社会责任与企业

一、政府与企业社会责任的关系

(一)政府社会责任与企业社会责任的区别

1.企业的社会责任

企业社会责任概念最早由西方发达国家提出,西方社会对企业社会责任已达到比较重视的程度,并形成了一系列的约束机制。

通常学术界认为,企业社会责任的概念,区别于个人性质的商人社会责任和企业家社会责任,是一种组织性质的企业行为,涉及到经济学、管理学、政治学、伦理学、社会学等诸多学科领域。企业社会责任最早是由英国学者欧利文·谢尔顿在1923年提出的。

20世纪初期的美国,现代企业制度刚刚确立,快速发展的工业化进程催生了现代大公司的出现,管理者资本主义产生,"管理者资本主义开始挑战自由经济及其所信奉的利润最大化原则",这对现代企业社会经济职能的界定和现代公司社会责任的思想创造了前提条件。[①]

20世纪50年代,霍华德·鲍温正式提出企业社会责任的概念。他认为,企业社会责任是商人们在追求利润、制定决策或遵循法律条文时,以我们所处的社会目标与价值为前提的义务。

20世纪60年代以来,西方工业化进程不断加快,企业与社会

[①] 沈洪涛,沈艺峰:《公司社会责任思想起源与演变》,上海人民出版社2007年版,第4页。

的互动关系也越来越明显。1971年美国经济发展委员会发表了一个声明,提出"企业的职责要得到公众的认可,企业的基本目的就是积极地服务于社会的需要——达到社会的满意"。

随后,西方学术界开始系统化地探讨企业社会责任的概念,很快形成热潮,并受到独立于企业的社会团体施加的压力,从而对企业社会责任的探讨迈入进一步完善和快速发展的阶段。早期侧重于道德伦理层面的讨论,之后逐渐转移到法律层面,大量强制性专项法律法规逐步成为推动企业承担特定社会责任的主导力量,企业将承担社会责任与赢得商业利益紧密结合起来。

在这些研究中,有些学者将社会责任仅限定于企业,即企业社会责任(简称CSR);另一些学者则将社会责任的概念扩大到包括企业在内的所有组织,即所谓的广义社会责任(SR),但其核心仍是企业社会责任。

在当今经济全球化的浪潮中,企业之间的竞争日趋激烈,对企业社会责任的关注也成为现代企业竞争的新潮流。企业的社会责任问题已明确列入几乎每家大公司的议程。《财富》和《福布斯》商业杂志在企业排名评比时就加上了"社会责任"标准。1997年总部设在美国的社会责任国际组织(STA),发起并联合欧美跨国公司和其他一些国际组织最终制定了SA8000标准,成为继ISO9000、ISO14000之后的又一个具有国际性质的企业标准。

1999年联合国提出的企业界《全球契约(Global Compact)》,直接鼓励和促进了"企业生产守则运动"的推行,它要求加入的企业自觉遵守涉及人权、劳工、环保、反腐败等领域的九项原则。《全球契约》行动计划已经有包括中国在内的30多个国家的代表共200多家著名大公司参与。

世界银行将企业社会责任定义为:企业与关键利益相关者的

关系、价值观、遵纪守法以及尊重人、社区环境有关的政策和实践的集合。它是企业为改善利益相关者的生活质量而贡献于可持续发展的一种承诺。欧盟则把企业社会责任定义为,公司在资源的基础上,把社会和环境密切整合到它们的经营运作,以及与其利益相关者的互动中。

2.政府的社会责任

政府责任是一种责任形式,以人民主权作为其政治信念,以法治治理政务,推崇负责任的政府。政府是责任主体,政府对自己的各种行为或制度设计承担相应的责任形式,并对政府的消极行为进行制约。

社会责任是指一个组织对社会应负的责任。政府社会责任,顾名思义就是政府对社会承担的责任,其责任带头者应当是政府、政府官员、非营利部门以及非营利部门工作人员,其不仅要对自己的行为负责,也应当对公众和利益相关者负责。

政府的社会责任在前文中已经做过具体分析,这里不再赘述。

3.政府社会责任与企业社会责任的区别

首先,两者的核心不同。企业社会责任的核心是法律责任,虽然企业社会责任不是严格的法学概念。从总体上看,企业社会责任是对企业在经营活动中所遵循的法律约束和道德规范的统一体,但法律约束反映了企业社会责任的主要目标追求。实际上,企业的法律责任是企业生存所必须承担的义务,是社会要求企业承担的基本责任,只不过通过法律这种形式规定下来。例如目前国际上最重要的企业社会责任标准SA8000,其中对劳动者的报酬、劳动时间、工作条件、劳动安全等问题都做了明确规定,而这些规定,在各国的劳动法当中都或多或少有所体现。而政府社会责任的核心是维护公共利益。在社会生活中,维护公共利益是所有社会成员的共同责任,公共利益的维护需要道德的约束、法律的调节和制度的保障。政府作为人民授权履行公共管理的责任者,是公共利益最大的提供者和最大的维护力量。任何组织和个人都不能提供政府所能够为人民提供的公共利益。政府通过法律、行政、经济、教育、道德教化等多种强制或非强制的方式,履行维护公共利益的职责。维护公共利益,是政府社会责任的核心和基础,因为政府就是国家为维护和实现特定的公共利益,按照区域划分原则组织起来的,以暴力为后盾的政治统治和社会管理组织。甚至有学者认为,维护公共利益的,是且只能是政府。

其次,两者的社会责任内容不同。企业社会责任的内容是指企业与关键利益相关者的关系、价值观、遵纪守法以及尊重人、社区环境有关的政策和实践的集合。它是企业为改善利益相关者的生活质量而贡献于可持续发展的一种承诺。政府社会责任的内容是指政府对社会承担的责任,其责任带头者应当是政府、政府官员、非营利部门以及非营利部门工作人员,其不仅要对自己的行为负责,也应当对公众和利益相关者负责。

再次,两者的评价标准不同。我们衡量企业社会责任的标准,通常使用 SA8000,即 Social Accountability 8000 International standard 的英文简称,是全球首个道德规范国际标准。其宗旨是确保供应商所供应的产品,皆符合社会责任标准的要求。SA8000 标准适用于世界各地、任何行业、不同规模的公司。其依据与 ISO9000 质量管理体系及 ISO14000 环境管理体系一样,皆为一套可被第三方认证机构审核之国际标准。基于这一标准来衡量企业应该承担的相关社会责任。我们在衡量政府社会责任时,虽然也有学者认为可以借鉴和采用 SA8000 标准,但在具体操作和内容上,还是有所区别。

(二)政府社会责任与企业社会责任的联系

企业的社会责任和政府的社会责任并非完全不相干,实际上,两者之间具有很多关联性。

1.制度化和法制化是两者社会责任的前提

就企业而言,积极构建企业社会责任评价体系,是引导和规范企业行为、督促企业履行社会责任的重要手段。企业要承担社会责任,必须有制度化和法制化作为保障,即应由政府主导,建立和完善企业社会责任评价体系框架,明确评价指标、评价标准、评价方式、奖惩政策等;推动行业组织建立自律和约束机制,制定本行业企业社会责任评价体系,对企业进行必要的指导和督促;建立相关组织领导机构,进行企业社会责任现状评估;鼓励相关社会组织建立第三方评价机制,积极征求社会公众意见,定期评价企业的社会责任表现,通过社会舆论监督,推动企业主动承担社会责任。建立和完善推动企业履行社会责任的政策体系,从投资、信贷、税收、土地、市场准入、政府采购等方面入手制定一系列激励和惩罚措施,对于推动企业履行社会责任具有积极意义。

企业承担社会责任最重要的制度是社会责任报告制度,这是企业社会责任推进体系的核心内容和基础保障。进入21世纪,随着对企业与社会关系的重新认识,企业对外报告的主要对象不再局限于股东,而是更为宽泛的利益相关者。因此,企业对外报告的形式从财务报告逐渐变革为整合的责任报告。目前,企业社会责任报告作为企业社会责任信息披露的主要方法,已被国际社会广为推崇。国际上具有代表性的社会责任报告参考标准有五种:一是全球报告倡议(Global Report Initiative,GRI)推出的G4报告框架;二是美国前经济优先委员会认证部(后更名为"国际社会责任"(Social Accountability International,SAI)公布的SA8000标准;三是英国社会与伦理责任研究所（Institute for Social and Ethical Accountability,ISEA）制定的 AA1000 标准；四是英国标准协会（British Standards Institute,BSI）等联合制定的可持续管理整合指南（Sustainability Integrated Guidelines for Management,SIGMA）；五是国际标准化组织发布的 ISO26000《社会责任指南》。五种报告参考标准在共同的理念和目标下，既相互独立、各有侧重，又相互联系、互为补充。①

就政府而言，建立和完善政府社会责任的相关制度和法规，是建立责任政府，履行政府社会责任的重要前提。现代政府不应该是无限权力的全能政府，而应该是有限权力的责任政府，政府的权力所在、责任所在，什么事该做、什么事不该做，都要分得清清楚楚，这样才能保证政府正确行使职能，不"失位"，不"越位"，不"错位"。责任政府为公众负责，当然也要对自己的行为负责，这就需要接受来自内部和外部的监督，以保证责任的实现。政府的社会责任总是和责任政府联系在一起的，最早产生于英国的近代责任政府制度，在世界各国政府中都被广为采纳。

制度化和法制化是履行政府社会责任的重要前提，因为现代民主社会以构建服务型政府为主要目标，服务型政府就需要有完善的工作秩序、严格的工作制度，以保证政令的严肃性，更好地维护公共利益。

2.政府在推进企业责任进程中发挥重要作用

首先，政府在推进企业社会责任进程中要起到管制作用。这里所说的管制，是说政府角色应当是规制者和推进者。

发挥市场这只"看不见的手"的作用，是现代市场经济的必然

---

① http://www.cbmd.cn/sxy/Info-8877.html.

要求,但是市场作用也有失灵的时候,不会总能起作用,因此,当企业的行为和社会目标不一致的时候,政府这只"看得见的手"就要发挥作用。政府通过法律、法规对企业的活动进行干预和约束,以防止市场的种种失灵。因此,政府在企业社会责任发展过程中,承担着规制者的角色。它制定各类"规矩"以推动企业履行社会责任。

例如,1989年,美国宾州率先修订其公司法,扩大了企业经营的目的范围,使之具有追求利润的经济目标,同时必须对社会承担一定的责任。按照新的法规,企业的管理者必须对"利益相关者"负责,而不仅仅只对股东负责。如今,美国已有近30个州在公司法中相继加入了类似的条款。在美国的影响下,英、法等欧洲国家也在公司立法中确立了倾向于就业、工资、工作条件等方面的社会责任规定。2005年,英国政府公布了《公司法改革白皮书》,将企业的终极目标定义为"追寻普遍繁荣和福利的最佳载体"。该概念要求管理者在决策时,要恰当地处理好包括公司与雇员、消费者、供货商以及社区等在内的利益关系。另外,公司还必须对道德、社会和环境事务进行报告,从而提高了运营的信息透明度。法国则明确将社会和环境责任提升到与企业利润同等重要的地位。[1]

由此,政府应该从宏观的角度积极引导、规范企业社会责任的发展方向和层次,确保其沿着正确的轨道前进;在企业拒绝承担社会责任时,政府可以通过管制手段对其进行管制。

其次,政府在推进企业社会责任进程中要起到监督作用。为了追求利润的最大化,企业天生就有逃避承担社会责任的趋向,这就更加需要外部力量的监督。从这层意义上说,政府应该是企

---

[1] http://www.chinanews.com/cj/2011/01-10/2776358.shtml.

业社会责任的引导者和推动者,从立法、执法与司法几个层面入手,完善企业社会责任体系,最为重要的是政府要从人民群众的根本利益出发,加强对企业履行社会责任的监管。加强监管,不是指手画脚,将政府行为强加到企业头上,而是从外部实施监督,让企业的归企业,政府的归政府。政府是规则的制定者和监督者,企业是自主经营的主体,两者的角色分际不可模糊。

二、企业的归企业,政府的归政府

政府承担社会责任,不是统包统揽,而是适度放权,让企业的归企业,政府的归政府,这才是正确的途径和出路。

(一)政企分开,还经营权于企业

以中国的国有企业改革为例来探讨政府推进企业社会责任中的作用和关系。我们把政企分开,还经营权于企业看做现代政府有效、合理履行社会责任的重要内容。

1.实行政企分开

"实行政企分开,这是深化国有企业改革以及整个经济体制改革的关键。"[①]政企分开职能层面上的含义是指国有资产所有者职能与社会经济管理者职能相分离,即所有权与经营权相分离。政企分开的实质是要使企业成为市场的运行主体,自主经营、自负盈亏;而使政府成为市场的调控主体。政企分开表明正确划分国家各级政权机构和经济组织的各自的权限,正确处理国家和企业的关系。

政企分开是一个与时俱进的概念。最原始内涵有两点:其一是为了转变政府职能,建设高效、廉洁和服务型政府;其二是为了

---

①周淑莲:"中国20年国有企业改革的回顾与展望",《理论学刊》,1998年第4期。

解决企业的动力机制和约束机制,促进国有企业适应市场经济的发展。实行政企分开,可以减少政府对企业的控制和干预,扩大企业经营管理的自主权,使企业成为自主经营、自负盈亏、自我约束、自我发展的商品生产者和经营者。随着市场经济的不断完善,有学者以为,要从更加本质的"自由企业制度"的角度来理解,从加快推进政府管理创新的角度来理解,也就是建立现代企业制度与现代政府制度。这是社会对政企分开的"认知"。[1]因为政府和企业是两类不同性质和任务、但又紧密联系的组织系统。政府是国家政权机构的具体形式,它的主要任务是治理国家,发挥国家机器的经济管理职能,通过一定的方式制约和影响整个社会的经济活动;企业是经济组织,它的主要任务是组织经济活动,并拥有必要的经营管理自主权,建立独立的生产系统和经营管理系统,将职工的经济利益同企业的经济成果挂钩,使责权利三者结合起来。因此,政府不宜于直接经营企业,企业要执行国家的法令、方针和政策,但不具备管理国家的职能。实行政企分开,可以减少政府对企业的控制和干预,扩大企业经营管理的自主权,使企业成为自主经营、自负盈亏、自我约束、自我发展的商品生产者和经营者。

建立现代企业制度,是发展社会化大生产和市场经济的必然要求,是公有制与市场经济相结合的有效途径,是深化国有企业改革的方向。而政企分开是要建立现代企业制度的核心。现代企业制度,是指市场经济体制下适应社会化大生产的要求,以规范和完善的企业法人制度为主体,以有限责任为核心,以科学的治理结构为组织形式的新型企业制度。因此,要建立现代企业制度,

---

[1] http://review.qianlong.com/20060/2011/05/11/2540@6996994.htm.

就要坚持现代企业制度改革方向,以优化股权结构为重点,不断完善法人治理结构。优化股权结构,实现投资主体多元化。加大国有股减持的力度,改变国有股"一股独大"的现状,扩大非国家股比重;通过大力发展机构投资者、企业法人股和公众个人股等多种形式的投资主体来实现投资主体多元化;通过股权的分散化来改变目前国有股在多数企业中的绝对控股地位。在一般性竞争领域,打破国有法人股一股独大的绝对控股地位;对部分确需国家控股的关系国计民生的大中型企业,只要达到相对控股即可。这样做的好处,一是实现了产权多元化,对建立规范的法人治理结构有利;二是通过吸纳各种经济成分进入企业,使企业以较少的成本控制、获取更多的资金,这对企业的创新发展后劲极为有利。当前,国有独资公司建立规范的法人治理结构的确是一个难题。由于股东只有国家一家,不存在建立股东会的问题。即使建立了董事会,董事长往往由国家授权和任命,董事、监事成员往往也都是企业内部人。因此企业改制,应尽量少搞国有独资公司,必须要搞产权多元化,这样有利于建立规范的法人治理结构。有了规范的法人治理结构,企业才能真正转型升级。①

2.还经营权于企业

经营权是指企业的经营者掌握对企业法人财产的占有、使用和依法处置的权利。对国有企业来说,国有企业的经营权是指企业对国家授予其经营管理的财产享有占有、使用和依法处置的权利。企业作为经济法人和独立经济实体所拥有的自主进行生产经营活动的各种权力。在社会主义经济条件下,经营权主要是指具有法人资格的全民所有制企业,作为相对独立的商品生产和经营

---

①雪明:"构建中国特色现代国有企业制度",《学习时报》,2012年4月10日。

者所具有的自主进行生产经营活动的有关权力。

经营权意味着国有企业在广泛的范围内拥有自由支配其财产的权利,并具有与所有权相类似的全部权能,使企业可以运用一切手段去实现自己的利益和目的,同时还意味着企业能独立承担财产责任,这就满足了国有企业成为独立的市场经济微观主体的需要,以此调动了企业的积极性,增强了国有企业的活力,推动了国有企业改革的深入进行。

企业经营权的内容较为广泛,牵涉到生产、供应、销售和人力、财力、物力等诸多的方面和问题。概括地说,全民所有制企业在服从国家计划和统一管理,保证国家利益或国家所得的前提下拥有的主要经营权有:①生产经营方式的选择权,即在国家政策允许的范围内,有权选择灵活多样的生产经营方式;②日常生产经营活动的决策权和指挥权,即在完成国家计划的前提下,有权自主安排企业的产供销活动;③自有资金的自主使用权,即根据国家对企业留利使用的有关规定,有权做出机动灵活的使用安排;④人事权,即有权依照规定任免、聘用和选举本企业的工作人员;⑤资产运用权,即有权运用企业拥有的固定资金和流动资金;⑥工资、奖励形式决定权,即在执行国家统一规定的工资标准、工资地区类别和一些必须全国统一的津贴制度的条件下,有权根据自己的特点选择工资,有权对奖励基金自主分配;⑦联合经营权,即在不改变企业的所有制形式的前提下,有权参与和组织跨部门、跨地区的联合经营或企业集团;⑧用工权,即有权在国家政策允许的范围内自行决定用工办法;⑨产品的部分定价权,即在国家有关价格政策的管理和指导下,对非国家统一定价的产品,企业有权依据市场供求状况,自行确定产品销售价格。

还经营权于企业,是政府履行社会责任的表现。我们所说的政府要履行社会责任,人们也习惯于依靠政府来解决身边的问题。当然,政府的存在固然很重要,但是并不能把所有的责任都推给政府、依赖政府。首先,在现代民主国家,政府不再是公共资源的唯一提供者,企业必然要贡献更多的智慧,承担一些原本我们认为必须由政府来承担的社会责任,才能够在政府和企业之间达到平衡,共同承担责任。其次,政府掌控企业的经营权,这并不是政府履行社会责任的表现,反而是增加政府负担、导致企业低效的重要因素。因为政府更多的享有政治资源,对企业的经营并不如企业擅长,在这种情况下,一味由政府掌握经营权,不利于政府的高效运转,反而会引发企业、民众对政府的不满情绪。因此,还经营权于企业,对政府和企业来说都是双赢的选择。

(二)企业必须履行社会责任

1.履行社会责任是企业更高层次的目标

美国学者托马斯·贝特曼(Thomas S.Bateman)认为,企业社会责任所包括的经济责任、法律责任、道德责任和慈善责任依次构成金字塔型结构,其中经济责任处于塔的底端,是低层次的社会责任,慈善责任处于金字塔的顶端,是最高层次社会责任。[①]国内有学者认为,企业的社会责任分为三个层次:第一个层次是利润,这是企业社会责任的核心内容。因为利润是企业存在的基础,把利润看作一种责任,反映了企业产品的有效性。所以,企业的利润越高,越说明企业更加有效地利用了社会资源。第二个层次是法定的社会责任。企业法定的社会责任既是政府干涉市场的产物,也是经济法制化的产物,即使这些社会责任在一定范围内和企业追求的利润相矛盾,如纳税、遵守政令、节能减排等,这些虽然在

[①]【美】托马斯·贝特曼:《管理学——构建竞争优势》,清华大学出版社2003年版,第115页。

一定范围内和利润第一的企业追求相背离,但这却是企业进步性的表现。第三个层次,道义责任,如积极参与社会公益等慈善事业等。企业天然就承担着服务国家和社会的重任,而国家的认可和社会的赞许能够为企业的发展营造出无限的发展空间。这三个层次并不矛盾,利润是核心,法定的社会责任是基础,道义的社会责任是反映企业社会责任的重要领域。

因此,逐步培育企业的社会责任,使企业真正意识到在追求经济利益的同时,必须兼顾其他责任,如关注环保、发展科技、保护职工健康等社会责任,从而理顺政府、企业和社会的关系,不断提高企业承担社会责任的层次,将其融入企业发展的核心战略。

2.不断培养企业承担社会责任的能力

企业只有在自我生存和发展达到一定程度的基础上,才能有能力承担更高层次的社会责任,因此,要不断培养企业承担社会责任的能力,从而加快建立现代企业制度的步伐,明晰企业产权,实行政企分离,明确政府与企业各自的职责。一方面,政府规范市场秩序,减轻企业不必要的负担,从而为企业运营创造良好的外部环境;另一方面,政府加强宏观调控,通过企业战略重组、资源优化等措施,重点扶持一批国有骨干企业,提高规模效益,从整体上增强企业承担社会责任的实力。企业只有在自身经营已经取得一定的效益时,才有可能去考虑更高层次的社会责任。

3.企业承担社会责任的意义

有学者认为,企业承担社会责任有以下的意义:[1]

第一,提高企业市场开拓能力。企业社会责任作为一种激励机制,对企业管理来说,是一场新的革命,更是提高企业开拓能力

---

[1] 参见 http://news.163.com/13/1115/09/9DNAGL7B00014Q4P.html。

的动力源泉。第二,树立企业形象 增强竞争力。企业承担一定的社会责任,虽会在短期内增加经营成本,但无疑有利于企业自身良好形象的树立,形成企业的无形资产,进而形成企业的竞争优势,最终给企业带来长期潜在的利益。第三,促进企业创新。对社会责任的关注将促使企业转向对产品、设计、流程、管理和制度等环节进行创新,促进其盈利方式和增长方式的转变。通过提高生产效率、改变生产方式、拓宽创新领域、改善经营环境和发展循环经济,从而获得更大的利润。第四,为企业的可持续发展赢得良好外部环境。社会责任是企业利益和社会利益的统一,企业承担社会责任的行为,是维护企业长远利益、符合社会发展要求的一种"互利"行为,可以为自身创造更为广阔的生存空间。第五,推动优秀企业文化建设。企业社会责任作为企业文化的新内容,重新塑造和创新了企业文化的价值观念,推进了企业文化的相关建设。而企业文化作为企业的一种价值体系,又将企业社会责任建设提升到新的理论高度和较高的文化层次。

第三节　政府的社会责任与非政府组织

一、政府社会责任与非政府组织社会责任的联系

在多元治理的当今社会,公共服务体系的构成主要由国家、市场和非政府部门三个部分组成。当政府行为存在低效、官僚化问题无法解决,当自由市场存在的功利性、盲目性无法克服时,作为"政府失灵"和"市场失灵"补充出现的非政府组织就显示出积极作用。非政府组织与政府、企业之间存在着各种各样千丝万缕的联系。

(一)合作中的伙伴关系

政府和非政府组织之间的关系,可以被认为是国家与社会关系在公共事务治理层面上的一个缩影。政府是由人民让渡权力从而行使公共权力的载体,在公共事务管理中扮演了不可或缺的主要角色,承担社会责任;非政府组织作为一种独立的社会组织,不同于政府机构自上而下的官僚体系,扎根于社区,自诞生之日起也逐渐开始承担社会责任。从这个意义上说,政府和非政府组织在承担社会责任方面有共通之处,可以在合作中形成良好的伙伴关系。

1.非政府组织的出现是为了弥补"政府失灵"

非政府组织一词最初是在1945年6月26日在美国旧金山签署的联合国宪章第71款使用的。该条款授权联合国经社理事会"为同那些与该理事会所管理的事务有关的非政府组织进行磋商作出适当安排"。1952年联合国经社理事会在其决议中把非政府组织定义为"凡不是根据政府间协议建立的国际组织都可被看作非政府组织"。在当时,这主要是指国际性的民间组织。直到1968年,在联合国经社理事会通过的1296号决议中,规定了联合国同非政府组织关系的法律框架。该决议肯定了非政府组织的范畴,同时允许非政府组织在联合国经社理事会以及联合国体系中的其他机构中获得咨询地位。自此以后,非政府组织的活动被有意识地、越来越广泛地引入了联合国体系的运作。

非政府组织主要是指"处于政府与私营企业之间的那块制度空间"。它是现代社会结构分化的产物,是一个社会政治制度与其他非政治制度不断趋向分离过程中所衍生的社会自组织系统的重要组成部分。①从产生的社会渊源来看,非政府组织是为了弥补"政府失灵"和"市场失灵"而产生的一种制度设计。政府和市场无疑是人类社会发展历史中两种成熟并互为消长的治理机制。但是,两者却都存在一定的问题。

市场的主体是企业,企业的目的就是追求利润,因此,追求利益最大化是企业的核心目的,尽管我们要求企业承担更多的社会责任,比如环境保护、员工福利保障等,但现实生活中,企业往往会为了追求利润而忽视或刻意逃避需要承担的社会责任,也不愿提供公共物品。完全以市场为准绳,就会产生严重的贫富差距,最终导致"市场失灵"。"市场失灵"无法通过市场固有的功能去完善和改进,因此必须要政府干预。但是,政府干预也不是万能,很多市场无法解决的问题,政府同样无法解决。而且,政府有自身的缺陷。如果政府对市场、对企业管得太多、统得太多,就会导致政府不堪重负、企业效率低下,市场低迷。而且,政府能够承担提供公共物品、满足大多数公众需要的社会责任,但是政府却不能满足各种社会群体的个性化需求,从而导致"政府失灵"。这是由政府自身缺陷导致的,同样无法通过自身的完善和改进来纠正,而市场在挽救"政府失灵"方面也不会起到什么作用。这一历史进程,在西方发达国家明显表现为民主福利国家失灵和规范竞争的市场失灵。

因此,为了弥补"政府失灵"和"市场失灵"方面的问题,一种既不同于政府部门又不同于私人部门的、超出两者之外的第三种类型组织实体,即非政府组织应运而生。当市场经济的发展和政府体制改革造成管理真空与权力真空,非政府组织的兴起一定程

---

① http://news.ifeng.com/mainland/special/2010lianghui/redianjiedu/shiyedanweigaige/detail_2010_03/13/825149_0.shtml.

度上可以帮助政府解决其面临的困境。政府需要把更多的精力用于掌舵和协调整个社会的宏观发展,而非政府组织则可承担起部分社会管理和服务职能。此外,在市场经济中,企业是经济主体而非政府附属,在政府与市场主体之间就出现一个"断裂层",政府微观经济管理权限下放,非政府组织承担起政府转让出来的部分公共管理职能,规范市场交易秩序,促进企业的良性发展。①

自20世纪80年代开始,非政府组织在世界各国和国际社会中,无论其数量、规模还是影响力,都以惊人的速度蓬勃兴起,在跨国性的人权保护、环境保护、劳工问题、发展问题、疾病防治、扶贫济困、妇女人口教育甚至是军控、体育领域,都十分活跃并卓有成效。根据《国际组织年鉴》统计,全球非政府组织的数量从1956的985个增加到1985年的14000个,进而到2003年的21000个。因此,萨拉蒙和安海尔称全球范围内非政府组织的兴起为"全球社团革命","近年来有目共睹,在全球范围内,对生存于政府与市场之外的形形色色的社会机构,人们的兴趣明显高涨。……其所以受到如此重视,在很大程度上是由于这些组织无论在数量还是在规模上均有了长足的发展。的确,不同程度的全球社团革命正方兴未艾,而群众性的、有组织的、非政府的志愿行动正在世界的每个角落兴起。"②

2. 非政府组织与政府的价值互补关系

任何组织都以承担一定的社会角色,体现一定的社会价值为其在社会中的存在,非政府组织也是如此。公民让渡权力组成政

---

① 苏大林等:"政府与非政府组织合作关系探讨",《甘肃社会科学》,2006年第4期。
② 【美】马秋莎:"全球化、国际非政府组织与中国民间组织的发展",《开放时代》,2006年第2期。

府,政府合法的行政权是公民通过选举赋予的,理应对公民负责,对其服务。①因此,"政府必须超脱各种具体的利益,进一步彰显公共权力的公共性,为不同利益主体之间通过市场交换满足各自要求提供一个制度环境,从而更好地协调社会多元利益"。②换句话说,政府一切活动的最终价值取向应该是促进公共利益。非政府组织与政府组织不同,不是由公民让渡权力组建的,它是公民自发志愿组成的组织实体,能够反映和表达公民意愿,鼓励公民维护自身合法权益,为实现最大限度的公民公共利益提供组织和制度保障。因此,公民是政府和非政府组织共同的服务对象,两者的最终目的都是要实现公共利益的最大化,因此,基于这样共同的价值理念,两者之间存在价值互补关系。

现代社会的发展是与价值观的多样化相伴生的,而在价值观多样化程度越高的地方,单凭政府与企业两种力量的整合是远远不能胜任的。非政府组织是一种独立的社会组织,其组织结构与政府机构不同,是一种扎根于社区、权力流动多向、独立运作的组织;与企业不同,非政府组织具有非营利性,是公民自发形成、志愿参与的,非政府组织的作用和价值是"可以向社会提供众多服务,承担一些政府部门不该做或做不好,企业做却未必有效的社会事务"。③

非政府组织在全球范围内的大量涌现,彻底改变了以往政府单一化的公共事务治理结构,而其它主体的参与也使公共事务的

---

①【美】盖伊·彼得斯:《政府未来的治理模式》,中国人民大学出版社2001年版,第125页。

②张勤:"行政体制改革的价值理念:公共性和服务性",《广东行政学院学报》,2004年第2期。

③【美】戴维·奥斯本,特勒·盖布勒,上海编译组译:《改革政府——企业精神如何改革着公营部门》,上海译文出版社1996年版,第22页。

治理结构呈现出多元化的形态。在政府与企业力量不能达到的地方,代表、吸收与应付多样化的价值观的新主体就会出现。非政府组织以其"自治性"与政府组织的"管制性"形成互补,并以其"志愿性"与企业组织的"营利性"形成兼容。从国际视野看,当今非政府组织的发展已经在优势互补的基础上,形成了一条跨部门、跨行业、跨领域、跨地区甚至是跨国界的价值链,而且,当非政府组织在技术支持下与政府、企业公民个人、合作单位甚至是竞争对手建立起某种联系,形成价值互补时,这一价值链就有可能转变成"价值网络",从而担当起"价值增殖"的角色。①

3.合作中的伙伴关系

实际上,从很多层面来看,政府和非政府组织之间,存在竞争和冲突。两者能够实现合作的前提,要基于以下几点:第一,非政府组织的计划与政府的宏观经济政策之间有联系。比如,如果没有路把农产品运入市场,那么教会农民种植更多更好的庄稼又有什么用呢?一般来说,路是由公共权力机构来修建的。第二,一个非政府组织的计划经常是由政府来提供的,反之亦然。肯尼亚的人口计划为非政府组织能够在政府计划中提供一定的服务树立了一个范例。第三,非政府组织财政收入的大部分而且越来越多地直接或间接地来自政府、多国银行的捐赠和发达国家。第四,非政府组织有时也会被政府接管或将其扩展。第五,非政府组织可以对政府的政策制定人施加各种各样的影响。②

因此,要实现非政府组织和政府之间的合作,需要非政府组织积极通过法律、制度等途径争取平等的发言权,同时,政府也需要

---

① 刘祖云:《行政伦理关系研究》,人民出版社 2007 年版,第 140—142 页。
② 【美】保罗·斯特里滕:《非政府组织与发展》,何增科主编,《公民社会与第三部门》,社会科学文献出版社 2000 年版。

转换角色,在宏观层面构建公共事务管理领域的多元治理格局,对非政府组织提供必要的支持。

随着非政府组织在自身努力和全球共识中的不断发展,将会有更多的对公共事务治理的职能从政府权威部门转移到社会公共部门甚至私营部门,不同部门将相互依赖,彼此形成"伙伴关系",在一种持续、互动的过程中达成公共秩序,增进公共利益。政府作为公共物品与服务的唯一生产者与提供者的神话已被打破,私人企业、非营利性公共机构、半独立性公共公司、公民自治组织等其它类型的组织也可以提供,甚至可以更好地提供公共物品与服务。

然而,在这一过程中,必须要防止政府所掌控的公共权力的强制性和单方意志性。因为,虽然公共事务的治理边界已向非政府组织敞开,但非政府组织在提供公共物品与服务时,难免会同政府发生意料内外的冲突。因此,塑造"全面合作"的公共事务治理模式的关键所在即是:从制度层面合理规约政府组织与非政府组织的治理边界,从而使政府组织与非政府组织的合作伙伴关系建立在坚实的基础之上。①

(二)博弈与平衡

一方面,世界性非政府组织的兴起和发展,是在社会结构分化的基础上社会力量博弈的结果;另一方面,作为社会力量博弈的结果,非政府组织又被卷入社会博弈的漩涡中,成为社会博弈一个重要的主体。当今,虽然社会治理的话语权仍然掌控在政府手里,但是,政府以外的其他社会力量已经逐渐介入到中国社会的治理及其制度创新中。其中,非政府组织就是一支重要的社会

---

① 王华:"治理中的伙伴关系:政府与非政府组织间的合作",《云南社会科学》,2003年第3期。

力量。①

非政府组织的存在和发展壮大,虽然对政府构成了严峻的挑战,但是,这并不意味着政府地位的下降。无论政府愿意与否,非政府组织的存在已经成为不争的事实,因此,政府和非政府组织,应该在博弈中寻求平衡。在非政府组织成立初期,政府对这一新生事物的态度是不信任,同样,非政府组织对政府亦如此。

一次博弈会带来利益的不均衡,但多次博弈达到利益的均衡。要避免这种不信任状况,首先,政府和非政府组织之间要建立良好的沟通机制和合作关系。政府与非政府组织之间的相互依赖关系不应该仅仅局限于互利的情境、局限于均衡的彼此依赖,同时还要对权力相互依赖的"敏感性"与"脆弱性"进行关注。相互信任机制需要双方共同努力,政府要引导非政府组织的行为和价值诉求,从而增强非政府组织的信任感;非政府组织也要扩大自己价值诉求的透明度,从而增加政府的信任度。其次,要建立和完善政府对非政府组织的管理机制。政府要改变高高在上的绝对权威地位,明确自己不再是公共管理的唯一主体,非政府组织是政府公共行政不可或缺的一部分,从而主动建立完善的管理机制,引导和促进非政府组织的快速成长。

二、政府社会责任与非政府组织社会责任的区别

(一)组织结构不同

由于组织结构不同,非政府组织的特性决定了非政府组织与政府组织、企业组织有着不尽相同的组织使命及社会责任。

哈贝马斯认为,不论正面还是负面界定,不论从事什么具体活

---

① 刘祖云:"政府与非政府组织关系:博弈、冲突及其治理",《江海学刊》,2008年第1期。

动,非政府组织的核心机制是由具有非国家性和非经济性(即非营利性)的组织在自愿的基础上组成的。[①]管理学大师杜拉克则进行了如下形象的表述:"非政府组织所做的事与企业和政府截然不同。企业提供产品或服务。当顾客购买产品按价支付并对所购产品满意时,企业就大功告成。当期政策卓有成效时,政府就履行了自己的职责。'非营利'机构既不提供产品或服务,也不实施控制。它们的产品既不是鞋,也不是规制,而是改变了的人。非营利机构是改造人、点化人的组织,其产品是治好的病人,乐于进取的孩子,年轻男女成长为具有自尊的成人……总之,一个改变了的新生命。"

市场是网络型的体制,人们自愿、平等地在市场中从事经济活动,但市场是利润取向的,市场和企业所追求的就是利益最大化,体现的是在法制和道德规约下的功利精神。政府的活动具有社会公益性,但政府是等级式的体制,往往被认为拥有绝对权威,带有强制性。非政府组织从事社会公益性活动,但它是非强制、非等级和非利润取向的网络型体制。非政府组织不是政府;也不是经济体,不能靠利益驱动,尤其是不能靠经济利益驱动。非政府组织更多的是基于人们的共同意愿、自发形成的、完全不同于政府和市场的第三类组织。非政府组织是不以营利为目的且具有正式组织形式,具有一定自治性、志愿性、公益性或互益性,非政府系统的社会组织。

不同的国家对非政府组织的分类也有所不同,分类不同,其组织结构也自然不相同。例如,在美国对非政府组织的类型划分中,以约翰—霍布金斯大学非营利机构比较研究中心的划分较有代

[①]【美】罗伯特·基欧汉,约瑟夫·奈:《权力与相互依赖(第3版)》,北京大学出版社2002年版。

表性。该研究中心遵循着以下原则设计了一个分类体系：一是尽量与各国非政府组织的实际情况相结合，二是尽量靠近联合国国际标准产业分类体系(ISIC)。该分类体系把非政府组织划分为12个大类、24个小类，包括：(1)文化与休闲：文化与艺术；休闲；服务性俱乐部。(2)教育与科学研究：中小学教育；高等教育；其他教育；研究。(3)卫生：医院与康复；诊断；精神卫生与危机防范；其他保健服务。(4)社会服务：社会服务；紧急情况救助；社会救济。(5)环境：环境保护；动物保护。(6)发展与住房：经济、社会、社区发展；住房；就业与职业培训。(7)法律、推进与政治：民权与推进组织；治安与法律服务；政治组织。(8)慈善中介与志愿行为鼓动。(9)国际性活动。(10)宗教活动和组织。(11)商会、专业协会、工会。(12)其他。

日本对非政府组织的分类有着自己的特色。首先，如同美国对三大部门的划分一样，日本也将所有的社会组织划分为三大类别：公共组织；非营利组织；营利组织。对于非营利组织，又从不同的角度对其进行类型划分。按组织目的，将非营利组织分为三类：①社会性非营利组织。包括协会、合作社型组织；福利型组织；教育、研究、文化组织；②居民志趣一致的非营利组织。包括住民型组织(街道委员会、老人俱乐部等)；志趣一致型组织(同窗会、文化沙龙等)。③产业后援性非营利组织。包括经济团体型组织；产业后援外围团体型组织；官民混合产业组织。

中国非政府组织的分类包括四类：第一，事业单位。事业单位是我国在特定历史条件下形成的一类社会组织，是一种有别于党政群机关及企业，受国家管理，具备独立法人资格，多以服务的方式进行专业性生产劳动，创造出精神和物质产品服务于社会，在追求社会效益的同时也谋求合法的经济效益，所需经费靠财政全额拨款或差额拨款或自行解决的实体单位。第二,社区管理型组织。社区管理型组织是随着我国改革的深化和政府职能的转变而发展起来的一种非政府组织。社区管理型组织坚持社区服务社会化的原则,在职能上承担了政府转移出来的部分职能;在性质上具有明显的社会性、福利性和保障性的特征。第三,社会团体。社会团体是指人们为着一定的目的,通过结社成立的各种社会组织的总称。社会团体是社会进步尤其是社会生活民主化的产物,在社会系统中的诸多社团组织中,因阶级属性、阶层利益、行为倾向、社会职能、成员成分以及职业分工和年龄构成等方面的差别,决定了社团类型的多样性。从其履行社会职能的角度,可将我国目前的社会团体大致划分为三种类型:①政治性团体。②经济性团体。③文化性团体。第四,民办非企业单位。民办非企业单位是指由民间主办的、不以营利为目的、旨在推进社会公益事业的组织机构。这种机构由于是由民间主办的,少有或没有政府的财政支持,为了维持自身的运转,它们在开展活动时必须向服务对象收取一定的费用,但其收入余额不能在组织成员与理事会之间进行分配,这种有偿服务与企业所追求的利润最大化是有着本质区别的。

(二)承担的社会责任内容不同

政府的主要社会责任一方面是通过法律、行政等各种手段,促进社会服务的发展,监督社会服务的运行,并不断完善社会福利制度,为社会成员提供最基本的社会保障,保证社会的公平与公正,另一方面则是提高国家的综合国力,提升国际影响力,维护国家的安全。[①]

[①]【德】哈贝马斯著:《公共领域的结构》,学林出版社1999年版,第35页。

对政府和非政府组织社会责任区别的探讨主要从两个方面进行,即外部责任和内部责任。

外部责任的不同突出表现在公共产品的供给方面。政府更多的是强调公平,而非政府组织则更加灵活多样。政府是由人民让渡权力组建的,因此对公民负责,体现在公共管理领域就是能够为人民提供基础性的公共产品,承担社会公共服务,是服务的主要提供者、购买者和服务体系的维护者。因此政府在公共管理领域主要侧重于公平,以补救市场失灵的弊端。非政府组织则将追求社会的公共利益作为组织的使命及组织发展的首要目标,通过参与政策制定,以特定的渠道,按照一定程序,通过提出问题、提供信息、表达意见、参加讨论、参与表决等方式来影响公共政策,其目的在于协助公共部门改进公共政策,以保障公共政策的公正性和科学性。非政府组织由于其灵活性,可以根据不同的利益关系人的利益诉求做出相应的回应,在提供公共产品上,更具灵活性与多样化,为公民提供单一行政力量难以甚至无法提供的某些特定的公共服务,实现了对公共服务进行有效的补充和监督。另外,非政府组织通过和政府的博弈,最终达到联合治理,从而减少了治理的中间环节,提高了公共服务的有效性,能够有效地避免和减少市场和政府的双重失灵所带来的危害,从而使公共服务能够覆盖更多的人群,实现社会公平。

内部责任的不同则突出表现在问责机制方面。政府组织的行政问责是一个具有前瞻性的过程。在行政问责过程中,对政府负责人故意或者过失,不履行或者未正确履行法定职责,以致影响行政秩序和行政效率,贻误行政工作,或者损害行政管理相对人的合法权益,给行政机关造成不良影响和后果的行为,对政府内部存在的如腐败现象等问题,要进行内部监督和责任追究,并作出合理的解释或更正。行政问责制度的建立,可以很好地促进良政治理和法制建设目标的实现。但是,非政府组织的问责制度和政府组织则有所不同,非政府组织的问责制度更多的体现在内部治理的完善方面。非政府组织要不断完善自身建设,强化使命,凸显公益性,从而增加服务社会的能力;建立健全完善的内部治理机制,从而提高组织的透明度,确保非政府组织的健康运行。

第四章　政府履行社会责任的制约因素

第一节　政府社会责任缺失的现状

一、全能政府下的权责失衡,权力滥用

(一)全能政府释义

全能主义(Totalism)是一个颇具特色的概念,最早是由美国芝加哥大学政治学教授、政治学家邹谠先生于20世纪80年代初期提出。不同于集权主义,它主要是指政治权力可以侵入社会的各个领域和个人生活的诸多方面,在原则上它不受法律、思想、道德的限制。

邹谠先生的说法是从国家与社会的关系来谈的,即国家可以随时侵入社会的各个领域,而集权主义是从一种政治体制来谈的。实际上,国家侵入社会领域和个人生活的程度或多或少,控制程度或强或弱。换句话说,国家可以任意进入社会生活和个人生活的各个层面。

全能主义可以被看作是一种社会思潮,是政府在经济和社会发展中占绝对支配地位,同时,拒绝任何非政府组织或民间组织在社会发展中应有的地位和作用。而基于全能主义的全能政府,具有中央高度集权等特征。全能政府下,一切权力都集中于中央,而中央政权又高度集中于最高统治者受众。"集权是国家的本质,国家的生命基础,而集权之不无道理正在于此。只要存在着国家,每个国家就会有自己的中央,每个公民只是因为有集权才履行自己的公民职责。"因此,国家都存在集权,但集权并不等同于高度集权。以巩固国家政权、维护社会秩序、促进社会发展为前提的集权是必需的,也是能够有利于国家的稳固和发展的。但是中央高度集权则不相同,这是一种超出适度范围和国家本质的、完全否定任何分权和自治的制度。在这种全能政府下,政府全面渗透到经济、文化和社会领域,政府垄断几乎所有的经济、政治和文化资源,国家和社会高度一体化,社会全面政治化。

　　国内不少学者认为,改革开放前的中国基本处于政府全面控制之下。俞可平指出,"在我国,长期以来全社会高度政治化,国家权力无所不及,政府采取家长制的方式对社会生活实行全方位的管理。人们看不到国家与社会之间的界限,市民社会消失于政治国家之中"。[①] 首先,全能政府是经济全能政府,人们的一切物质文化需求都由政府计划供给。经济活力严重不足,物质极度匮乏。其次,全能政府还是社会全能政府。一方面是计划和集权体制时期的社会问题未彻底消除,如:二元结构、缺乏诚信、破坏生态等带来的社会问题;另一方面是法治不完善下的市场竞争带来的新社会问题,如:剥削、尔虞我诈、腐败、两极分化、失业、污染、信仰和信任缺失、冷漠、空虚、黄赌毒、暴力黑恶势力、不敬老、歧视等。还

[①] 俞可平:《增量民主与善治——转变中的中国政治》,北京:社会科学文献出版社,2003年版,第198页。

有接二连三的校园凶杀案、煤矿事故,职业病救治需要开胸验肺,大量发生着的企业污染导致村民得绝症……①经济全能政府带来的弊端正在逐渐改变,但社会全能政府的弊端却依然存在并影响着中国社会的发展和转型。

(二)全能政府的表现形式

1.政企不分,政府全面渗透经济领域

政企不分是全能政府在经济领域的最重要表现形式。以中国为例,长期以来,我们所进行的经济体制改革,致力于政企分开,政府向市场、企业适度转移权力,并且取得了一定的成果。但是,不可否认的是,地方政府为了发展经济,过多干预市场、干预微观经营,忽视公共服务。尤其是对于辖区内的国有企业,对其投资决策、组织经营、人事任免等都进行大量的行政干预。另外,地方政府通常都把GDP增长和扩大税收来源作为头等大事,从而将上项目、保企业作为其工作的重要内容。这种单纯热衷快速增长,忽视质量、效益、结构和发展的可持续性,必然会出现盲目追求高指标、攀比高速度,势必导致经济的大起大落,结果欲速则不达。

2.权力寻租是全能政府的重要表现形式

在市场经济体制下,要以市场为主体在全社会范围内有效地配置资源,但是,地方政府往往通过制定各种有倾向性的经济政策来影响资源配置,既当裁判员,又当运动员,既是决策者,又是执行者,既制定规则,又从事具体事务。权力失去监督,必然导致腐败,而没有监督的政府权力,只能保证本地区经济目标实现和某些特殊利益群体的利益要求。由于资源的有限性和权力的绝对性,权力的拥有者就会依靠自己的政策制定权来制定符合或满足

---

①李昌平:"唯有打破'社会全能政府',别无选择",《南方周末》,2010年7月8日。

自己利益的政策,由此产生了大量的"寻租"行为。

3.高度集权,分权不够

高度集权是全能政府的重要特征,政府统揽所有事务,包括经济、政治、文化和社会事务。这种中央的高度集权表现在社会领域就是社会性公共组织和非政府组织发展缓慢。在某些经济发达地区,中介机构和群众自治性组织已有相当规模的发展,也承接了一部分原由政府行使的社会职能。但综合看,我国公共性社会组织仍存在规模小、承载社会职能少、工作饱和度低等问题,绝大部分本来可以由社会组织行使的职能仍由政府承担。

(三)全能政府带来的后果

一个有效的政府必须是一个有限的政府,同样,一个全能的政府绝对不会是一个有效政府,它只会给市场运行设置重重障碍,滋生寻租空间。

从国家与社会的关系上看,全能主义国家所代表的是强国家弱社会、大政府小社会的模式。这种模式带来的问题是显而易见的。全能政府很难实现真正的公共利益,当政府权力过于强大,政府可以凭借压倒一切的公共权力来获得自身利益诉求时,就很容易以政府的利益诉求来压倒和取代真正的公共利益诉求,从而无法保障公民的公共利益得以实现。因此,要摆脱全能主义的国家模式,就必须建立一个有限责任的政府。

具体来讲,全能政府导致的后果可能包括:①

第一,政府职能过度膨胀,行政权力过分扩张,形成日益庞大而臃肿的政府机构。"全能政府"包揽一切社会事务,最终出现了行政权力扩大、行政效率低下、行政行为腐化、人员冗杂、财政负

---

①冯芸:"浅谈政府行政模式的转变",《法制与社会》,2008年10月(上)。

担过重的现象。

第二,政府职能结构不合理。在许多地区,不仅政府的经济职能强于社会职能,而且在经济职能中,微观管理职能又强于宏观管理职能;在社会职能中,控制职能强于服务职能。政府职能结构的失衡现象使得政府不应该地成为了诸多社会事务和责任的矛盾焦点,出现"公共权威"的危机。

第三,政府权力与能力不协调。从市场失灵和政府失效的关系来看,政府的能力是有限的,如果不是全面考察该时期政府的管理能力、服务能力、创新能力等,就可能导致一方面政府职能无限扩张,而另一方面政府有效管理社会事务的能力欠缺的问题出现,导致政府管理目标的多元性与管理手段的单一性、管理效率的低劣性等矛盾广泛存在。

二、政府不作为和行政不负责

(一)政府不作为

1.政府不作为的基本界定

政府不作为伦理现象,就是在行政权力运行中政府行为违背权力运行的基本规约,脱离了道德对政府行为的基本要求,本质上来说就是一种行政伦理的失范。政府不作为伦理现象具体表现为,为稳定少数人的特殊的地位,怕遭到既得利益者的强烈反对,或因所谓的政府财力有限而不作为,在"有所作为"表象之下的不作为,为把自己的负担转嫁出去而不作为,人浮于事,职责不明,互相推诿而不作为,表面看起来是在落实着国家政策,实际上是一种变相的不作为等等。政府不作为还表现为失职、渎职以及推诿拖延等官僚主义行为,如权力交易、渎职失责和权钱交易等。权力交易是权力再分配过程中的以权换权,即谋求权力的最大化。

渎职是指国家工作人员利用职务上的便利滥用职权或者不尽职责;失责是享有一定权力的人对自身应负的责任和义务的一种无视和糟蹋。权钱交易实际上就是行政运作过程中缺乏最基本的行政伦理规范和法制秩序。

2.政府不作为现象的根源

谈到政府不作为伦理现象的根源,有学者从官场文化和职业精神、个人和集体角色、经济人属性和自由裁量权,以及权力监督和制约等角度进行分析,认为政府不作为伦理现象主要来自于这四个方面。①

第一,从官场文化和职业精神的角度分析。

社会学理论常用早发内生型现代化和晚发外生型现代化,来表述不同国家由于种种历史条件的制约而在迈向现代化的步伐和进程中显现出的差异和区别。中国的现代化便属于后者,因而面临着文化观念的滞后问题。② 在中国长达两千余年的封建统治中,形成了中国特有的官场文化即官文化。官文化的一个重要特点就是权力运作的任意性与私密性,其强烈的官本位意识,使为官者以民之父母自居,并以官贵民贱、官大为尊为行为准则,一边拿国家的俸禄,一边又以手中的权力换取更多的外来之财,因而官与财富紧密地联系在一起,成为一种十分普遍的政治现象。这种以官为主体,以为官者的利益为核心的官文化作为一种文化遗传对我国的政治文化产生了深远的影响。建国后,长期的计划经济体制导致了一种奉献型的经济伦理模式和公仆式的行政伦理

---

① 郭俊:"对政府不作为伦理现象的思考",《湖南文理学院学报(社会科学版)》,2007年第5期。

② 郑燕然:"中国公共权力的伦理困境和责任伦理的自觉",《社会纵横》,2006年第2期。

模式,这只不过是当时条件下的一种偶然存在,一种在逻辑上可在好人范围内普遍化,但对所有人来说只能提倡而无法经常化、普及化的行为准则。因为行政主体也是社会中的一员,他们也要生存和发展,也同样会有自己的利益考虑。所以当计划经济向市场经济体制转轨时,奉献型的伦理大厦也就失去了支撑。从社会发展的角度看,中国社会的现代化由于没有经历市场经济自发的、完整的发育过程,在自身的经济结构的演变中缺乏刺激自身文化发生变革的因素,社会成员普遍缺乏与现代化过程相适应的文化价值观念和与现代职业化过程相适应的职业精神和操守。因此官场文化的浸染,职业精神的缺失,为政府不作为伦理现象的出现孕育了温床。

第二,从个人和集体角色的角度分析。

政府不作为现象的存在,与行政官僚和公务人员的社会价值观有关。这种价值观的典型表现,就是个人利益上的个人主义与作为公职身份上的集体主义的交融。建立在个人利益上的个人主义,其行为选择就是个人主义的价值观支配的结果。作为公职身份的集体主义,由于过多依赖于自上而下的集中指挥、命令、指令或者强制,因而对于公职就有可能会消极、怠工,乃至玩忽职守等。在这种集体主义思维支配下,在面对其本职工作时,行政人员自然而然地会作出一种难以避免的选择。正是由于他们作为公职身份所持的不是个人主义,而是集体主义,所以责任意识不够强烈。这种本该不可少的"责任意识"就在集体主义的价值观的支配下或多或少地流失了,于是就有了政府不作为的伦理问题。

第三,从经济人属性和自由裁量权的角度分析。

经济人和道德人是人自身固有的双重属性。它们相互补充、相互加强,同时也相互排斥、相互侵损。公共行政把实现和维护社会公共利益作为根本目的,行政人员的道德人动机和行为则是实现这一根本目的的人性前提,并在行政活动中不同程度或以不同方式表现出来。如果行政人员为其自利动机所左右,就会出现行政职责方面的信念危机,必然导致各种各样的不作为行为的发生。行政自由裁量权是一种非制度化的具体事务处置权,意味着行政主体具有价值判断的意志和自由,因而也意味着相应的伦理道德责任。由于行政自由裁量权不是一种制度安排,而是行政人员的主观行为表现,这一特点就决定了自由裁量权的行使,既可以行善,也可以作恶。[①] 当这种行为与行政道德人属性相结合时就会产生善行,与行政经济人属性相结合就可能导致恶果。这为政府不作为伦理问题的滋生产生了客观推动作用。

第四,从权力监督和制约的角度分析。

孟德斯鸠曾经说过:"一切有权力的人都容易滥用权力,这是自古不易的一条经验。有权力的人们使用权力,一直遇到界限的地方才休止。"[②] 缺乏强有力的监督和制约机制是政府不作为的客观条件。处于转型期的中国,虽然在社会主义民主与法制建设及社会管理层面的规章制度建设上都取得了很大的发展和进步,对权力的社会监督和制约机制也逐步建立和完善起来,但与迅速发展的客观现实相比,还远远不够。一是人大的作用未能充分发挥,监察机关的地位偏低,无法有效行使监督权。二是民主渠道不畅通,监督缺乏群众性。在各种监督中,人民的监督是最根本、最重要的。受封建专制思想的长期影响,大多数老百姓仍有怕官的心理,当自己的权益受到行政人员的侵害时,也只是逆来顺受,任其发

---

① 【美】乔治·弗雷德里克森:《公共行政的精神》,中国人民大学出版社2003年版,第159—160页。

② 【法】孟德斯鸠:《论法的精神》,商务印书馆1961年版,第154页。

展,这样就谈不上监督了。三是舆论导向乏力,社会效益差。这些都在一定程度上加剧了政府不作为伦理问题出现的频度和广度。

(二)行政不负责

1.行政不负责的界定

实际上,行政不负责是政府不作为的表现形式。行政不负责是指行政主体及其工作人员有积极实施行政行为的职责和义务,应当履行而未履行或拖延履行其法定职责的状态。认为行政不作为是指行政主体未履行具体的法定作为义务,并且在程序上没有明确表示的行政行为。所谓行政中的"不负责"行为,是基于公民、法人或其他组织的符合条件的申请,行政机关依法应该实施某种行为或履行某种法定职责,而行政机关无正当理由却拒绝作为的行政违法行为,亦称"不作为违法"或"消极违法"行为。

行政不负责主要表现为拒绝履行、不予答复、拖延履行,它与行政中"乱作为"一样,都将可能侵犯或损害行政相对人的合法权益。

从理论上,行政不负责是一种行政侵权行为,应当承担行政侵权责任。但是,中国《国家赔偿法》关于行政赔偿中,并未明确规定行政不作为或不负责造成相对方损害的行政赔偿责任。由于行政侵权责任的构成要件中的一个重要条件是法律规定,在国家赔偿法没有明确法律规定的情况下,违法的行政不作为或不负责能否构成行政侵权责任便成为一个有争议的问题。

作为行政主体的政府,必须承担特定的义务,无论是由于故意还是过失未履行特定义务,都属于行政不负责或行政不作为的范畴。

2.行政不负责的表现形式

行政不负责就是行政主体不履行法定职责的消极行为方式,具体表现为五种形式:第一,拒绝履行法定职责。拒绝履行法定职责是指行政机关明确表示拒绝履行法定职责的行为。第二,不正确履行法定职责。不正确履行法定职责是指在法律对如何履行法定职责没有明确规定的情形下,行政机关采取了与法定职责的要求不相符合的方式处理相关的行政事务,其结果导致法定职责实际上的不履行。不正确履行法定职责是对依法履行法定职责的实质性违反,是行政不负责的一种表现形式。第三,拖延履行法定职责。拖延履行法定职责是指行政主体超过了法定的或合理的期限,仍未履行法定职责。拖延履行法定职责是最为常见的一种表现形式,其严重影响了政府机关的形象和行政效能,侵犯了相对人的合法权益。第四,不完全履行法定职责。不完全履行法定职责是指行政主体虽然有履行法定职责的行为,但没有全面、完整地履行法定职责,只是部分履行。不完全履行法定职责有时与不正确履行法定职责有交叉,也是一种行政不负责的表现形式。第五,疏于履行法定职责。就是说,行政机关没有依法履行法定职责不是出于故意,而是由于疏忽大意、工作责任心不强等过失造成的。

第二节 政府社会责任缺失的原因

一、传统政治文化消极因素的影响

在政府的运作过程中,时时暴露出传统政治文化中消极因素在整个政治体系上烙下的深深烙印。这些消极因素的存在,直接影响着政府责任的实现。

(一)官本位心理

官本位心理在经历过长时期的封建社会的国家表现得极为明

显,如中国、日本、韩国等亚洲国家。

官本位不是一个严格的科学概念而是通俗的说法,最早出现于20世纪80年代。这种说法起源于经济学上的一个专用名词——金本位。金本位指的是以黄金为本位货币的一种货币制度。以黄金为单一的价值尺度去衡量其它商品的价值。由此看来,在最初提出这个名词时,官本位至少有这样一层意思:把是否为官当成一种核心的社会价值尺度去衡量个人的社会地位和价值。随着社会的发展,其含义渐丰,不仅限于此。当下,官本位更多的是指代一种以官为本、以官为贵、以官为尊为主要内容的思想意识,官僚主义、形式主义、唯上是从就是这种思想意识的外在表现,推诿扯皮、敷衍塞责、官商勾结、权钱交易就是这种思想意识支配下的具体行为。另外,官员有"包办一切"的思想,导致政府奉行"全能主义",行政权力随时和无限制地侵入与控制社会的每一个领域,这样,政府及其公务员是无法真正承担起其应有的责任的。

官本位的基本特征表现为:以"官"的意志为转移的利益特权、"唯上是从"的制度安排、以"官"为本的价值取向、以是否为官和官职大小评价社会地位的衡量标准。[1]

官本位至少包括了四点内涵:公共权力的运行以"官"的利益和意志为最根本的出发点和落脚点;严格的上下层级制度,下级对上级唯首是瞻,上级对下级拥有绝对的权力;以是否为官、官职大小、官阶高低为标尺,或参照官阶级别来衡量人们社会地位和人生价值的社会心理;在此基础上形成的敬官、畏官的社会心理。在日常生活中,人们往往在多个意义上使用这个概念,"它包含了官本位意识、官本位思维、官本位文化、官本位机制、官本位现象、

---

[1] http://news.xinhuanet.com/theory/2009-03/26/content_11068545.htm.

官本位行为等多方面的意思"。官本位体制具有特定的含义,指的是一种政治制度、政治文化。

封建社会的政治文化遗留是导致官本位思想的最重要的历史根源。以中国为例,经历了两千多年封建社会的中国,在壁垒森严的封建社会时期,只有入仕这一条改变命运的途径。入仕做官,才能摆脱贫困低贱的社会地位,才能跻身上层阶级,改变命运。因此,官本位成为封建官僚制度的基本特征。干部任用制度的不完善则是导致官本位思想的最重要的现实根源。纵观世界各国行政制度发展史,我们可以看出,凡是干部任用制度不完善的国家,腐败现象就频发。因为没有完善的选拔任用制度,能够跻身政府之列的当权者就会错误的将权力认为是领导给予的,而忘记了为社会的公共利益负责。当政府中官本位思想泛滥时,导致政府不会将承担社会责任作为首要任务,久而久之,这种脱离群众的官本位思想就会严重滋生,公共利益受到损害。

(二)权力崇拜

传统社会的一大特点便是对政治权力的高度膜拜,正如顾准在评价中国传统政治文化时所言,"这种文化的对象,几乎是唯一的对象,是关于当世的政治权威问题",即便是阴阳五行,也"不过都是服从于政治权威的"。①

权力崇拜是一种权力的异化,是对社会公共权力的歪曲和丑化。我们并不否认权力的作用,但是权力应该是为人民谋取利益的手段而非为个别人谋取利益的途径。恩格斯在谈到权力时曾经这样说过:"如果政治权力在经济上是无能为力的,那么我们又为

---

①顾准:《顾准文集》,转引自《道德中国》,中国社会科学出版社1999年版,第119页。

什么要为无产阶级的政治专政而斗争呢?"① 我们为实现无产阶级的权力而斗争,并不意味着我们崇拜这种权力,认为这种公共权力可以为任何人所利用去达到任何目的。

当然,正如有学者指出的,权力"的确有着难以估量的利益支配空间,特别是在权力制约环境尚未得到全面优化的情况下,权力所具有的呼风唤雨、含金无价的巨大潜能是不争的事实,也是人所共知的常识……权钱交易的黑色案例,如果再加上那些俯拾皆是的大摇大摆以权谋私的灰色案例和堂而皇之权有应得的紫色案例,那么,有谁再有理由坚持,权力崇拜和官本位情结能轻易从中国人的潜意识中拂之而去?"② 权力崇拜有其产生的历史和现实根源,很难一时迅速消除。但不可否认,畸形的权力崇拜带来的是整个社会基本生态的扭曲和畸变,是现代社会文明程度低下的标志。权力崇拜和官本位意识一样,也是一种封建社会的残留。人类社会前进的方向一定是平等和自由,政府的权力本身就是由人民让渡的,因此,权力必须受到有效的监督和透明化、程序化运作。权力崇拜的出现是经济落后、社会分工上的弊病、法制不健全、民主不充分、封建社会的意识残余等众多因素综合起作用的结果。

权力崇拜和政府的社会责任是完全背离的。政府承担社会责任要求当权者真正意识到权力是由人民让渡的,以公仆姿态关注社会事务;但权力崇拜则恰好相反,完全成为权力的主导者。

二、缺乏完善全面的监督机制

在政府的责任实现过程中,制度发挥着关键性的作用。

---

①《马克思恩格斯选集》第 4 卷,人民出版社 1995 年版,第 486 页。
②马庆任:《告别西西弗斯:中国政治文化分析与展望》,中国社会科学出版社 2002 年版,第 171 页。

制度是对整个社会良性运行的规范。良好的制度与规范可以敦促人们抑恶从善，不良的制度则可能会抑制人行善的美好愿望，甚至会使人们弃善从恶。邓小平曾经说过："我们过去发生的各种错误，固然与某些领导人的思想、作风有关，但是组织制度、工作制度方面的问题更重要。这些方面制度好可以使坏人无法任意横行，制度不好可以使好人无法充分做好事，甚至会走向反面。……不是说个人没有责任，而是说领导制度、组织制度问题更带有根本性、全局性、稳定性和长期性。这种制度问题，关系到党和国家是否改变颜色，必须引起全党的高度重视。"[①] 美国著名学者戴维·奥斯本也曾指出："我们相信问题不在于政府中工作的人，问题在于他们工作所在的体制。……多年来，我们结识了上千名政府公务员，他们中的大多数，虽然肯定不是全部，是负责的，有才能的，立志献身的人，只是受制于陈旧体制的桎梏，创造性得不到发挥，精力遭到浪费。"[②] 的确，"当人们处于从恶能得到好处的制度之下，要劝人从善是徒劳的。"[③] 实际上，早在17世纪，孟德斯鸠就曾经从人性的角度分析过腐败、权力滥用等现象的根源。因此，要遏制不正之风、贪腐等政府不良现象，就需要建立和完善全面的监督机制，从某种意义上说，政府的社会责任缺失是制度不完善导致的。

(一)缺乏明晰的职责定位

早在19世纪初叶，列宁曾提醒世人："任何时候，在任何情况下，实行集体领导都要最明确地规定每个人对一定事情所负的责

[①]《邓小平文选》第2卷，人民出版社1994年版，第336页。
[②]【美】戴维·奥斯本等：《改革政府——企业家精神如何改革着公共部门(中译本)》，上海译文出版社1996年版，前言第4页。
[③]【美】萨拜因：《政治学说史(下)》，商务印书馆1986年版，第633页。

任。"① 由此可见,缺乏明晰的职责定位,是导致政府不愿承担责任的重要原因。

任何政府的责任都应当是为人民谋福利,以人民的利益为出发点。我国经过多年的努力,特别是随着政治体制改革的不断深化,已经建立了不少有关决策责任制度,诸如政府报告制度、人大代表审议制度、上级机关审查制度、监督制度、评估制度、奖惩制度等等,但这些制度缺乏内在的相互衔接性,整体配套性不强,在实践中难以发挥应有的功能和作用。并且,目前中国行政决策尚未建立起严谨的程序和完整的规范,不少政府部门和基层行政决策往往不经过扎实的调查、认真的分析、充分的讨论和缜密的论证,仅由行政官员依自己的主观意志进行决策,所以,重复决策、错误决策难免发生。

如果没有明晰的职责定位,也没有相应的法律法规来规定何种官员所负何责,谁来问责,何人依何种程序判定官员失责,就会导致政府运行过程中的混乱和失序,导致行政不作为现象产生,从而不能承担起相应的社会责任。

(二)监督机制不健全

如果监督机制不健全,在行政管理和公共服务领域,由于种种利益诱惑,容易出现政府机关和公务人员滥用行政权力与民争利,或者政商联手与民争利,严重侵犯民众合法权益的现象;如果诉求渠道又不畅通,社会矛盾长期积累得不到化解,就会造成政民关系紧张,阻碍经济社会的稳定协调发展,严重损害执政基础和政府形象。

完善的监督机制应当包括民主监督机制、法律监督机制和道

---

① 《列宁全集》第29卷,人民出版社1972年版,第398页。

德监督机制等。真正有效的责任政府应该是建立在有效的民主监督机制之上的。孟德斯鸠说过,一切有权力的人都容易滥用权力,这是万古不易的一条经验。阿克顿勋爵也曾经说过,权力导致腐败,绝对的权力导致绝对的腐败。"恶经济人、恶政治人"的人性预设认为,政治人不是天使,由政治人组成的政府有可能会因为追求自身利益而忽视甚至剥夺社会成员的权利和自由,这是政府的"必要的恶"的理论预设。因此,在这种情况下,倘若政府没有完善的监督机制,没有具体的政治和法律建设来赋予人民行使监督政府的权力、没有赋予不同政府机关行使互相监督的权力,有效、系统、全面的责任监督机制就不可能实现,真正意义上的责任政府也不可能实现。

监督机制不健全主要表现在以下几个方面:

第一,监督的指向不明确。在政治系统中,监督的指向本应该与权力的指向一致。如果两者不一致,只有上级对下级的监督,而没有平行监督和自下而上的监督,就会导致监督结构失衡。监督结构失衡带来的后果就是监督的随意性和无效性。自上而下的监督制完全取决于政治领袖的个人特征,如果政治领袖清廉诚实,就会带来较好的监督效果;反之,监督效果不佳,也不可能得到真实有效的监督反馈,甚至下级有可能会联合一致,利用上级信息不全和自身行为的隐蔽性蒙骗上司。

第二,监督的主体不明确。以中国为例,按照监督主体不同,可划分为两大类:一是国家权力性监督,二是非国家权力性监督。国家权力性监督是指宪法对立法、行政、司法等国家职能作出安排的监督机制,包括人大机关的监督(如立法监督、工作监督和人事监督),行政机关的监督(如上级对下级的层级监督、审计监督和监察监督等专门监督,它们也被称为行政系统内部监督),司法机关的监督(如审判监督和检察监督),其理论基础是建立在人民当家作主和民主集中制基础上人民代表大会制度的组织原则。非国家权力性监督也称社会政治民主监督,包括执政党组织的监督,民主党派和政协组织的监督,社会团体的监督,新闻媒体的监督,人民群众的监督等等,其理论基础是政治民主和社会民主的基本原则。① 如果监督主体不明确,就很难明晰监督责任,也很难起到监督的作用。

第三,监督权责不明确。由于我们所说的监督,是自下而上的监督,在官本位、权力崇拜等因素的影响下,自下而上的监督往往会存在一定困难,很难实现。监督权责的不明晰,导致监督主体的主动性和积极性很难得以发挥;监督客体则会因为外界制约不力而逃避责任。监督权责不明确具体表现为"监督制度虚置,行政责任不落实。内部监督,由于部门利益,往往出现'相互礼让';外部监督,尽管主体众多,但难以统一协调,形成合力;专门监督,虽制度不少,但实施起来,步履艰难。如审计监督缺乏保障,权力机关的监督往往由于责任缺乏,监督不到位,出现走过场式的'软监督'。"② 因此,社会的良性运行需要具体并且行之有效的责任追究制度和程序、刚性的社会舆论监督体系等。如果监督制度完善,但权责不明,且缺乏实施标准和规则,那么监督制度就很难落到实处,从而无法避免政府的"官僚主义现象,权力过分集中的现象,家长制现象,干部领导职务终身制现象和形形色色的特权现象"。③

第四,监督的程序不合理。明晰的、完善的监督程序应当包括

---

① http://www.calaw.cn/article/default.asp?id=7823
② 于仁伯:"转变职能建设诚信责任政府",《中央社会主义学院学报》,2002年第8期。
③ 《邓小平文选》第2卷,人民出版社1994年版,第327页。

事前防范、事中监督和事后监督三个方面,这是完整的政治监督内容。如果只重视事后监督,等出现失误和问题后再去追究,而忽视事前的预防性监督,就会产生监督程序的疏漏。

总之,制度不健全会对公务员的责任实现产生极大影响。正如有学者所言,制度化产生可预期性。一套制度化的官员问责制会使大众对官员的行为有某种预期,也使官员对自己施政行为可能给自己带来的后果有某种预期。这种预期会促使官员努力奋进践履自己的职责。缺乏制度化、程序化的官员问责制仅仅在官员头上高悬了一把随意的利剑。这把剑可能会使官员谨慎,但决不会使其奋进。①

三、政府与社会的互动渠道堵塞

政府与社会的关系历来都是学术界研究的热点问题。

政府是国家机器的重要组成部分,政府产生于社会,是社会发展到一定阶段的产物,也是社会自身在面临无法解决的矛盾时建立的一种特殊的社会组织形式;政府又作用于社会,通过政府的管理活动来影响社会。政府虽然产生于社会,但一旦上台,就会拥有自主性,成为相对独立的利益主体。在社会管理领域,政府对社会秩序会起到规范和约束作用,以避免出现无政府的混乱状态。

但是,政府又受制于社会,是社会选择和需要的产物。人类社会的生产力以及由此带来的市场关系的演进促成了历史上不同性质政府形态的更迭,也正是社会内部各阶级力量的对比决定了政府的具体组织形式,另外,社会的民族传统、风俗习惯、宗教信仰、意识形态等都会对政府组织形式产生重要影响。社会对政府

---

① 李强:"'官员问责'重在制度化",《新闻周刊》,2003年第37期。

的制约是全方位、全过程的,政府的产生是由社会公众选择的,政府管理中的所有行为都要受到社会监督和制约。

政府与社会的关系通常有四种模式:

第一种模式是强政府弱社会模式。这种模式通常发生在生产力水平低下的国家,社会分工不够完善和发达,国家内部各社会组织相对独立,缺乏必要的联系。政府通过高度的中央集权来维护和实现政令统一,从而对公民和社会组织进行全面严格的控制。这种模式下,社会往往极度受制于政府,无法承担任何社会责任。

第二种模式是弱政府强社会模式。这种模式下的政府往往无力维系。弱政府不是小政府,新加坡国立大学郑永年教授认为,西方民主历史上的三次转型,每次都是对主权政府的弱化。在北美和欧洲,这些传统上被定义为民主的国家,现存的民主已经难以产生一个强政府,甚至有效政府。在阿拉伯世界,社会抗议运动(一些人称之为"民主化"运动)不断瘫痪着一个又一个政府。在亚洲,日本政坛的不稳定尽人皆知(六年里产生了五个政府)。泰国、菲律宾、马来西亚等国家都面临政治稳定的不确定性问题。很多学者认为,弱政府强社会模式是当前西方世界普遍采用的模式,也是学者们最为认可的模式。

第三种模式是强政府强社会模式。这种模式意味着政府与社会的双赢,其特点是政府和社会的自主性都非常高,社会力量及其组织化程度高,政府能够顺利将自身意志、目标转化为现实。有学者认为,中国不能走西方的路子,而是应该构建强政府强社会模式。因此政府如果完全不管经济,市场的盲目性会带来频繁的经济危机,再加上中国独特的国情和历史传统,因此,强政府强社会模式应该是中国目前的最佳选择。

第四种模式是弱政府弱社会模式。很多发展中国家就是采取的这种模式,缺乏强有力的中央政府,缺乏现代国家所必需的社会基础,经济落后,社会分化程度低。这是一种既不利于社会发展也不利于国家振兴的模式,政府的弱小决定了政府无力控管社会事务,导致政府瘫痪;社会的弱小也会使社会庞杂无章,无法担负起应该承担的责任。

无论哪一种模式,政府与社会之间构建良好的互动渠道是最有利于社会发展和进步的。如果政府和社会的互动渠道堵塞,都会导致政府无法履行社会责任。根据现实需要和时代潮流,政府与社会的力量对比重心必将向社会倾斜,政府与社会的关系也将由"政府本位"向"社会本位"转变,原来政府管理和控制社会的观念必须让位于调控、引导、服务和整合社会的观念,政府对社会的统治观念必须让位于政府与社会的合作治理。因此,重新树立"社会本位"的治理理念,以"社会本位"为原则,逐步培育社会的独立性、自主性和自治性,树立政府为社会服务、政府对社会进行适度干预的理念,实现政府与社会的合作治理,从而使社会管理走向社会治理,才能建立起现代意义上的社会管理,实现社会秩序的稳定。只有政府与社会合作治理,充分发挥民间社会自我管理和自我治理的功能,并使民间社会成为政府对社会管理的真正参与者和监督者,不断完善公民权利对公共权力的制约机制,才能在调动民间社会和社会组织参与积极性的前提下保证和增加政府社会管理的透明度,才能促进人民群众享有基本公共服务权利平等和机会均等,切实保护社会弱势群体的权益,保证人民共享社会发展的成果,才能及时反映群众意愿,引导公民以理性合理的形式表达利益要求、解决利益矛盾等。[1]

---

[1] 周红云:"中国政府与社会互动不断升级,共治格局初步形成",《瞭望》,2011年12月5日。

第五章 政府社会责任良性运行的实现路径

第一节 从全能政府到有限政府

一、有限政府存在的理论基础

有限政府理论发轫于西方，基于近代西方古典自由主义的政治思想而完善。有限政府是指建立在政府失败、市场失灵和公民社会自主发展的综合需求的基础上的政府，其主要目标就是从个人权利的理念出发，谋求建立权责、职能和规模都受到严格限制的政府形态。

有限政府并非弱政府或者低效政府，有限政府是期望利用政府的能力，以低成本满足社会对公共物品的需要，因此，有限政府的核心应该是提高服务质量和降低服务成本并举，法律规范完善，接受民主监督，追求高效性。

(一)有限政府合法性的理论溯源

有学者认为，有限政府理论是历史性试错的结果。因为市场经济的一般性理论有两个重要的思考性基础：每个人都是自私的，每个政府都是有限的。制度意义上，有限政府甚至是人类文明发展到今天最伟大的成果之一。政府一定不是无所不在的，政府和一个具体的人之间的关系，是一种互惠的关系。这是一个普遍的原则，以契约的形式写进宪法，人有赋予政府公权力的权利，也有抵抗政府滥用公权力的权利。个人的"抵抗权"由此建立，这才是有限政府的基石。[①]要验证有限政府是否是历史性试错的结果，或许我们可以通过有限政府理论的发展史来看出端倪。

1.古典有限政府理论

有限政府理论最早可以追溯到古希腊时期。古希腊哲学家柏拉图分析了波斯和雅典的历史，认为政府必须依据"统治权的划分"这一划分原则，把民主和君主政体联合起来，从而形成混合政体，以实现政府权力在内部结构上的彼此分离和相互制约，从而达到稳定和秩序的状态。这被看做是有限政府思想的雏形。亚里士多德对古希腊城邦的政治制度进行了深入的实证分析，从而明确提出最好的政体是共和政体。在共和政体下，国家的政治结构分为议事、行政、审判三部分，既彼此分离又互相制约。这种分权学说是对有限政府理论的重大贡献。在亚里士多德之后，古罗马政治家和思想家西塞罗明确提出国家和法律是人民的共同财富，执政官正确而合法地行使政治权力，才是人民的共同权力。而执政官是法律的产物，权力以及权力执掌者服从法律，意味着政府权力必须接受法的限制。

接下来就是古典有限政府理论的三位代表人物，霍布斯、洛克和卢梭。以霍布斯为代表的自然权利派认为，人们在协商的基础

[①]苏小和："有限政府是历史性试错的结果"，《华夏时报》，2013年7月10日。

上,交出一部分自然权利,组成契约政府,形成国家机器。政府的职责就是保护人们的自由权利,如果政府违背契约,践踏人民的自然权利,人民有权改变或废除它,并成立新的合乎人民意愿的政府。因此,个人的权利往往是高于政府的。政府所掌握的权利是人民让渡的,具有有限性,仅仅是实现、维护和保障个人自然权利的手段。霍布斯的这些理论在18世纪被美国独立宣言和法国人权宣言所接受,从而对现代社会政治法律制度的形成都产生了巨大影响。荷兰哲学家斯宾诺莎则强调必须设计监督制度防止权力滥用,因为掌权者更易于谋取更大的私利,因此必须防范其权力范围无限制地扩张,从而颠覆"契约化"的公民社会而重蹈"自然状态"的可能性。在斯宾诺莎看来,主权者的权力受自然法的限制,不得超越一定的范围,否则,这种权力将是"短命的"。

洛克被认为是将有限政府理论提炼为科学体系的第一人,他在《政府论》中将道德制约权力、政府服从法律当做公理,他认为,任何形式的专制统治都是被证明不科学的,政府必须是有限政府,从个人权利中派生出政府权力,政府的存在是为了保护个人的自由和权利。在洛克那里,有限政府主要体现在政府必须受到法律的制约。因为法律不会授予任何人特权,法律面前人人平等,法律是禁止和防止政府滥用人民让渡的自然权利的唯一手段。洛克认为,国家权力分为立法权、行政权和对外权,其中,立法权处于支配地位,但也要受到限制和约束。这三种权力分别由不同的机关分别掌握,从而有效地实现政府的有限性。孟德斯鸠对洛克的有限政府理论做了积极且丰富的补充,他发展了洛克的三权分立学说,正式提出了西方政治法律史上最重要的分权学说,即立法、行政、司法的三权分立。三权分立的根本目的在于限制政府权力,反对权力的滥用,从而保护个人的自由和权利。

在这之后的卢梭,将权力的合法性提上研究日程,即关注权力由谁行使,属于谁的问题。卢梭首次提出并且系统论述了人民主权理论,他认为人们为了获得政治社会的便利和效率,通过"社会契约"缔结了政治社会,并期望找出"一种结合的形式,使它能以全部共同的力量来卫护和保障每个结合者的人身和财富,并且由于这一结合而使每一个与全体相联合的个人又只不过在服从自己,仍然像以前一样地自由"。①但是一旦政府违背了这一初衷,人们就有权推翻原来的政府,重新订立新的契约,组织新的政府。因此,政府和人民之间的关系是委托关系,人民可以限制、改变甚至收回政府的权力。这是卢梭有限政府理论的要点。在卢梭之后的托克维尔继承了卢梭有限政府的理论,他认为无限权威是一个坏而危险的东西,任何人都不能行使。一旦权威被授以一切的权力,那就是暴政的种子。可是,只要以人民的名义来实现暴政和主事不公,暴政甚至也可以成为合法,不公也可以成为神圣。因此,托克维尔指出,有限政府理论要避免陷入新专制主义的误区。

18世纪,英国古典自由主义学者亚当·斯密在《国富论》这一巨著中,以"经济人"假设为出发点,认为个人是理性"经济人",自利性驱使个人谋求利益最大化,因此,在经济领域,政府不应该干预具体的经济行为,而是创造良好的市场环境,发挥市场机制的基础性作用。亚当·斯密的政府与市场关系的学说,为有限政府理论提供了坚实的基础。

2.近代有限政府理论

第一次世界大战之后,为了应对战后的衰败形势和经济危机,凯恩斯主义先后在欧洲各国盛行起来,大规模的政府干预政策取

---

①【法】卢梭著,何兆武译:《社会契约论》,商务印书馆,1980年版。

代了之前的有限政府理论。这种否定有限政府的论点一直持续到第二次世界大战之后。

二战之后,有限政府理论开始复苏,并且进一步发展。自由主义大师哈耶克开始强调限制政府的重要性。他认为,制约权力,是维持社会秩序方面最为重要的问题。政府在保护所有人并且使他们免受暴力和强制方面的作用是不可或缺的,但是,如果政府为了这个目的而垄断权力,就会威胁个人自由。因此,必须对政府权力进行限制。哈耶克认为,一个无知的政府拥有无限的权力会导致灾难性后果的出现,因此他主张限制政府的活动范围,并强调进行彻底的宪法改革以约束无限制的多数权力。他一方面主张自由社会的政府必须放弃某些种类的权力,其目的是为了避免更大的恶;另一方面,法治是限制政府权力的重要手段,通过法以防止权力的无限性。

在哈耶克之后,20世纪40年代末,公共选择学派兴起,其代表人物布坎南更加系统地阐述了限制政府权力的必要性。公共选择学派对有限政府理论提供了新的视角,即政府失灵的视角。政府失灵是指政府行动不能改善经济效率或政府把收入再分配给那些不应当获得这种收入的人。①尽管政府干预市场是以市场失灵为前提的,但政府往往不能解决市场失灵的问题,例如失业等,从而在市场失灵时,政府通常也会陷入失灵状态。因此,市场失灵是政府干预的必要条件,政府要慎用,只有市场处理显然失灵且政府显然有效时,才能采取行动。

世纪之交,世界银行出版《1997年世界发展报告:变革世界中的政府》,详细分析了政府的作用、政府的能力以及政府应该做什

---

① Samuelson, Economics, 13th edition, McGraw-Hill Book Company, 1989, p769。

么。报告中强调,政府的作用应当与其能力相符,同时应当通过对公共机构的改革而提升政府能力。而政府能力,美国学者阿尔蒙德指出,政府能力就是政府能否成功适应环境挑战的能力,即政府制定政策和在社会中执行政策,尤其是维护社会公共秩序和合法性的能力。报告认为,政府能力是有限的,因此政府应当将其行动控制在其能力范围之内。

3.马克思廉价政府理论

巴黎公社之后,马克思认真总结巴黎公社的革命经验,提出了廉价政府理论。廉价政府提倡节俭、精干和高效,这实际上为有限政府理论提供了全面丰富的补充。

廉价政府学说最早是由资产阶级思想家针对庞大的封建统治阶级的国家机器提出来的资产阶级革命口号。许多资产阶级思想家,如洛克、路德、加尔文等都或多或少论及了廉价政府学说,但最早系统地提出资产阶级廉价政府学说的是古典自由主义经济学家亚当·斯密。但是,马克思认为,资产阶级廉价政府是虚伪的,在分析和批判资产阶级廉价政府的同时,总结人类历史上第一个无产阶级政权巴黎公社的实践经验,马克思从国家与社会对立统一的角度重建了廉价政府学说,并阐述了廉价政府的科学内涵。

马克思认为,首先,廉价政府必须是"把靠社会供养而又阻碍社会自由发展的国家这个寄生累赘迄今所夺取的一切力量,归还给社会机体。"① 只有这样,才能把国家机器中严重脱离社会的部分铲除,从而加强社会对国家权力的制约,因为国家是最终消亡的。其次,廉价政府必须是有限的政府。在马克思看来,政府职能越多,为了保证其正常运作就需要更多经费。限制政府的职能是

---

① 《马克思恩格斯选集》第3卷,人民出版社1995年版,第57—58页。

降低政府成本的重要途径。公社还把中央机关的某些权力交由自治机关来行使,这种自治机关的存在更好发挥了自身的自主和自治。再次,廉价政府必须是民主的政府。巴黎公社采取的是彻底的民主制,即人民管理制,国家机关由选民选举产生并且直接对选民负责。

马克思的廉价政府理论是建立在国家与社会由分化重新走向统一的基础之上的,也只有在无产阶级专政的条件下才能实现真正的廉价政府。

(二)有限政府的内涵界定

有限政府的理念是应着市场经济和民主政治的需要而产生和发展的。有限政府是无限政府或全能政府的对称,目前理论界在其概念的内涵和外延上尚没有统一的划分标准,它在很大程度上是一种理念,一种原则,只不过它体现在具体的政治制度安排上就把它称之为有限政府。[①]

有限政府,是相对于全能政府而言的,即政府的权力和规模都是有边界的。目前学术界对有限政府的定义大多是从政府的权力、职能等领域去解读的。

有学者认为,所谓有限政府,是指其权力、职能、规模和行为方式都受到宪法和法律的明文限制,并接受社会监督和制约的政府。[②]

还有学者认为,有限政府即权力受到严格限制的政府。有关有限政府的系统描述,实际上是一种试图协调个人权利与政府权力的关系,在公民个人的适当自由和政府权力的适当范围之间寻

---

① 闫维:"有限政府:市场经济条件下中国政府的角色定位",《学术探索》,2002年第1期。

② 谢庆奎:《当代中国政府与政治》,高等教育出版社2003年版,第182页。

求平衡的政府理论。①

另一种观点提出,有限政府是指根据国家的经济、政治、文化因素,用宪法和法律明确规定政府的权力、职能、规模和行为,使政府权力、职能和规模适度,并使政府能力和政策有效结合的政府。其根本价值取向是在尊重市场规律的基础上,对经济和社会事务进行权威、高效管理,以最大限度地促进生产力发展。其有限性主要体现在能力限度、效率限度和权力限度。②

有学者从有限政府的起源上给出有限政府的定义,认为有限政府是指在政府失败、市场失灵和公民社会自主发展的综合需求的基础上建立起来的政府。其核心在于既要"提高服务质量又要降低成本,以追求政府的高效",有限政府的功能是执行国家意志,实施国家权力机关制定的法律规范,本质是依法行政。③

有学者从政府能力的角度阐述有限政府的基本内涵。所谓的"有限政府"指的是在确保增强政府治理能力,不断提高政府宏观调控水平的基础上有所为有所不为,并不断为公众提供公共产品、公共服务和公共秩序,以满足社会公众诉求和市场经济发展需要,同时又要受到社会各界监督制约的"社会组织"。它具有以下几个特征:(1)规模小,机构简洁,高效;(2)职能、权限的边界规制性;(3)以人本主义和高品质服务为行政理念;(4)勇于接受社会监督,并纳谏如流,具有极高的理性和谦逊精神;(5)具有合作意识,对社会怀有高度的责任感等。④

---

①钱振明:"有限政府及其理论:研究之现状与问题",《苏州大学学报(哲学社会科学版)》,2002年第4期。
②刘龙伏、王立京:"我国政府规模评价及对策分析",《求索》,2003年第5期。
③黄晓慧:"论有限政府",《江西行政学院学报》,2001年第3期。
④曾国平、郭峰:"论'有限政府'建构及其路径选择",《新疆大学学报:社科版》,2004年第3期。

有学者认为所谓有限政府,是指:第一,政府的职能是有限的,而不是万能的,只是在它应该也能够起作用的范围内行使权力,承担责任,"政府只干它该干的事";第二,政府的权力状态是有限的,即政府的权力是受限制的,而不是无边无际,哪里都可以发挥作用;第三,政府职能的发挥是具有条件限制的。当政府根本没有条件或不具备某种可能完成某项任务时,就不能硬性地赋予其某些职能;第四,政府的责任是有限的。公民只向政府让渡了有限的权力。政府职能范围既然是有限的,那么,政府的责任也必然是有限的。公民在保留自身的自由和权利的同时,也相应地保留了自己的责任。①

概括地讲,在市场经济条件下,在有限政府模式下,政府被看作一个相对独立的实体,政府在权力、职能、规模和行为方式上都受到法律的明确规定和社会的有效监督制约。

二、有限政府能够保证权力运作的有效性

事实上,政府能否有效地进行管理,首先取决于是否清楚自己的角色内涵。只有知道自己该干什么,不该干什么,才能保证政府权力运作的有效性。

有限政府不是小政府,它更多的是反映了政府权力受到限制,政府的组织规模与履行的职能相匹配。从某种程度上而言,"判断有限政府与无限政府的尺度在于一个政府,或者说一个政权在权力、职能、规模上是否受到来自法律的明文限制;是否公开愿意接受社会的监督和制约;政府的权利和规模越出其法定疆域时,是否得到及时有效的纠正。"②有限型政府还会恰当地寻求与市场、

---

① 吴传毅:"论有限政府下的农业专业经济协会",《行政与法》,2007 年第 1 期。
② 刘军宁:"有限政府与政体改革",《领导文萃》,2004 年第 11 期。

社会的最佳组合,实现政府、市场、公民社会之间的良性互动和良好合作。

第一,有限政府能够保证权力运行的透明和公开。有限政府在运行方面实行政务公开,规范透明行政程序,从而能够保证公民对公共事务充分的知情权和参与政府管理的权利,从而可以有效地制约和监督政府的行政行为。在经济全球化和信息化的时代,瞬息万变的信息,已成为社会经济发展的决定因素。信息社会就是信息和知识占据主导地位的社会,作为最重要的信息资源的政府信息涵盖全社会信息的80%,它既是公众了解政府行为的直接途径,也是公众监督政府行为的重要依据。政府信息公开可以保证行政系统内外信息的通畅,避免和减少政府权力寻租,从而有效地杜绝了腐败现象的滋生和蔓延。因此,政府信息公开是现代社会管理创新机制的重要内容。政府信息公开,能够保证公民对政府信息的监督,保证公民合法权益。

第二,有限政府严格控制政府规模,杜绝浪费和腐败现象。有限政府从政府规模上看,衡量政府规模的三大指标——政府支出和消费占GDP的比重、行政机构数量、政府官员占总人口的比重都相对优化,因此政府呈现高效、精干、适度等特点。当然,有限政府并不是认为政府越小越好,也并非一味地要增加政府规模,而是强调政府规模要适度。政府的规模适度,可以减少政府机构间的职能重叠和职权交叉,从而提高政府效能;还可以合理地支配和使用公共资源,有效地履行公共服务职能。有限政府的职能仅仅被限定在公共事务领域,从而实现了政府职能向公共管理服务的转变。有限政府在政府职能方面更加强调政府的公共性和服务性,在经济领域更突出地强调经济调节和市场监管,在社会领域更强调社会管理和公共服务,这样,政府职能被严格限定,不再直接涉及经济活动和控制市场运作,从而明确规范,限制了政府的权力和职能,保证了政府的有效运行。

  第三,有限政府更加强调法制的作用。无数事实证明,不受监督和制约的权力,会被肆无忌惮地滥用,最后必然造成"决策失误"、"贪污腐败"以及公民权利受到侵害。有限政府的权力要受到宪法和法律的明文规定和制约,这种制约并非是无序化制约,而是以宪法和法律为基础的制度保障。政府及其职能部门的行政权,是从属于法律、执行法律的权力,它应当根据或按照法律、法规的规定行使,"无法无天"不是法治政府。所以,行政权力必须服从法律,及政府机关制定的法规、规章等这些行政立法。清华大学钱颖一教授认为,法治造就有限政府。他认为,目前人类发明的最好的制度叫做法治。"法治的第一个作用是约束政府,第二个作用才是约束经济人。重要的是,法治造就一个有限与有效的政府。因此,法治是建设好的政府、好的市场经济的制度保障。"这也是实现政府职能转变的关键所在。"如何在制度上防止政府的任意行政干预,现在提出的建立政府权力清单,并且逐步缩小其范围是一个正确途径。"法治的意义绝不仅限于经济领域,在推进国家治理体系和治理能力现代化的进程中,法治也占据核心位置。①

  一个拥有高度制度化的统治机构和程序的社会,能更好地阐明和实现其公共利益。② 政府权力的诞生就是为了维护和实现公共利益。政府权力合法性基础是否稳固,有赖于政府行为是否超出法律法规所规定的行为边界,权力运行是否以社会公共利益的

---

  ① 杨丽琼:"法治造就有限政府与有效政府",《新民晚报》,2014年6月29日。

  ② 【美】萨缪尔·亨廷顿:《变化社会中的政治秩序》,三联书店1989年版,第23页。

实现为最终目标。因此,有限政府是规范政府权力、保证权力运作有效性的唯一途径。

第二节 从管理型政府到服务型政府

一、树立正确权力观,重塑权力文化

社会学认为,权力是指产生某种特定事件的能力或潜力。权力的本质就是主体以威胁或惩罚的方式强制影响和制约自己或其他主体价值和资源的能力。一般而言,权力有广义和狭义之分,广义的权力是指某种影响力和支配力,它分为社会权力和国家权力两大类。狭义的权力指国家权力,即统治阶级为了实现其阶级利益和建立一定的统治秩序而具有的一种组织性支配力。

(一)树立正确的权力观

树立正确的权力观,首先要明确,政府权力是由人民让渡的。权力是历史的产物,不同的时代、不同的阶级有着截然不同的权力观。旧时代剥削阶级的权力同人民群众是根本对立的。从政府权力的起源来看,政府的权力来自于人民的让渡,因此,政府权力是属于人民的,"人民,只有人民,才是创造世界历史的动力"。[①] 因此,权力是人民赋予的。毛泽东这样指出,"为什么权力是人民赋予的?首先在于人民群众既是共产党打天下的阶级基础和社会基础,也是共产党执政的深厚基础和依靠力量,离开了人民群众的

---

① 《毛泽东选集》第 3 卷,人民出版社 1991 年版,第 1031 页。

支持与信赖,共产党就不能取得革命胜利,就不能执政掌权;其次在于领导干部也是人民群众的一分子,共产党人是人民群众中的优秀分子,代表人民群众执政掌权。"

我们都知道,权力让渡说来自于古典的社会契约论。所谓契约论,建立在一种假说的前提之上,这种假说,其精髓不在于人民对权力的转让,而在于人民在订立契约组成国家时,仅仅让渡了一部分权利,而并没有转让全权。这就是作为现代契约论核心的保留权利理论。这个宪法学的精髓告诉我们,人民在转让权利时,保留了五项最重要的权利,这就是生命、自由、财产、平等和批评政府的权力。保留权利,是真正的天赋人权,是人民永不让渡的权力。这就是说,契约状态下,人民只让渡了一部分权利组成国家,最重要的权力仍然保留在自己手中而丝毫没有转让——我们说责任政府,是指权力来自人民,说有限权力,更是说人民并未转让全部权力。①

国家产生之后,权力从社会中独立出来,成为支配社会进而也成为支配社会成员的力量。这种权力的出现不是一种观念的结果,而是派生于经济上占优势的阶级及其支配地位的维护。权力现象的出现,打破了权力与权利未分的状态,使它成为一种源于社会又高于社会的力量。在阶级社会里,权力为少数统治者所掌有,权力关系则表现为统治者对被统治者的力量支配关系。而人的人权是政府权力的本源,社会成员结成社会之前,每个人都拥有固有的初始的权利;人民通过结成社会形成国家,并通过契约之形式而让渡出一部分权利,这种来自于个人权利而又受限于权利的力量,就是政府的权力。权力是权利的让渡物,它派生于权利

---

① http://pinglun.eastday.com/p/20110418/u1a5845040.html.

因此也应受制约于权利。因此,对待人民赋予权力上始终保持敬畏之心。

其次,树立正确的权力观,要保障公民权利的实现。宪法和法律法规的完善,是保障公民权利实现的制度基础。法律是权利制约权力的重要规范和手段,权力的运转要保障权利的实现,权力的边界要以权利来衡量,这样就能够做到政府在处理权力和权利的关系时,依法行政,有法可依。另外,保障公民权利的实现,还需要健全公民的监督权。权力必须被制约,而有效完善的监督机制,是制约权力的重要手段。我们这里所说的监督,既包括公民监督,也包括行政监察。公民监督既是社会监督的一种重要形式,又是对国家行政权力监督的源泉和基础。因为政府是公民的代理人,受公民委托,代表公民进行社会管理。公民监督是公民对自身权力委托的必然结果,也是权力主体对权力行使者的根本制约。行政监察则是行政监察机关对国家行政机关、国家公务员和国家行政机关任命的其他人员的行政行为实施的监督、检查,其实质是对行政权力的行使进行监督。公民监督和行政监察都是对国家行政权力监督的重要形式,国家行政机关及其工作人员是公民监督和行政监察共同的监督客体。因此,要保障公民权利,就必须对国家权力进行监督。

(二)重塑权力文化

国家权力和各种中间权力以及通过劳作来维持社会存在的(生存和劳作权的大众之间)形成的权力结构造就了社会的政治意识和存在形态,而这些的沉积就形成了一个民族的背景文化(即:传承文化)。所有的权力都由于执掌他们的人所处的社会位置形成各种不同的权力特性;这些特性之间的彼此关系就构成了社会的各种存在矛盾。当我们说"权力文化"时,是指社会权力系统的运行所产生和形成的精神性、渗透力与影响力的概括。因为权力除了其自身的功能以外,也可形成一种特定的文化。也可以这么说:权力,在其本质上是一种以强制力为基本依据和保障的支配力、影响力。但是权力一旦"文化化",也就具备了一般文化的特征。就是说,除了发挥权力的作用以外,还构成了一定的权力文化。①

"权力文化"是成员共同持有和遵循的权力信念、态度、认识、情感及价值观念的复合体,是客观权力过程在权力成员心理反应上的累积。权力文化包括三个层次的内容,即权力思想、权力心理和权力价值取向。权力思想,是一定历史发展时期特殊的权力利益集团对权力体系和权力生活的基本看法和意见,而这种看法的系统化则是意识形态。意识形态是对于人和社会本质的有关态度、信念和价值的一种综合,是引起人们在权力经济和社会事务中的动机。权力思想或意识形态包括权力思想、权力信念、权力理论等要素。权力心理决定着权力拥有者的内心旨趣。权力心理是长期的权力社会化过程在权力行为主体的气质、能力、性格、意志品质、传统习惯中的积淀,以及现实权力环境包括权力制度、权力思想和社会生产方式、思维模式等对权力行为主体的心理烙印,体现着人们对一定的权力体系和权力过程的倾向性。"从心理方面了解权力,这对于彻底地弄清政府机构的运转是至关重要的"。权力心理作为一种精神现象,是以一个过程出现和存在的。②

因此,重塑权力文化是实现服务型政府的重要途径。要重塑权力文化,首先要求政府树立服务意识。我们将政府工作效率低

---

① http://www.21ccom.net/articles/sxwh/shsc/article_2014010898520.html.
② 王建新:"以先进权力文化强化我国权力文明建设",《湖南社院学报》,2011年第5期。

下的主要表现分为两种类型,一种是政府工作人员个人因素导致的组织效率低下,一种是制度原因导致的政府效率低下。而缺乏服务意识是导致政府部门工作效率低下最根本的原因。服务意识问题在政府服务的组织效率层面、管理效率层面、机械效率层面都有体现。例如,美国妇女特丽·夏沃于1990年2月25日,被确诊患因为心脉停止而导致严重的脑损害,据信导致的原因可能是饮食功能紊乱症引起的血液成分失衡,夏沃丈夫坚持移除其生命支持系统,从而导致了一系列关于生物伦理学、安乐死、监护人制度、联邦制以及民权的严重争论。美国政府从总统到国会、议会都因为这一事件启动紧急程序加以处理。美国国会参议院召开了紧急会议,批准众议院在复活节假期开会讨论。与此同时,当时的美国总统布什也改变安排好的行程计划,特地从他的休假地返回华盛顿,随时准备签署这项议案。这个例子是政府服务意识和勇于承担责任的生动写照。

重塑权力文化,其次要求实现权力制衡。权力需要制约,这是人类社会发展千百年历史经验的总结。西方国家的三权分立不唯一是权力制衡的方式。以中国为例,不必采用西方三权分立的制衡方式,从宏观看,尽快完善人民代表大会制度下的权力制约机制,就微观层面而论,是要改变单一的自上而下的封闭的权力授权方式,积极建立横向和纵向相结合的立体的权力授予和制约体制,并通过社会制约、法律制约、权力制约、制度制约、道德制约等多种渠道,也能够形成国家权力机构之间相互制衡的合理格局。

重塑权力文化,最后依然需要完善的制度作为基础保障。重塑权力文化的制度保障是一个系统工程,要建立健全规范行政权力的法律体系,因为公平正义的行政信念和科学完善的决策机制都应由法律来维护,完备的法律体系是权力文化的基础;要建立科学完善的决策机制,完善公共管理和服务职能。缺乏科学决策机制容易造成行政行为失误,给国家造成损失。长此以往,社会公众就会对政府的决策行为失去信心;建立完善的政府监督约束制度,应实行政务公开制度,将政府工作的内容、标准、责任等公之于众,随时或定期公布政府部门的工作情况及评估报告,建立决策听证制度等。以完善的制度作为保障,才能够实现权力文化的重塑。

二、建立和谐的干群关系

(一)建立通畅的沟通机制

畅通沟通渠道是实现有效沟通的重要前提条件。

首先要建立长效的沟通渠道和机制。充分整合社会管理资源,创新沟通渠道和沟通方式,逐步建立群众参与的社会沟通格局。一方面可以通过建立起一些民意表达的团体,通过这样固定的组织,提升群众的参与程度,吸纳群众的各种意见,并进行归纳整理工作,在适当的时间反映给相关部门,例如设立联系点,完善责任制度,实行政府信息公开等。另一方面充分利用现代化工具,建立健全和谐的干群沟通机制,拓宽民意表达渠道,搭建多种形式的沟通平台。

其次,建立干部与群众面对面沟通的制度。通过领导干部深入基层、联系群众,定期接待群众来信来访和信息发布、接受垂询等方式,在干群之间建立畅通的信息通道,让干部随时听取群众意见,解答群众的疑惑,解决群众的实际问题,及时向群众宣讲有关政策和法律法规,做好群众思想政治工作,随时随地做好化解矛盾的工作。

最后,建立健全利益诉求和表达机制。一是建立健全利益表达机制,充分听取社会各阶层的利益诉求,建立健全利益协调机制,缓解社会矛盾。二是建立健全利益导向机制,正确处理效率与公平、先富与共富的关系。三是建立健全利益维护机制,着力解决损害群众利益的问题。四是建立健全社会矛盾调处机制,努力协调化解社会矛盾。形成民意畅达、利益关系和谐的社会调处格局。①

(二)建立行之有效的监督机制

有效的约束监督机制是保障政府权力顺利施行、保障公民权益的重要手段。因此,首先要从制度上对干部的工作行为进行约束,尽快建立和完善群众监督和评价干部的机制,面向社会,全方位拓展信息渠道。监督机制要同时与考评机制相结合,定期在群众中开展干部工作考评活动,力争做到考评结果的公开公正,真正发挥群众的监督力量。

其次,要建立和完善政府工作人员的评价机制。这种评价机制应当包括内部评价和外部评价两部分。建立良好的领导干部率先垂范的内部评价机制,能够调节人与人、人与集体、人与社会、人与自然的关系,从而激发领导者积极营造良好的学习、工作和人际氛围,使下属感到公允,使制度得以实施。内部评价主要是政府工作人员之间的互评,通过制定完善的评价制度和标准,建立健全内部评价机制。外部评价机制,是指能够促进领导者健康发展的一切外部因素。其中主要有上级领导、监察机关以及新闻舆论的监督与评价,这些部门对领导干部都有着重要的制约作用。

其次,要建立政府工作人员的惩戒机制。建立和完善政府工作人员的奖惩机制,并落到实处。领导是否廉洁从政,群众是否心理平衡,社会是否安定祥和,仅仅依靠制度约束还是远远不够的,

---

① 刘庆森:"密切干群关系,构建和谐社会",《青年记者》,2007年3月26日。

还必须辅之以奖惩评价机制。如果奖惩评价机制不健全,就难以扬清激浊。因此,为防止流于形式,理应建立科学规范的领导干部奖惩评价制度,做到既有具体内容,又有定量标准。同时还必须及时表彰严格遵守制度的领导干部;严肃惩处违反制度的领导干部,尤其要在奖惩机制评价中确立一条硬性标准,就是把能否带头学习制度、严格执行制度、自觉维护制度作为领导干部任职、奖惩、升降的必要条件。

最后要创新监督者的保障机制,这种保障机制是确保群众权利制约权力的重要手段。一方面要选拔任用敢于监督的干部。要将条件具备、坚持原则、刚正不阿的干部,选拔到关键领导岗位,委以重任;另一方面要维护监督者的利益不受侵犯,从严从重处理打击报复者。坚持群众路线,真诚倾听群众呼声,真实反映群众愿望,真情关心群众疾苦,多为群众办好事、办实事。监督机制的完善是保障服务型政府建立和完善的重要条件。

(三)树立正确的政绩观

所谓政绩就是政府绩效。在西方也被称为"公共生产力"、"国家生产力"、"公共组织绩效"、"政府业绩"、"政府作为"等,从其表面意义上来说它包含着政府所做的成绩和所获得的效益的意思,但从其内涵上来讲,还包含政府成本、政府效率、政治稳定、社会进步、良性发展、持续运行的含义在内。政绩考核就是对政府官员所创造的业绩与所获得的效益所做的评估,在国际上一般称为政府绩效评估。除了美国和英国以外,荷兰、日本、澳大利亚、德国、法国等一些发展程度较好的国家,都以绩效作为评估政府改革的一个重要组成部分,以引来提高政府效率和服务质量。

树立正确的政绩观首先要明确政绩考核的指导思想。政绩考核,最紧要的并不是领导者个人的功绩,甚至不是在任期间的区域建设、经济发展速度,而是要考核领导者在任内是否维护民众利益,是否真正为人民谋福利。例如,在经济欠发达地区,不切实际,不顾民力,乱铺摊子,乱上项目,只会劳民伤财,造成"一代人的政绩,几代人的包袱"。在现实中,有的地方急功近利,上马污染严重的项目;有的落后地区,不顾需要和可能,搞气派的城市广场,等等,这就是深刻的教训,也绝非正确的政绩观。

在明确政绩考核的范围之后,要建立和完善一整套政绩考核的标准和规则,即科学合理地确定领导干部政绩考核的内容。哪些工作是应列入考核范围的,哪些工作是不需要列入考核范围的。这方面必须坚持群众公认和注重实绩的原则,要从单纯地追求速度,变为增长速度、就业水平、教育投入、环境质量的综合考核。要从追求全面考核,变为能真正体现政绩的考核,变为与群众联系紧密的实效考核。有什么样的政绩考核体系就会有什么样的行政施政方式。只有实行政绩考核,制定一套合理科学的考核体制,才能有效地对政府的投入、产出,政府行为的效率、效果,政府管辖的范围大小、强弱进行评价,也会提高积极性,避免干好干坏一个样,干多干少一个样。

同时,要尽可能地从实际出发将政绩考核内容量化、细化,坚持定性与定量相结合,增强考核标准的针对性、层次性、统一性、权威性和可操作性,切实建立政绩绩效与考核标准的有机联系,保证考核工作的效果。同时,发挥专业评估机构的作用。专业评估机构尽管不是评估主体,但可以通过评估主体的委托,对政府绩效进行准确、客观、公正的评估。

当政府绩效考核的标准制定后,科学合理地运用考核结果,形成以绩效为主要标准的用人机制和用人规则,强调绩效考核不合格者坚决不得继续录用。同时建立政绩考核的保障机制,即考核机制要民主公开,建立健全政绩考核预告制、政绩公示制、政绩公议制、民主测评制、政绩考核结果反馈制、政绩考核申诉制,增强政绩考核的透明度。这样,才能树立正确的政绩观,保障服务型政府的实现。

(四)法治是服务型政府的重要特征

法治是人类政治文明的重要成果,与人治直接对立。人治在特定时期或许会起到一定的作用,但一个社会健康稳定地发展,最终要靠制度,靠法治。北京大学常务副校长吴志攀在谈到社会责任时表示,政府最大的社会责任就是依法执政,足见法治的重要性。

服务型政府法治化,是构建服务型政府的重要环节。我们之前所提的服务型政府,往往会停留在行政政策和行政措施的层面,而忽略了法治层面。将法治建设和服务型政府建设相融合,这是完善政府管理和服务的集中体现。

服务型政府首先是法治政府,要确保行政主体在宪法和法律范围内活动。北京大学常务副校长吴志攀认为,政府要保持诚信,要严格地遵照市场的规律和法律法规办事,使广大老百姓和投资者、纳税人能够相信政府,相信国有机构。政府一定要说话算数,一定要照顾老百姓的利益,而不仅仅是服务某一个集团的利益。因此,要建立完善的法律体系,遵守法律这个底线,消灭一切特权,只有这样才能达到好的效果,才能真正实现政府运作的科学化、法制化。

服务型政府的法治化,就是指国家运用各项法律法规来限制与制约国家行政权力,使各级政府及其部门依法履行法定职责,合理运用公共行政权力,确保人民依法享有各项权利和自由,最终使已经制定的法律获得普遍的服从。其内涵就是指政府要受到法的支配,行政主体的一切行为都要受到事先规定并宣布的法律规则的约束,以便让行政相对人能够准确地预测政府在某种情况下将会使用何种手段,并据此来安排个人的事务。其核心是政府的行为要受法律的控制,即依法行政。诚如龚祥瑞先生指出:"政府是处在法律之下,而不是处在法律之上或法律之外。任何组织或者个人都在法律范围之内活动,即使官府也不例外。"①

服务型政府法治化必须根据各国实际,重点处理好以下几个方面的关系:

第一,中央和地方的关系。建设服务型政府,切实提高政府的公共服务能力,就需要构建能有效发挥政府公共服务职能的组织机构。在建设服务型政府过程中,如何正确处理中央与地方在事权划分和行使上的关系,关键是要根据经济社会发展需要,重新界定中央与地方在公共服务方面的职权范围,坚持统一性与多样性相结合,在保证中央政府的统一领导下,充分赋予地方政府提供公共物品、管理公共事务和应对突发事件的权限,并作出明确的法律规定。

第二,政府与市场的关系。政府管理与市场调节都是市场经济建设的手段,二者之间并非对立关系,而是一种功能互补关系。政府职能市场化,就是要处理好政府与市场之间的关系,将市场竞争机制引入公营部门。政府把以市场为导向的思想应用到政府的管理中去,重新规范市场。其目的就是为了充分发挥并协调好政府"看得见的手"与市场"看不见的手"作用。政府为市场运行预设一定规则,让市场在规则范围内运行。政府干预是为了防止市场失灵,但干预太多,又容易导致政府失灵。实践已经证明,充分发

---

①陈国芳:"服务型政府法治化的基本理念",《湖南社会科学》,2011年6月。

挥市场在资源配置中的基础性作用,能够刺激经济增长,提高经济效率。同时,也必须明确市场并不是万能的,市场也会失灵。市场本身存在着自发性、滞后性和盲目性。因此,在强调市场作用的同时,强调政府对市场的规制和服务作用也是尤为必要的。但也必须明确政府也不是全能的,政府作用必须界定在一定范围内。政府要从对市场事无巨细的微观管理转变为按照法律和规则行事的宏观调控和为市场服务上来。

第三,政府与社会的关系。服务型政府应是一个有限政府,政府应该放权、还权于社会,转变过去大包大揽的做法,代之以为社会服务的现代国家宏观干预和管理模式,让社会运用自身的力量来处理某些公共事务。社会组织能够弥补政府管理的不足,以及有些不宜由政府直接进行干预的事务。政府把本来不该管而应由社会来管的事还给社会,从而更好地管好该管的事。在建设服务型政府的同时,要极力培育和扩大社会权力,调动各种社会力量的积极性,增强社会对政府权力的监督。建设服务型政府并不意味着政府的社会服务、社会责任范围的缩小。建设服务型政府,政府与社会之间关系也应该通过规则确定下来,从而真正实现政府对社会事务的管理是依规则行事,按照规则管理社会事务,同时也应建立一套机制保证政府制定规则的正义性与合法性。

第四,服务与管制的关系。建设服务型政府的重点和难点在于服务,服务型政府与管制型政府的区别也在于服务。因此,正确处理服务与管制的关系是建设服务型政府必须解决的一个重要理论问题。在当前建设服务型政府时,应明确管制与服务是相辅相成的。管制的过程也是服务的过程,服务靠管制引导,管制靠服务落实,没有高水平的管制,就没有高质量的服务。不能一提及服务,就排斥管制。当然,服务型政府的管制只是进行服务的一个补充和工具,只有当正常的市场和社会秩序可能或者已经遭到破坏时,政府才会实施管制。服务型政府进行管制的目的是为了更好地为社会公众服务,也就是通过对少数不法分子的管制而实现对绝大多数公民的服务。并且服务型政府的管制也要受法律的严格控制,防止因为管制不当而侵害社会公众。[①]

三、完善和创新服务机制

完善和创新服务机制的最突出和集中表现就是要构建服务型政府。

(一)服务型政府的兴起

随着经济全球化的飞速发展,信息社会以及知识经济的到来,引领社会发生着深刻的巨变乃至飞跃。后工业时代的政府面临着日益复杂的社会管理系统,一方面,传统政府管理模式遭遇极大挑战,行政权力的日益扩张导致官僚主义盛行、管理效率低下、社会资源浪费;另一方面,市民社会不断发展,社会自治能力逐步增强,各种社会组织蓬勃发展。新的经济基础需要上层建筑的更新,传统的政府治理模式逐渐暴露出与时代的不适应性,面临着巨大挑战和危机。政府必须适应社会发展的客观需求,进行必要的变革,不能仅仅表现国家的意志,必须不断地革新自己,更多地代表"民意"、"公意",以求最大程度地满足公共利益实现的需求,增进公民的福祉。服务型政府作为一种新型的政府治理模式便应运而生。服务型政府是对传统管制型政府的超越和替代,服务型政府的建立,不仅仅意味着政府自身的变革,同时也意味着政府与市场、企业和社会关系的重塑。因此,建设服务型政府,是顺应全球

[①] 参见贺荣:"我国转型社会中服务型政府法治化研究",《行政法学研究》,2010年第4期。

政府改革和适应国际竞争的必然选择。

(二)服务型政府的内涵

建设服务型政府是政府治理模式发展到一定阶段的产物,是人类社会历史的必然选择,是能够满足人类新的历史条件下社会治理需求的政府类型。政府本质上是社会与公民普遍需要的一种工具,在现代社会,政府如果能够适应与满足社会的普遍需要,能够服务于公共利益,就是有价值的;否则,就是无价值的,其存在的合法性就会受到怀疑。

有学者从几个角度概括了服务型政府的内涵:

第一,社会本位的价值理念。

价值理念作为行政主体共同认同的稳定的信念和规范,是整个行政系统的灵魂,是政府行动的先导,对政府的管理和服务活动具有决定性作用。在现代民主政治条件下,人民主权原则是一条根本的宪法原则,从而也是一切政治结构和政治行为的依据。政府是自由平等的公民在深思熟虑的基础上通过公共协商方式创造的一种人为性的存在,政府的权力来自于人民的让渡,政府和人民之间实质上是一种委托关系、"政治契约"关系。因此,政府不能是凌驾于社会之上的封闭官僚机构,而必须以公民的需求为中心,为其提供高质量、高效率的服务,实现社会公共利益的最大化,全心全意为人民服务。正如珍妮特·V.登哈特和罗伯特·B.登哈特在《新公共服务——服务,而不是掌舵》一书中所说:公共行政官员在其管理公共组织和执行政策时,应该着重强调他们服务于公民和授权于公民的职责。换言之,将公民置于首位。[1]

在服务型政府的治理逻辑中,政治生活是全体自由平等公民

---

[1]【美】珍妮特·V.登哈特、罗伯特·B.登哈特著,丁煌译《新公共服务:服务,而不是掌舵(中译本)》,中国人民大学出版社2004年版,第21页。

共同的事业。公民的公共需求具有至高无上的地位,政府不过是一个具有高度权威的公共行政服务组织,必须尊重行为人的主体资格和自主权利。弗雷德里克森曾援引戴维马修斯的话说:"政府是公众集体行动的工具。政府是公共的财产。"①政府只有对公民的公共需求做出积极回应,并通过提供公共服务的方式满足公民公共需求,才能证明其合法性,赢得公民的公共认同和支持。政府的权力存在于民意之中。公共利益是政府利益的本质,确保公共利益的增进、实现公共利益的最大化是政府管理的根本宗旨。因此,建设服务型政府首先要求各级政府和官员树立公民本位、社会本位的行政理念和人民利益至上的行政思想,使政府权力重新回归社会。

第二,服务者的角色定位。

重新确定政府和民众的关系,这是建设服务型政府一切改革的初始点。政府是公民为使自身过上满意的生活而做出的制度安排。政府的性质说到底是一个执行机构、服务机构。从本质上说,政府只是社会与公民普遍需要的一种工具而已。政府是为社会需要、社会利益而存在的,它必须为促进社会的发展和进步服务,为社会日益增长的物质和文化需求服务。因此,政府管理模式应体现为满足社会和公众需求的服务型管理。

政府必须定好服务者这个位,由原来的控制者改变为服务者,以服务者的姿态存在于社会之中,而人民是其服务的对象,是其工作质量的评判者,人民的利益是政府一切工作的出发点和落脚点。张康之指出,"服务型的政府也就是为人民服务的政府,用政治学的语言表述是为社会服务,用专业的行政学语言表述就是为公众服务,服务是一种基本理念和价值追求,政府定位于服务者

---

①【美】乔治·弗雷德里克森著,张成福等译:《公共行政的精神》,中国人民大学出版社 2003 年版,第 17 页。

的角色上,把为社会、为公众服务作为政府存在、运行和发展的基本宗旨。"① "公务员的首要作用乃是帮助公民明确阐述并实现他们的公共利益,而不是试图去控制或驾驭社会。"②

第三,民主是基本制度。

现代国家的公民需要民主,就像人类需要阳光和空气一样,它不仅是维持政府集体健康发展的必要条件,更是实现和保证政府公权力为公共利益服务的唯一可靠的依据。美国总统林肯于1863年在葛底斯堡的演讲中将民主特征概括为"government of the people by the people, for the people",即"民有、民治、民享政府"。服务型政府正是与民主政治相匹配的政府模式,民主将贯穿于公共行政的全过程,将会成为政府提供公共服务的重要指导价值。

在这种模式中,人民能够安排权力关系并因此而控制统治者,使其以公共利益为价值目标,最终为社会和公民提供优质、高效、便捷的公共服务。服务型政府最鲜明的特点应该是民主,即人民当家作主。只有这样,才能真正代表公众的利益,行使好人民赋予的权力。民主行政是公民表达利益、行使权力和保护权利的最有效的途径。民主是一种确保公民享有平等地参与政治生活权利的制度安排,而公民对政治生活的平等参与,有利于反映公民的利益诉求,有利于政府进行有效的利益整合,达成利益分配的相对均衡。人民主权原则是一条根本的宪法原则,从而也是一切政治结构和政治行为的依据。民主行政是公民表达利益、行使权力和保护权利的最有效的途径。面对一个充满复杂性、动态性和多元性的环境,政府已无法成为唯一的治理者,它必须与非政府组

---

① 张康之:"限制政府规模的理念",《行政论坛》,2000年第4期。
② 珍妮特·V.登哈特、罗伯特·B.登哈特:《新公共服务:服务,而不是掌舵》,《中国行政管理》,2002年第10期。

织、社区、民众和私人部门一起来共同治理,推行公共服务的社会化和市场化。服务型政府的操作模式应该是多样化的,公共服务主体应该是一个多元主体参与的合作网络,政府不再是享有独一无二权力的垄断者。

第四,时刻强调法治。

传统上,人们认为政府是用来行使权力、管理和约束别人行为的。事实上,政府作为社会组织的一个形态,有自己的自身利益,有使自己利益最大化的冲动;行政人员也有利用自己手中权力谋取个人利益最大化的心理,这就需要依法对其进行约束。在人们的公共生活中,对于人们的自由和权利的最大威胁,莫过于掌握政治权力的政府。在政府权力大于法律的条件下,在掌权者的权力不受到任何外在约束的全能政府所控制的社会中,个人的自由和权利是没有任何保障的。法国著名思想家孟德斯鸠说过:"一切有权力的人都容易滥用权力,这是万古不易的一条经验。"[①]

政府权力具有自我膨胀和自我扩张的内在趋势,极容易被滥用,而公民权利被侵害几乎就是必然结果,则公民让渡权利组成政府的公共目的就难以实现。因此,权力必须得到控制。法治是直接针对人性的制度设计,它要求从人性善恶关系中寻求"压制人性中最坏的可能,调动鼓励人性中最好的东西",法治的主要功能在于防止、束缚专横的政治权力。法治制约政府行为,是善治的基本要求。其主要功能在于防止、束缚政治权力的滥用,使政府的权力严格地受到法律的限制,政府行为不得违反法律的规定。"法治的作用在于通过强制约束力的方式,将政府和其他社会行为主体的自由控制在一定范围内,为他们的行为选择提供一种预期机制和矫正

[①]【法】孟德斯鸠著:《论法的精神》上卷,商务印书馆,1982年版,第154页。

机制,以实现维护公民权利、市场自由和公共利益的秩序。"①

法律是公共政治管理的最高准则,要控制行政权力的任意扩张,根本上靠法治。法治是一切向市场经济与民主政治过渡的国家必须尽快解决的重大的现实课题。行政法治是现代法治的核心,法治理论是服务型政府的制度基础。一个国家法治程度的高低,最根本的是取决于行政法治的高低。法治意味着法律至上,不得有任何权力和个人超然于法律之外。法律之于政府权力具有优先的、至上的权威。

服务型政府意识到法律是非人格化的、普遍而平等的,政府和其它社会团体一样,是社会公共生活中的一个组织,因而政府不能超越于法律之上。服务型政府强调政府由法律产生、受法律控制、依法律办事;任何政府官员和公民必须依法行事,法律面前人人平等。约翰·亚当斯曾说,法治意味着在一个国家中,"所有的人,富人与穷人、管理者与被管理者、官员与民众、主人与农仆、第一公民与最低贬者都平等地服从法律"。②

在现代市场经济条件下,"政府的根本任务不是替代市场,而是通过促进法治为市场经济的发育和成熟提供稳定的环境。"③政府要通过一系列法律制度,更好地维护公共利益,保护公民、法人和其他社会团体的合法权益,维护良好的社会秩序,保障市场经济的健康运行与繁荣发展。

---

①北京行政学院公共管理教研部选编:《服务型政府》,中央编译出版社,2005年版,第6页。
②唐士其:《西方政治思想史》,北京大学出版社,2002年版,第266页。
③文贯中:"市场机制、政府定位和法治——对市场失灵和政府失灵的匡正之法的回顾与展望",《经济社会体制比较》,2002年第1期。

参考文献

[1]马克思恩格斯选集(第1—4卷)[M].人民出版社,1995年

[2]【古希腊】亚里士多德.政治学[M].商务印书馆,1981

[3]【意】托马斯·阿奎那.阿奎那政治著作选[M].马清槐译.商务印书馆,1991

[4]【英】霍布斯.利维坦[M].黎思复,黎廷弼译.商务印书馆,1985

[5]【英】洛克.政府论[M].丰俊功译.光明日报出版社,2008

[6]【法】卢梭.社会契约论[M].李平沤译.商务印书馆,2011

[7]【英】彼得·斯特克、大卫·韦戈尔.政治思想导读[M].舒小昀等译.江苏人民出版社,2005

[8]【法】弗雷德里克·巴斯夏.和谐经济论[M].许明龙等译.中国社会科学出版社,1995

[9]谢庆奎.当代中国政府与政治[M].高等教育出版社,2003

[10]【美】莱斯利·里普森.政治学的重大问题——政治学导论[M].刘晓等译.华夏出版社,2001

[11]【美】梅利亚姆.美国政治学说史[M].朱曾汶译.商务印书馆,1998

[12]【英】罗素.权力论[M].吴友三译.东方出版社,1988

[13]【德】康德.道德形而上学原理[M].苗力田译.上海人民出版社,2012

[14]谢军.责任论[M].上海人民出版社,2007

[15]【英】潘恩.潘恩选集[M].马清槐等译.商务印书馆,1981

[16]【英】边沁.政府片论[M].沈叔平等译.商务印书馆,1995

[17]王成栋.政府责任论[M].中国政法大学出版社,1999

[18]李文良等编.中国政府职能转变问题报告[C].中国发展出版社,2003

[19]中华人民共和国国家统计局.中国统计年鉴[M].中国统计出版社

[20]【德】叔本华.伦理学的两个基本问题[M].任立,孟庆时译.商务印书馆,1996

[21]【德】施路赫特.信念与责任——马克斯·韦伯论伦理[M].李康译.上海人民出版社,2001

[22]【美】特里·L·库珀.行政伦理学:实现行政责任的途径[M].张秀琴译.中国人民大学出版社,2010

[23]【美】亨利.公共行政与公共事务[M].孙迎春译.中国人民大学出版社,2011

[24]乔耀章.政府理论[M].苏州大学出版社,2003

[25]【美】斯蒂格利茨.政府为什么干预经济[M].中国物质出版社,1998

[26]张菀洺.教育公平:政府责任与财政制度[M].社会科学文献出版社,2013

[27]鲍传友.教育公平与政府责任[M].北京师范大学出版社,2011

[28]陈国权.责任政府:从权力本位到责任本位[M].浙江大学

出版社,2009

[29]傅思明,王磊,李文鹏编.责任政府与干部责任意识提升[M].东方出版社,2013

[30]何文盛主编.中国政府绩效评估责任问题研究[M].中国社会科学出版社,2013

[31]王美文.当代中国政府公务员责任体系及其实现机制研究[M].人民出版社,2008

[32]蒋劲松.责任政府新论[M].社会科学文献出版社,2005

[33]陆晓禾,【南非】G.J.迪索夫主编.中国经济发展中的自由与责任:政府,企业与公民社会[C].上海社会科学院出版社,2007

[34]中国国家行政学院,国际行政院校联合会编.中国行政改革:政府的责任性、回应性和效率[C].国家行政学院出版社,2004

[35]彭忠益.政府领导力与政府责任[M].中国社会科学出版社,2012

[36]陈毅.责任政府的建设——理性化构建与民主化善治[M].北京大学出版社,2012

[37]孙彩红.中国责任政府建构与国际比较[M].中国传媒大学出版社,2008

[38]胡肖华.走向责任政府——行政责任问题研究[M].法律出版社,2006

[39]李军鹏.责任政府与政府问责制[M].人民出版社,2009

[40]高新军.实现从权力政府向责任政府的转变[M].西北大学出版社,2005

[41]张正钊、韩大元主编.比较行政法[M].中国人民大学出版社,1998

[42]阮宗泽.第三条道路与新英国[M].东方出版社,2001

[43]马国泉.美国公务员制和道德规范[M].清华大学出版社,1999

[44]刘勇祥.政府信息公开制度比较研究[M].华东师范大学出版社,2006

[45]刘国雄.新加坡的廉政建设[M].人民出版社,1994

[46]【美】珍妮特·V·登哈特、罗伯特·B·登哈特著.新公共服务:服务,而不是掌舵[M].丁煌译.中国人民大学出版社,2004

[47]【美】亨廷顿、纳尔逊著.难以抉择——发展中国家的政治参与[M].汪晓寿等译.华夏出版社,1989

[48]赵成根.民主与公共决策研究[M].黑龙江人民出版社,2002

[49]潘晓珍.政府的道德责任[M].广东人民出版社,2009

[50]姚尚建.责任政党政府研究[M].中央编译出版社,2009

[51]常健.效率公平稳定与政府责任[M].中国社会科学出版社,2010

[52]【以色列】阿耶·L.希尔曼.公共财政与公共政策——政府的责任与局限[M].王国华译.中国社会科学出版社,2006

[53]沈洪涛,沈艺峰.公司社会责任思想起源与演变[M].上海人民出版社,2007

[54]【美】盖伊·彼得斯.政府未来的治理模式[M].吴爱明,夏宏图译.张成福校.中国人民大学出版社,2013

[55]刘祖云.行政伦理关系研究[M].人民出版社,2007

[56]【美】戴维·奥斯本,特勒·盖布勒.改革政府——企业家精神如何改革着公共部门[M].周郭仁等译.上海译文出版社,1996

[57]庹国柱等著.制度建设与政府责任:中国农村社会保障问题研究[M].首都经济贸易大学出版社,2009

[58]杨方方.从缺位到归位:中国转型期社会保险中的政府责任[M].商务印书馆,2006

[59]曹信邦.新型农村社会养老保险制度构建——基于政府责任的视角[M].经济科学出版社,2012

[60]张邦辉.社会保障的政府责任研究[M].中国社会科学出版社,2011

[61]杨燕绥,阎中兴等著.政府与社会保障——关于政府社会保障责任的思考[M].中国劳动社会保障出版社,2007

[62]【美】罗伯特·基欧汉,约瑟夫·奈.权力与相互依赖[M].门洪华译.北京大学出版社,2012

[63]俞可平.增量民主与善治——转变中的中国政治[M].社会科学文献出版社,2003

[64]【美】乔治·弗雷德里克森.公共行政的精神[M].张成福译校.中国人民大学出版社,2013

[65]李志平.地方政府责任伦理研究[M].湖南大学出版社,2010

[66]杨淑萍.行政分权视野下地方责任政府的构建[M].人民出版社,2008

[67]安秀梅.中央与地方政府间的责任划分与支出分配研究[M].中国财政经济出版社,2007

[68]陈毅.风险责任与机制——责任政府化解群体性事件的机制研究[M].中央编译出版社,2013

[69]许继芳.建设环境友好型社会中的政府环境责任研究[M].上海三联书店,2014

[70]李伟阳、肖红军.ISO26000的逻辑[M].经济管理出版社,2011

后 记

政府的社会责任是人们关注的热点问题,但学术界对政府社会责任的专门论述却并不多见。在书稿写作的准备阶段,我曾经查阅了国内外大量的资料,发现要讲清楚政府的社会责任,确是一件难事。因此,在旷日持久的写作过程中,屡屡遭遇瓶颈,论文框架也一改再改。

在现代民主社会,政府履行社会责任,更多的是通过服务型政府的模式表现出来的。我们所说的服务型政府,是指区别于以往政府大包大揽的管制型政府和全能政府的有限政府和责任政府。以往的管制型政府或全能政府,整个社会运行都由政府主导,政府提供的服务往往来自于政府的强制,因此,政府是在单向的强迫接受。服务型政府则不同,服务型政府强调公民本位、社会本位理念,以公民意愿为合法基础,政府适当放权于社会,放权于公民;但这种放权绝非意味着政府的推卸责任,而是真正实现政府的归政府、企业的归企业、社会的归社会。

2012年召开的中国共产党第十八次全国代表大会报告明确提出:"要按照建立中国特色社会主义行政体制目标,深入推进政企分开、政资分开、政事分开、政社分开,建设职能科学、结构优化、廉政高效、人民满意的服务型政府。"而构建服务型政府并非是中国政府的独创,而是当代政府履行社会责任的必然选择。服务型政府应该具备这样的特征:以人为本,适度分权和信息公开。政府要更好地履行社会责任,首先要进行管理部门改革,规模适度,建立和完善良性有序运行的部门体制;其次要适度放权,将原本应由企业或社会组织承担的社会责任放权给企业或社会组织,从而明晰责任目标和内容,以便更好地履行责任。而这些要求,和服务型政府的特征是不谋而合的。

鉴于此,本书在写作的过程中,首先从政府和责任的释义入手,在搞清楚政府社会责任的基本概念和理论基础后,将政府的社会责任置于国际视野的广角中予以考察,并考察政府社会责任与公民、企业、社会组织的社会责任的关系,在分析了政府社会责任实现的制约因素后,提出构建权责一致的服务型政府是政府履行社会责任的必然选择和新思路。

特别感谢北京师范大学朱红文教授的邀约,让我有机会参与这套丛书的写作。全书完稿后,重新审视书稿,囿于个人能力和时间限制,文中不免有瑕疵,也有不尽如人意的地方。当然,文责自负,文中疏漏或错误之处,盖因个人能力所限,望读者海涵。